立法实务操作问答

主编：张春生

（中国立法学研究会会长，全国人大常委会法制工作委员会原副主任）

中国法制出版社
CHINA LEGAL PUBLISHING HOUSE

目 录

第一章 立法前准备和法案的提出 / 001

第二章 法案的审议程序 / 033

第五章 立法权限和立法层级 / 124

第一章　立法前准备和法案的提出

1. 什么是立法规划？什么是立法计划？国家立法还需要规划和计划吗？

立法规划，是有立法权的人大常委会在职权范围内，为实现任期内的一定目标，按照一定原则和程序编制的关于立法工作的设想和部署。目前除全国人大常委会外，相当一部分省、自治区、直辖市和设区的市（原“较大的市”）人大常委会也可以制定立法规划。全国人大常委会立法规划，是经党中央批准，全国人大常委会为明确其任期内立法的总体安排和部署，围绕国家中心工作，按照一定程序所编制的指导立法工作的文件。1991 年 11 月七届全国人大常委会编制了《全国人大常委会立法规划（1991 年 10 月—1993 年 3 月）》，这是报经党中央批准的第一个立法规划。从八届全国人大常委会开始到目前十二届全国人大常委会，均是在任期届始之年编制立法规划，并报党中央同意后印发执行。经过二十多年的立法规划、立法计划的编制实践和组织实施，实行计划立法的重要性、必要性越来越得到广泛认同：

一是有利于确立并保障实现阶段性的立法工作目标。以中国特色社会主义法律体系的形成过程为例，不同阶段的立法规划对确保本阶段的立法工作日标的实现发挥了重要作用。立足现实、重点突出、科学合理、切实可行的立法规划，是中国特色社会主义法律体系形成并不断完善的路线图和时间表，这一点对于地方立法也是一样的。

二是有利于增强立法工作的主动性，以利于有计划、有步骤地开展立法工作。如果缺少规划和计划，时常会出现立法工作“无米下锅”“等米下锅”的现象。有时常委会会议即将召开，有关方面才匆忙提出法律案，导致无法提前送常委会组成人员研究，立法工作比较被动。因此，客观上需要有计划、有步骤地对每届人大常委会任期内、每个年度内的立法工作作出整体安排和部署，并加强对其实施情况的检查督促，增强立法工作主动性，更好发挥人大常委会在立法工作中的主导作用。

三是有利于提高立法质量和立法工作效率。立法规划明确了各个立法项目的提请审议单位、起草单位和负责分工联系的各专门委员会。任务清晰、责任明确，有利于各方面、各部门之间协调，有利于各方面有准备地参加立法活动。承担起草工作的责任单位，要按照“任务、组织、时间、责任”四落实的要求，积极协调有关方面，抓紧开展起草工作；负责分工联系的人大专门委员会，可以提前介入草案的起草工作，抓住起草中遇到的重点、难点问题，深入调研，向常委会会议审议提供重要的参考意见；提请审议单位要如期提出草案。这也是推进科学立法、民主立法的要求。同时，通过立法规划，可以对每一个立法项目的立法思路和立法工作进度作出总体设计、科学安排。

四是有利于合理配置立法资源，防止重复立法、分散立法的现象。很长时间以来，由于各方面的立法积极性很高，有很多立法需求，提出了大量的立法项目。但是，有的立法项目仅仅是从本部门的角度来考虑，立法项目之间在调整范围、对象、手段等方面时常出现交叉的情况。为了科学确定立法项目，在征求立法项目建议时，各部门要明确立法项目拟调整的范围，并就所提出立法项目与其他现行法律的关系作出说明，不仅仅包括该项目与现行法律之间有无交叉重复，还包括与正在审议的、正在起草的或者其他部门拟提出的立法项目之间的关系。

五是有利于加强党对立法工作的领导。1991 年《中共中央关于加强对国家立法工作领导的若干意见》提出，“中央对国家立法工作主要实行政治即方针政策的领导”，其中的一项内容是，“审定全国人大常委会党组报送的全国人大常委会拟定的我国立法工作的规划和计划”。这个文件还规定了政治方面的法律草案和重大的经济、行政方面的法律草案要报请中央讨论同意。十八届四中全会决定提出：凡是立法涉及重大体制和重大政策调整的，必须报党中央讨论决定。法律制定和修改的重大问题由全国人大常委会党组向党中央报告。

2. 怎样编制立法规划？

十八届四中全会决定提出，加强党对立法工作的领导，完善党对立法工作中重大问题决策的程序。经过三十多年来的实践，制定立法规划已经形成了一套行之有效的制度机制。九届全国人大常委会以前，全国人大常委会立法规划由全国人大常委会秘书处拟订。十届全国人大常委会期间的立法规划编制工作、立法计划拟订工作由全国人大常委会办公厅负责。这是立法规划工作体制的首次调整。2007 年立法规划工作体制再次调整后，十一届全国人大常委会立法规划首次由常委会法制工作委员会负责具体编制工作。法工委完成编制工作后，提请常委会党组讨论通过，报请党中央同意后印发执行，并向社会公开。地方人大常委会的立法规划，一般也是由本级人大常委会的法制工作机构负责起草编制，经广泛调研和征求意见后，形成审议稿，提请常委会主任会议研究通过后，报同级地方党委审定。有些地方还通过本级地方党委形式转发。立法规划报请党中央和本级地方党委批准，体现了党对立法工作的领导，是与宪法规定的党的领导核心地位的精神相一致的。

（1）编制立法规划的总原则：根据社会发展和民主法治建设的需要，围绕党和国家工作大局，确定立法项目，着力通过立法推动党中央的重大决策部署的贯彻落实，注重加强涉及经济社会发展全局的重点领域的立法，对各方面提出的立法需求进行通盘考虑，增强立法的针对性、及时性和系统性。

（2）编制主体：全国人大常委会立法规划编制的具体工作部门，随着立法工作体制的调整经历了多次变化。2007 年年初明确，全国人大常委会立法规划由常委会法制工作委员会负责编制，这一规定也写入了新修改的立法法中。编制完成后，由全国人大常委会党组报请党中央同意印发执行。地方人大常委会的立法规划，也多由常委会法制工作部门负责编制。

（3）编制程序：

①前期准备工作。认真梳理党的全国代表大会的报告中有关立法工作的要求，认真研究党和国家一个时期工作的总体部署，认真分析全国人大代表提出的议案、建议中涉及的立法项目。总结过去立法规划的完成情况，注意把已经列入以往的立法规划但尚未完成，而现实又迫切需要的立法项目列入新的立法规划。

②广泛征集立法项目建议。十八届四中全会决定中提出，完善立法项目征集和论证制度。立法规划要广泛征求各方面意见，这也是科学立法、民主立法的重要体现。负责立法规划编制的法制工作部门，应当向人大各专门委员会、常委会各工作机构、政府及其有关部门、最高人民法院、最高人民检察院、中央军委法制局等单位，发函征求立法项目建议。发函时，明确提出立项标准和要求。此外，还要注意研究梳理媒体所反映的立法项目建议，对群众来信来访中提出的立法项目建议等召开座谈会听取专家的立法建议。当前，还有多个省市开展了公开征求立法项目建议的活动，这也是落实十八届四中全会精神的有益探索。

③科学论证评估。对项目建议进行汇总整理，通过座谈会等形式，与有关单位进行沟通，提出立法规划项目备选清单。根据实际需要，选择一些有分歧意见或者立法思路需要进一步明确的项目，召开论证座谈会，听取项目提出单位和其他相关单位、议案领衔代表、专家学者的意见，根据论证结果，提出项目安排建议。立法机关主导的立法项目论证，可以有效地避免部门主导下立法的部门利益化趋向，克服立法的随意性和盲目性，实现立法资源优化配置，提高立法实效；有利于中国特色社会主义法律体系的形成与完善，保障社会主义法制的统一；有利于拓宽公众对立法的有序参与、凝聚社会共识。编制立法规划应当根据经济社会发展和民主法治建设的需要，确定立法项目，围绕党和国家工作大局，围绕本地区工作的中心任务，着力通过立法推动落实党中央和地方党委的重大决策部署，加强涉及经济社会发展全局的重点领域立法，对各方面提出的立法需求进行通盘考虑、总体设计，增强立法的针对性、及时性和系统性。

④研究形成立法规划建议稿，按程序正式征求各方面的意见。

⑤根据各方面回复的意见调整完善建议稿，形成立法规划及请示的代拟稿。向常委会党组报告，经常委会党组会议同意后，报送中央。

（4）立法规划的报批：人大常委会的立法规划在性质上首先是一个党内文件。因此，在制定程序上，全国人大常委会立法规划由全国人大常委会党组报请党中央同意，由中央转发执行。

（5）立法规划的实施：立法规划经党中央同意后，按照惯例，一般全国人大常委会要召开立法工作会议，请中央有关单位及省级人大常委会参加，全国人大常委会主要领导同志出席并讲话，传达中央对做好下一个五年立法工作的指示精神，明确相关任务和具体分工，部署立法规划的贯彻落实。根据立法法规定，全国人大常委会工作机构（法制工作委员会）按照全国人大常委会的要求，督促立法规划和年度立法计划的落实。按照通常做法，法制工作委员会根据中央文件关于落实立法规划的要求和立法法有关规定，对列入立法规划一类、二类的项目，要求牵头起草责任单位书面提出“任务、时间、组织、责任”的落实情况，并按照“四落实”的要求，加强立法规划实施的跟踪督促。

对于地方人大常委会的立法规划，张德江委员长曾在全国人大常委会立法工作会议上的讲话中指出，地方人大常委会无论是在立法规划形成还是在立法规划实施方面都发挥了积极作用。多年来，全国人大常委会在立法工作中得到了各省、自治区、直辖市人大常委会的大力协助和配合。在法律起草、审议过程中，各地方反映和提供了许多重要的、有价值的情况，提出了许多宝贵的意见建议；不少地方性法规先行先试，为法律的制定和实施积累了有益的经验。希望地方人大常委会在加强和改进立法工作、全面推进依法治国的新形势下，一如既往地发挥积极作用，共同推动立法规划的实施，同时继续做好地方立法工作。

3. 立法规划的主要内容是什么？

完整的立法规划，也就是上报中央的文件由三部分组成：一是中共全国人大常委会党组关于立法规划的请示，二是立法规划的具体项目单子，三是中央转发请示的通知（代拟稿）。这个文件的三个组成部分承载了关于立法工作多方面的内容，覆盖面广，信息量大，有关部门在参与或者进行立法工作时，应当认真研究领会，全面把握精神实质。

（1）中共全国人大常委会党组关于立法规划的请示

请示一般包括：编制立法规划的指导思想和原则、立法规划的主要内容和做好任期内立法工作、落实立法规划的主要措施。

“编制立法规划的指导思想和原则”部分，主要是紧紧围绕党中央既定的战略部署和工作大局，提出做好立法工作的指导思想和总要求，进而明确编制立法规划、确定立法项目应把握的原则。

“立法规划的主要内容”部分，主要是对立法项目单子中的立法项目以分类形式，概括地报告总体情况。十二届全国人大常委会立法规划是按照“五大建设”对立法项目进行分类报告的。报告时，对于重要的立法项目，还应说明立项依据。如八届全国人大常委会立法规划的请示中，在“立法规划的主要内容”部分有这样一段话：“修改刑法和制定监督法分别是根据形势的发展和党的十三届六中全会提出的‘建议全国人大常委会拟定实行工作监督和法律监督的监督法’的要求安排的。”

“做好任期内立法工作”部分，主要是对如何做好任期内的立法工作提出要求。

“落实立法规划的主要措施”部分，主要包括：一是通过召开立法工作会议进行部署，二是制定年度立法工作计划分解落实任务，三是做好立法规划的督促落实工作，四是提出加强和改进法律草案的起草工作的要求，等等。

（2）立法规划的项目单子

全国人大常委会立法规划一般将列入规划的立法项目分为三大类：第一类是条件比较成熟、任期内拟提请审议的法律草案，第二类是需要抓紧工作、条件成熟时提请审议的法律草案，第三类是立法条件尚不完全具备、需要继续研究论证的立法项目。从八届到十一届全国人大常委会立法规划都只有前两类，十二届全国人大常委会立法规划首次明确了第三类研究论证项目。现在，列入规划第一类、第二类的立法项目是按照7个法律部门的顺序排列的，即宪法相关法类、民商法类、行政法类、经济法类、社会法类、刑法类、诉讼与非诉讼程序法类。

（3）中央转发请示的通知

中央转发全国人大常委会党组的请示和立法规划，以“通知”的形式印发执行。从以往的情况看，中央转发请示的通知内容都非常丰富，不仅限于立法方面。既有针对立法工作总形势的分析判断，又有对立法工作以及各相关单位有关立法工作提出的要求，还有对法治建设、依法治国、法律的有效实施等问题提出的要求。

4. 怎样编制年度立法计划？

全国人大常委会年度立法计划是对本年度立法工作的具体安排。全国人大常委会制定年度立法计划的工作是从1993年八届全国人大开始的，到现在已经制定了22个年度立法计划。2007年立法规划工作体制再次调整后，十一届全国人大常委会立法规划首次由常委会法制工作委员会负责具体编制工作，同时开始承担拟订年度立法计划的工作。年度立法计划主要是贯彻五年立法规划的原则要求，落实立法规划确定的立法项目的审议安排。同时，根据经济和社会发展需要，年度立法计划可以对立法规划进行必要的补充和调整。从实施情况来看，年度立法计划对于发挥全国人大及其常委会在立法工作中的主导作用、保证立法工作的有序进行、科学地确定立法项目、最大限度地减少立法的盲目性、提高立法质量，起到了积极的作用。

立法计划编制程序一般是：在前一年度下半年由全国人大常委会法制工作委员会着手编制下一年度的立法工作计划，通常于前一年度12月份由委员长会议原则通过，对下一年度的立法工作作出预安排。待下一年度3月份全国人民代表大会召开后，根据会议精神和全国人大代表审议中的意见、建议，对预安排作出调整完善，经委员长会议讨论通过后正式印发执行，并向社会公布。

立法计划一般包括三部分内容。第一部分一般是关于立法工作的总体要求，即今后一年的立法工作应遵循的指导思想和原则要求。第二部分是具体的立法项目任务。列入年度立法计划的立法项目通常分为三类：安排继续审议的法律案（上一年度审议尚未通过、结转到下一年度的法律案）、初次审议的法律案（具体列出法律案提请初次审议的具体月份）和若干预备项目（条件成熟时提请初次审议）。第三部分一般是关于做好立法工作的具体措施，对加强和改进立法工作，切实提高立法质量，推进科学立法、民主立法等方面作出部署和安排，比如，发挥人大在立法工作中的主导作用，完善人大代表参与立法的工作机制，做好立法项目论证、法律案通过前评估和立法后评估工作，加强和改进立法调研工作，健全法律草案公开征求意见工作机制和公众意见采纳情况反馈机制，完善法律草案公开征求意见工作机制，加强法律解释工作，督促法律配套规定的制定和修改，做好立法宣传和舆论引导工作等方面。

需要注意的是，常委会年度立法计划主要是依据五年立法规划作出的年度立法安排，所以没有报党中央同意这一程序。

5. 编制立法规划和立法计划时如何进行立项论证？

立法项目立项论证，是指立法机关根据立法建议项目提交人、专家、学者和社会公众的意见，就立法建议项目的必要性、可行性等问题进行分析、判断，为科学编制立法规划和立法计划提供依据。立法项目立项论证，是科学确定立法项目以及编制立法规划和立法计划的基础，一些地方人大对这项工作做了有益探索，并初有成效。根据地方实践经验，立项论证的程序如下：

（1）先行研究。人大各专门委员会、常委会各工作机构应当对人大代表、常委会组成人员以及各政党、各人民团体、各企事业组织、各社会团体、公民提出的立法建议项目进行先行研究，提出是否需要进行立项论证的意见；政府法制部门应当对政府各部门、各机构提出的立法建议项目进行先行研究，提出是否需要进行立项论证的意见。

（2）组织论证会。一般由常委会法制工作机构负责组织立项论证。参加立项论证的单位和人员包括：①人大代表；②人大有关专门委员会组成人员、常委会有关工作机构负责人；③相关领域专家；④政府法制部门负责人；⑤其他有关单位和人员。召开立项论证会时，项目建议人应当提供必要的资料并派有关负责人到会说明情况、回答问题。立项论证会参加人应当对建议项目的必要性、可行性、合法性进行充分论证。

（3）撰写立项论证报告。常委会法制工作机构应当根据立项论证会情况撰写论证报告，包含以下内容：①论证会的基本情况；②论证参加人提出的主要观点、意见、建议等；③论证形成的意见。论证报告，作为确定立法规划和立法计划项目的参考材料。

6. 立法规划和立法计划的立项论证标准是什么？

（1）形式标准。立法建议项目需要在形式上具备一些条件，达到一定的成熟度。因此，立法项目建议人应当将项目的立项建议说明及有关资料提交常委会法制工作机构。一般来说，立项建议说明的内容包括：

第一，立法的必要性、可行性、合法性；

第二，法案拟规定的主要内容，较为成熟的也可以提交草案文本；

第三，涉及相关法律、法规、规章的情况；

第四，立法实施后对经济社会可能产生的影响；

第五，其他需要说明的内容。

（2）必要性标准。在确定必要性标准时，应当明确立法的指导思想，围绕中心工作，坚持立法为公，紧扣发展主题，把立法重点放在经济社会发展的重大问题上和人民群众关心的热点难点问题上：

第一，是否符合经济社会发展大局。立法机关应对建议项目拟调整的社会关系和拟解决的社会问题在经济社会发展全局中处于什么位置、重要性程度如何进行分析，对其必要性、急需性作出宏观性的判断。符合标准的，优先立项。

第二，是否符合人民群众的切身利益。对于涉及人民群众最直接、最现实的利益问题，尤其是以改善民生为重点的社会领域立法，如涉及环保、教育、劳动、就业、收入分配、医疗卫生、社会保障等方面的立法项目，应予优先立项。

第三，是否为当前社会的主要矛盾和突出问题。

第四，是否需要通过立法解决。一是如果一个立法项目建议所涉及的事项在上位法或者下位法中已经有了较为完善的、可行的规定，不需要再进行细化或者提高立法层级，就不再需要通过立法解决。对于已经有下位法或者其他规范性文件的，经实践证明效力不够，则可以考虑上升为立法。二是需要弄清楚有关问题属于立法问题还是法律执行中的问题，如果属于后者，则不应立法。如果上位法尚未出台有关规定，则可以考虑通过地方立法来解决。三是弄清楚有关问题是否可以通过其他手段进行调节或者解决。法律是社会治理的一种手段，但法律不是万能的，如有些问题通过道德规范调节或者行政规范调整就更为有效。

（3）可行性标准。这是衡量立法建议项目的立法条件在实质上是否成熟的标准，主要包括：

第一，对项目的调查研究是否比较充分；

第二，社会现有条件是否适宜进行立法；

第三，拟设立的主要制度，尤其是创新性制度是否可行；

第四，与上位法是否存在衔接、协调障碍。

7. 立法规划怎样调整？

立法规划是对未来的规划，是带有预期性质的，在实施过程中可以根据实际需要、根据情况变化作出适当调整。在中央的批转“通知”中一般对此都有授权，比如中央转发的十一届全国人大常委会立法规划的通知中明确指出：“在立法规划实施过程中，全国人大常委会党组可以根据情况变化，对立法规划作出适当补充和调整”。

立法规划的调整有三种情形：一是调研、预备类项目的立法条件已经成熟，需要调整为提请审议的项目。二是因亟须立法而新提出的、具备了一定立法条件的建议项目，需要增补为提请审议的项目。三是因情况变化不再需要立法或者因特殊情况无法按时完成起草工作，起草责任单位提出撤项的。

对立法规划予以调整主要通过两种办法：一是通过年度立法计划增加新项目，对于条件发生变化、需要调减的立法项目不再安排审议；二是通过召开立法工作会议，明确提出需要调整的内容，作出部署。比如十届全国人大常委会在届中召开立法工作会议对立法规划作出调整。2015年6月，中央转发了调整后的十二届全国人大常委会立法规划，这是对十二届全国人大常委会立法规划作出的正式调整，也是党中央第一次批转全国人大常委会对立法规划的调整。这是改进和加强全国人大常委会立法规划工作的一个重要举措。

对年度立法计划的调整，也分为两种。一是在年度立法计划中增加有关项目。年度立法计划一般不增加计划外项目，对确实需要增加或者调整的，原则上应当优先从立法工作计划预备项目中选择。二是撤销年度立法计划中已有的项目。对于因客观情况变化不再需要立法或者无法按时完成起草的，起草单位应当向委员长会议或者主任会议作出说明。如认为确属客观情况变化不再需要立法或者无法立法的，委员长会议或者主任会议可以决定调整；认为理由不成立的，则应当督促起草单位继续开展起草工作，按照计划完成起草任务。

8. 常委会工作机构如何督促立法规划和立法计划的落实？

全国人大常委会法制工作委员会按照全国人大常委会的要求，督促立法规划和年度立法计划的落实。全国人大常委会法制工作委员会一般从“任务、组织、时间、责任”四方面督促立法规划、年度立法计划具体立法项目的落实，要求各承担法律草案起草的单位切实推进起草工作，组织起草班子，制定时间表，明确任务和责任。如不能按照立法规划、年度立法工作计划规定的时间提请审议法律草案，承担起草职责的有关单位要向全国人大常委会报告未完成的原因或有关情况。立法规划、年度立法计划的督促落实工作能够增强全国人大常委会立法工作的主动性，有助于各部门之间的协调和有准备地参加立法活动，提高立法质量和立法工作效率，有利于保证全国人大常委会任期内立法任务的完成和立法目标的实现。省、自治区、直辖市、设区的市和自治州的人大立法规划和立法计划的监督落实，一般也是由本级人大常委会法制工作机构负责，具体工作内容可参照全国人大常委会法制工作委员会的有关做法。

9. 谁可以提出法律法规案?

提出法律（法规）案，是立法程序的开始。法律案的提起程序，又称立法提案程序，是指依法享有提案权的主体依照法定程序向立法机关提出有关制定、修改或废止某项法律的程序，是立法程序的起始阶段，其表现形式是提出议案。议案是指要求全国人大及其常委会会议讨论并作出决定的议事原案，法律案属于议案中的一种。原则上，有权向本级人大及其常委会提出议案的主体，就有提出本级人大及其常委会职权范围内的法律法规案的权力。立法法第十四条、第十五条规定了向全国人大提出法律案的主体，第二十六条、第二十七条规定了向全国人大常委会提出法律案的主体。同时，根据立法法第七十七条的规定，地方性法规、自治条例和单行条例案的提出程序，参照上述全国人大及其常委会的有关规定执行。

（1）有权向代表大会提出法律法规案的主体

根据前述立法法有关条文和地方组织法的有关条文的规定，有权向全国人大和有关地方人大提出法律、法规案的提案主体可以归纳如下：

①国家机关类主体

一是人大大会主席团。人大大会主席团是人大会议的主持者，主席团成员通常由常委会提出名单草案，由代表大会预备会议决定。其主要职责是决定大会副秘书长的人选、会议日程、议案表决办法，向会议提出议案的截止日期以及其他有关事项。考虑到在大会期间，有可能需要临时提出法律法规案，交由人大会议审议讨论，因而规定大会主席团可以提出法律案。并且大会主席团是大会会议的主持集体，人数较多，成员来自于党政军和工人、农民、知识分子等各方面的代表人士，具有广泛的代表性，大会主席团有条件集中各方面的意见提出法律案。

二是人大常委会、人大各专门委员会。人大常委会是本级人大的常设机构，在本级人大闭会期间，行使国家权力。由于人大大会的会期较短，难以有很多时间来研究起草法律法规案。为了使人大大会审议的法律案有较好的基础，对需要由全国人大和地方人大制定的法律和法规，由同级人大常委会先审议并提出法律案，有利于人大的立法工作。人大专门委员会是同级人大的常设性的专门机构，在本级人大及其常委会闭会期间，开展经常性的工作，其工作职责之一就是研究、审议和拟定议案，向本级人大或其常委会提出。

三是国务院、中央军事委员会、最高人民法院、最高人民检察院。国务院是最高国家行政机关、最高国家权力机关的执行机关，中央军事委员会领导全国武装力量，最高人民法院和最高人民检察院分别是最高审判和检察机关，独立行使审判权和检察权。它们工作中的事项，需要由全国人大制定法律的，可以向全国人大提出法律案。

四是地方人民政府。地方各级人民政府是地方各级人民代表大会的执行机关，是地方各级国家行政机关。地方组织法第十八条规定，本级人民政府，可以向本级人民代表大会提出属于本级人民代表大会职权范围内的议案。

②代表类主体

一是由代表团提出。以全国人大为例，全国人大代表由各省、自治区、直辖市、特别行政区和军队选举产生，按选举单位组成代表团。现共有35个选举单位，组成35个代表团。虽然每个代表团的人数不等，但都享有同等的提案权，即每一个代表团都构成一个提案主体，代表团的提案由代表团全体代表的多数通过。多数地方人大也规定了本级人大各代表团可以提出法规案。

二是代表联名提出。在全国人大，代表联合提出法律案，要求有三十名以上代表联名。一般是一人领衔提出，其他代表签名附议。代表联名提出法律案不受代表团的限制，即使代表分处不同的代表团，也可以共同联名提出法律案，只要符合三十名以上的人数要求。省级以下地方人大，代表人数较全国人大少，一般要求十名以上代表联名提出法规案。代表法第九条对代表提出议案的内容和形式作了规定，代表有权依照法律规定的程序向本级人大提出属于本级人大职权范围内的议案。议案应当有案由、案据和方案。

法律法规案属于议案的一种，根据法律法规案本身的特点，提出法律法规案，应当同时提出法律草案文本及其说明，并提供必要的参阅资料。修改法律法规的，还应当提交修改前后的对照文本。草案说明应当包括制定或者修改法律的必要性、可行性和主要内容，以及起草过程中对重大分歧意见的协调处理情况，并提供必要的资料。

（2）有权向常委会提出法律法规案的主体

向全国人大常委会和相关地方人大常委会提出法律法规案的主体，也分为国家机关和联名两大类。

①国家机关类主体

一是委员长会议、主任会议。立法法第二十六条规定，委员长会议可以向全国人大常委会提出法律案，由常委会会议审议。根据地方组织法第四十六条的规定，省、自治区、直辖市、设区的市和自治州的人大常委会主任会议，也可以向本级人大常委会提出法规案，由常委会会议审议。应当注意，委员长会议、主任会议不能直接向全国人民代表大会或者本级地方人民代表大会提出议案。

二是国务院、中央军事委员会、最高人民法院、最高人民检察院可以向全国人大常务委员会提出法律案。

三是各专门委员会可以向本级人大常委会提出法律法规案。

四是有关地方人民政府。根据地方组织法第四十六条的规定，省、自治区、直辖市、设区的市和自治州人民政府可以向本级人大常委会提出属于常委会职权范围内的议案（包括法规案）。

②联名类主体

立法法第二十七条规定，全国人大常委会组成人员十人以上联名，可以向常委会提出法律案。根据地方组织法第四十六条的规定，省、自治区、直辖市、自治州、设区的市的人大常委会组成人员五人以上联名，可以向本级人大常委会提出属于常委会职权范围内的议案（包括法规案）。通常的具体做法是：草案起草后，由联名提出法律法规案的常委会组成人员在该立法议案上一一签名，领衔提出立法议案的为领衔人。省、自治区、直辖市、自治州、设区的市的人大常委会组成人员在联名提出法规案时，应当注意提案的内容要属于本级人大常委会的职权范围，不能提出立法法规定的属于全国人大及其常委会职权范围内的法规案，如关于刑罚、司法制度等方面的法规案。此外，常委会组成人员联名提出法律法规案，也要符合立法法第五十四条的规定，即应当同时提出草案文本及其说明，并提供必要的参阅资料。修改法律法规的，还应当提交修改前后的对照文本。草案的说明应当包括制定或者修改法律法规的必要性、可行性和主要内容，以及起草过程中对重大分歧意见的协调处理情况。实践中，有的常委会组成人员提出立法议案，只是建议制定或者修改某部法律或者法规，但是没有具体内容更无草案文本，没有达到立法议案的要求。

我们认为，在有立法权的地方，一方面，人大代表和常委会组成人员应当自觉加强对法律的学习，尽快熟悉立法工作；另一方面，人大常委会工作机构作为人大代表和常委会组成人员的集体参谋助手，应当为本级人大代表和常委会组成人员的立法工作服务，为他们起草立法议案当好参谋助手。

10. 立法机关通过什么形式对法律法规进行修改?

法律修改是指国家立法机关依照法定程序对现行法律的某些部分加以变更、删除或补充的立法活动，其直接目的是为了适应经济社会发展的需要而不断完善现有法律。

我国立法实践中法律修改主要有三种形式：修订、修改决定和修正案。1996 年以前，除 1988 年宪法修改使用宪法修正案外，其他法律修改主要使用修改决定形式，提请审议时有的草案冠以"×× 法（修改草案）"，有的草案冠以"×× 法修正案（草案）"，通过时全国人大或其常委会作出"关于修改 ×× 法的决定"。1996 年 3 月刑事诉讼法修正案（草案）提请审议，全国人大通过了修改刑事诉讼法的决定。这次修改法律，修改决定内容很多，重新公布时，在编排校对方面工作量很大，同时也不便于人们学习掌握和对照引用。基于上述原因，对于修改的条文和内容较多、修改幅度较大的法律，不再使用修改决定形式，而开始使用修订形式。1997 年对刑法进行全面修改时就采用了修订草案的形式。1999 年对刑法个别条文修改时采取修正案形式。此后，法律修改的三种形式逐渐确定下来，沿用至今。现在，修正案形式用于对宪法和刑法的修改，修订形式与修改决定形式用于其他法律的修改；修订形式适用于法律的全面修改；修改决定形式适用于法律的部分修改。

（1）法律修改的三种形式

①修订形式

以修订形式修改法律的，是以"×× 法（修订草案）"的形式提请审议，相关部门向常委会作"关于 ×× 法（修订草案）的说明"，全国人大或常委会经审议后以“××法”的形式通过，修订后的法律由国家主席发布主席令公布施行。

②修改决定形式

以修改决定形式修改法律的，一般是以“××法修正案(草案)”的形式提请审议，相关部门向常委会作“关于××法修正案(草案)的说明”，全国人大或常委会经审议后作出“关于修改××法的决定”，修改决定由国家主席发布主席令公布施行。

③修正案

修正案是指国家立法机关通过一个法律案对宪法或基本法律部分条文作出修改的一种立法形式，主要用于法典化程度高、稳定性强的宪法和基本法律的修改。截至目前，全国人大及其常委会共通过了4个宪法修正案和9个刑法修正案。宪法修正案是指在基本不触动宪法原则与框架的情况下，把修正内容按前后顺序分附于原文之后的一种宪法修改形式。1988年，七届全国人大一次会议修改宪法个别条款时首先采用修正案形式，以后历次修宪均予以沿用。宪法修正案由全国人大公告公布，不重新公布宪法，宪法修正案直接附于宪法文本后。2004年修宪后，根据王兆国副委员长所作“关于《中华人民共和国宪法修正案(草案)》的说明”中的建议，为了维护宪法的权威和尊严，保证宪法文本的统一，将1982年宪法原文、历次宪法修正案和根据宪法修正案修正的文本同时公布。

刑法修正案是国家立法机关制定的对刑法典某些条文进行修改的法律文件。1999年九届全国人大常委会第十三次会议通过了第一个刑法修正案。此后，我国开始使用修正案的形式修改刑法。刑法修正案是在不改变刑法典总条文序数的前提下对刑法典进行修正，刑法典的原文亦不进行相应的改动，刑法典原文与刑法修正案并存。刑法修正案以主席令公布，但不重新公布刑法全文。

（2）修订形式与修改决定形式的差异

修正案形式的适用范围较为固定，实践中一般不存在争议。对于适用较为普遍的修订形式和修改决定形式，则因对法律原文内容修改幅度的不同，实践中常出现修改形式使用不规范的情况。总结实践经验，修订形式和修改决定形式的不同之处主要有以下四点：

①法律修改的前提条件不同

修改决定形式的使用前提，是在法律的基本原则和主要条款基本适应需要，法律的表现形式和内部结构基本合理的情况下，法律的某些方面、某个部分或者某些词句、若干条款不能适应经济社会发展和法制建设的需要。而修订形式的使用通常是基于法律的调整对象发生重大变化，或者人们对法律的认识和要求有明显转变，需要通过全面修改来适应变化较大的新情况。

②修改范围和内容不同

修改决定形式的修改范围相对较小，一般是对现行法律的某些方面、某个部分乃至个别条款、词句进行修改。如十届全国人大常委会第十八次会议于 2005 年 10 月 27 日通过的《关于修改〈中华人民共和国个人所得税法〉的决定》，只对个人所得税法的两条内容作了修改。当然有时法律的修正条款不少，但从总体上来看还是局部的，不是全局的修改，只能是修正，不是修订。

修订形式的修改范围比较大，包括对有关法律原则条文的修改和创制，法律的调整对象发生变化或者适用范围需要扩大或缩小，在重要制度方面需要作出新的调整或修改，以及在法律篇章结构上的重大调整变化等。如十届全国人大常委会第十八次会议于 2005 年 10 月 27 日修订通过的《中华人民共和国公司法》，对该法进行了全面修改，产生了一部新的公司法。

③审议的内容不同

法律的修正通常提出修正案草案，审议机关是针对修正案草案进行的，未作修改的部分不审议。如2005年9月30日国务院向全国人大常委会提交了《国务院关于提请审议〈中华人民共和国审计法修正案（草案）〉的议案》，2006年2月25日，第十届全国人大常委会召开第二十次会议，全国人大法律委员会向常委会作《全国人大法律委员会关于〈中华人民共和国审计法修正案（草案）〉审议结果的报告》，常委会对审计法修正的条款内容进行了审议。

法律的修订通常提出全面的修订草案，审议机关是针对草案文本的全部内容，而不是针对修改内容进行审议，如公司法的修订。

④表决的内容不同

法律的修正，在表决通过时，通过的是修改某某法律的决定或者修正案，如《全国人民代表大会常务委员会关于修改〈中华人民共和国审计法〉的决定》。

法律的修订，表决通过的是整个修订草案，如公司法的修订。

⑤用主席令公布时的表现形式不同

以修改决定形式进行法律修改后，以主席令公布的法律文本形式是“关于修改××法的决定”，表述为“关于修改××法的决定已经××会议通过，现予公布”。修改决定之后附修正本，即将原法律根据这一决定作相应的修改予以重新公布。修改决定中表述为“××法根据本决定作相应修改，重新公布”。这种做法是主席令间接公布法律全文。如2006年2月28日第48号国家主席令公布了全国人大常委会关于修改中华人民共和国审计法的决定，在该修改决定中规定：“《中华人民共和国审计法》根据本决定作相应修改并对条款顺序作相应调整，重新公布”。据此，有关部门重新公布了审计法，并写明“根据2006年2月28日第十届全国人民代表大会常务委员会第二十次会议《关于修改〈中华人民共和国审计法〉的决定》修正”。

以修订形式进行法律修改后，以主席令公布的法律文本形式是“××法”，表述为“现将修订后的××法公布”，按修改后的条文直接重新全文公布。这种做法是主席令直接公布法律全文，如 2005 年修订的公司法。

⑥修改后施行时间不同

采用修改决定形式修改法律后，由于涉及的只是若干条款和部分内容，在通过的修改决定中只规定修改决定的施行时间，该法律的原施行时间不变，也就是说，整部法律的施行时间不变。如审计法的修正就是如此。审计法修正的条款自 2006 年 6 月 1 日起施行，审计法第五十四条规定的施行日期仍是原审计法规定的“本法自 1995 年 1 月 1 日起施行”，未作任何修改，也不能作出修改。

采用修订形式修改法律后，由于修改的内容较多，涉及法律原则、制度的修改，整部法律的施行时间需要重新规定。如原公司法是自 1994 年 7 月 1 日起施行的，2005 年修订后的公司法第二百一十九条规定“本法自 2006 年 1 月 1 日起施行”。

（3）工作建议

全国人大常委会法制工作委员会立法技术规范研究小组认为，规范使用法律修改三种形式，应注意以下几点：

①在具备以下条件之一或以上时，应当采用修订的形式：（1）需要修改的条文所占比例达到 50%；（2）直接对有关法律原则条文的重大修改和创制，包括对法律指导思想、法律调整对象、重要制度等需要作出新的调整或修改；（3）原法律的篇章结构需要作重要的调整变化。

②不具备上述条件的法律修改，除宪法、刑法修改采用修正案形式外，一般应当采用修改决定形式。

③对于宪法、刑法的修改，除进行大的修订外，一般采用修正案形式。

④不特意区别修改形式或者暂不确定修改形式的情形下，应统一使用“修改”。如常委会立法规划和立法工作计划中提到的修改法律项目，统一称为“××法（修改）”。

⑤常委会对提请审议的法律修改形式有不同意见的，可在审议中调整为适当的修改形式。2001年2月国务院将药品管理法修正案（草案）提请全国人大常委会审议。草案对药品管理法作了上百处修改，实际上是对现行药品管理法的全面修改。因此，法律委建议不采用修改决定的形式，而采用修订草案的形式，修订为新的药品管理法。

11. 法律废止有哪些形式？

法律废止是指绝对的终止法律的实际效力。法律的废止有以下几种情况：

（1）法律本身规定了有效期限，期限结束，该法即自动终止；

（2）法律为某一特定情况而制定，一旦该情况消失，即应废除该法；

（3）以新法取代旧法。

法律废止的形式主要有：

在新法中明文规定废除旧法。如《中华人民共和国反间谍法》第四十条规定："本法自公布之日起施行，1993年2月22日第七届全国人民代表大会常务委员会第十三次会议通过的《中华人民共和国国家安全法》同时废止。"

有的新法未明文规定废止旧法，但依"新法优于旧法"的原则，新法或者完全代替旧法，或者仅废止旧法与其相抵触的部分。

如《中华人民共和国刑法》施行以后，1951年2月1日颁布的《中华人民共和国惩治反革命条例》因与刑法抵触，则自动废止。

12. 谁负责起草法律法规案？

根据立法法规定的立法程序，有权提出法律法规案的主体，负责提出法律法规草案，即负责起草法律法规案。同时，立法法第五十三条对法律法规草案的起草作了特别规定："全国人民代表大会有关的专门委员会、常务委员会工作机构应当提前参与有关方面的法律草案起草工作；综合性、全局性、基础性的重要法律草案，可以由有关的专门委员会或者常务委员会工作机构组织起草。”“专业性较强的法律草案，可以吸收相关领域的专家参与起草工作，或者委托有关专家、教学科研单位、社会组织起草。”根据法律规定和立法实践，法律法规案的起草机制大体可以分为人大主导起草和职能部门起草两大途径，此外还有一些法律规定的其他提案人也是起草人。

（1）人大主导起草

全国人大及其常委会，省级、设区的市、自治州人大及其常委会作为立法机关，由它们主导法案的起草过程，也是立法的应有之义。党的十八届四中全会明确提出，要健全有立法权的人大主导立法工作的体制机制，发挥人大及其常委会在立法工作中的主导作用。其中一个重要方面就是主导法律法规起草工作。人大主导起草可以分为单独起草、组织起草、参与起草、指导起草和委托起草等具体方式。

①单独起草。实践中，人大自行起草的法案一般涉及国家政治制度、立法制度、监督制度、代表制度、人大自身建设等事项，如国家机构的组织法、立法法、监督法、代表法等，以及地方人大对上述部分法律的实施办法。这些事项的法律，一般由人大主席团、常委会、委员长会议或者各专门委员会提出法案，由其他机关或者部门起草都不合适，只能由人大自行起草。具体负责起草的机构或者人员有：一是人大有关专门委员会。专门委员会是法律案的法定提案人，它可以自己组织法律草案的起草工作。二是人大常委会的工作机构。根据全国人大常委会议事规则的规定，法工委和办公厅可根据委员长会议的委托，代常委会拟订法律草案，并向常委会会议作说明。三是人大代表或人大常委会组成人员。由于我国的人大代表和常委会组成人员大多数不是专职的，并且没有助手和工作人员，他们实际上很难承担法律草案的起草工作，因而提出的法律案相对较少。

人大组织起草法律法规案，应当有所侧重，主要应着眼于改革发展急需社会关注而政府来不及起草的事项、综合性强的事项和超越政府职责范围的事项。但是考虑到人大专门委员会和法工委的人员配备情况、专业知识情况和远离实务操作的情况，人大自行起草的法案数量不宜过多，更不能大包大揽，否则反而不利于提升草案质量。人大在自行起草法案时，不应忽视政府及其部门的意见，要注意征求和尊重政府的意见，特别是涉及部门职责调整的事项。

②组织起草。在起草某些重要或特殊法律时，由全国人大或全国人大常委会组织成立专门的起草委员会，如香港基本法起草委员会。另外，还有一种组织起草的模式，就是综合性、全局性、基础性的重要法律草案，可以由有关的专门委员会或者常委会工作机构组织政府有关部门、有关社会团体、专家学者等一同起草。

③参与起草。在实际工作中，人大常委会根据工作需要，派员作为起草小组成员，参与一些以政府部门或者其他单位为主开展的起草工作，共同调研、共同研究起草具体条文。

④人大提前介入。在有关部门起草过程中，人大加强对起草工作的指导，以避免部门利益法制化，提高起草质量。在提前介入工作中，人大常委会的法制工作机构应当做好以下工作：一是把握并宣传立法宗旨、思路，以凝聚共识；二是加强与起草单位、提案单位的联系，明确立法依据，收集相关资料，了解实际情况；三是把握草案的重点、难点及制度设计要解决的主要问题；四是对草案的合法性、可行性提出意见等。

⑤委托起草。十八届四中全会要求，探索委托起草，立法法也对委托起草作了相关规定。我们认为，委托起草主要应适用于专业性强的立法项目。委托的方式可以有多样，如草案整体委托、部分条款委托、专题委托、方案委托等。委托起草有多种途径，可以委托专家、教学科研机构起草，也可以委托社会组织起草。委托起草的目的，是为了扩大起草工作中的视野，增强起草的专业性，并不是为了解决人大起

草力量不足或者减轻人大工作量的问题。如果是为了解决人大起草力量不足的问题，应当采取设立人大主导的起草小组，或者吸收专业人员参与人大起草的模式，而不是委托起草模式。委托起草不能代替人大相关机构的立法责任和具体工作。委托起草也有明显的短板。比较理想的做法是在人大主导下，探索部门起草与专家以及部门实务工作者起草相结合的起草机制，把立法工作者熟悉立法业务的优势、政府部门了解实际情况的优势和专家学者具有专业中立的优势紧密结合起来，形成人大主导、部门配合、专家参与的起草机制。

（2）职能部门起草

职能部门起草，特别是政府相关部门起草法案占多数，是世界通行做法，也有其必然性。政府职能部门直接行使行政管理权限，熟悉经济、民族、文化、教育、环境等各方面的信息和发展状况。同时，政府职能部门又是行政执法者，通过日常执法活动能够清楚掌握其中存在的主要问题，从而能够利用其行政管理优势来切中立法的目标以及提出解决问题的具体方案。部门起草完成之后，报国务院法制机构审查，经国务院讨论通过后提出。

但职能部门起草的缺点也是明显的。一方面，容易造成草案中的权利义务的不平衡，强化自身职权，忽略行政相对人的权利。另一方面，容易产生部门本位主义倾向，强化部门权力，忽视部门责任和义务。为了克服这两种倾向，立法法第六十七条规定，重要行政管理的法律草案由国务院法制机构组织起草。一些地方也作了类似规定，如《深圳市人民政府制定规章和拟定法规草案程序规定》明确规定，市政府法制机构是本市拟定法规草案工作的主管部门，承担市政府法规草案集中草拟工作。

（3）人大起草和职能部门起草的优劣

这两类起草主体各有优劣，政府及其部门，对立法项目所调整的事项的情况和问题更加熟悉，对问题的根源所在更加清楚，信息掌握也更加充分，起草工作人才和物质条件也比较好。但由于政府所处地位和所担负职责等因素影响，在起草中有时容易产生观察和思考问题的片面性，甚至会受到部门利益、行业利益的影响或者妥协，有意无意脱离公正中立的态度。人大方面进行起草，则地位比较超脱，有利于公平公正考虑问题，但囿于人大机关立法人才不足和专业知识的短缺，加上对工作情况不熟、对信息掌握较弱，起草的深度容易受到限制。综观世界各国，特别是法制比较完善的国家，在其立法活动中，行政机关都发挥着非常重要的作用，主要体现就是政府为多数法案的提案人。因此，立法中存在的“部门利益法制化”的现象，其原因并不全部归咎于法案由政府起草并提请。十八届四中全会和新修改的立法法都强调人大对立法的主导作用，这也并不是说所有的法律法规草案都交由人大来直接起草，更强调的是人大在起草阶段要重视参与相关工作，与提案人、起草人一道，塑造一个良好的法律法规的“坯子”，为今后的审议工作和法律法规的实施创造一个良好的基础。

为了更好地发挥政府起草法律法规案的优势，并避免其不足，可以采取两方面措施，一是人大专门委员会和常委会法工委提前介入，以便提前掌握情况，把握方向，保证进度。二是推广实行起草小组模式，即党委部门、人大专门委员会或者工作委员会、政府部门、社会力量相结合，通过起草工作机构内部的相互制约和协作，确保法律法规起草的质量。

（4）其他起草人

在全国人大及其常委会的立法层面，还有“两高”和中央军委可以提出法律案。因此，最高人民法院起草与司法审判以及审判组织有关的法律草案；最高人民检察院起草与检察工作和检察院的组织有关的法律草案；中央军委起草有关军事方面的法律草案，主要由军委各总部来承担起草任务。

13. 如何起草法律法规案？

法案的起草十分重要，草案是法律法规的坯子，起草质量基本决定了最后出台的法律法规的质量。根据实践经验，如果一开始草案的质量“先天不足”，靠人大的后天努力是很难使审议工作顺利进行的。草案提请人大常委会审议后，常委会组成人员、法律委员会、常委会法制工作机构会进行深入调研，通过各种形式广泛征求各方面意见，进行反复论证，期间会形成很多意见，法律委员会和法工委会据此进行认真修改，有时修改幅度会很大，甚至会推倒重来。但由于思维定势、信息占有、时间精力、人大自身能力等因素影响，对大部分法律法规草案，修改幅度有限。因此，如果起草的质量不好，很大程度上将会直接影响立法的质量。我们认为，要提高起草质量，应着重从方向性、实效性和科学性三个方面把关。

（1）方向性。一是坚持正确的政治方向，二是把握经济社会改革发展的方向，三是把握维护群众合法权益的方向，四是把握维护社会公平正义的方向。

（2）实效性。首先要强化问题导向。从实际出发，有什么问题解决什么问题。以经济社会发展的现实客观需求为前提，加强制度创新，地方立法还要体现出地方的特色，增强可执行性和可操作性。其次要明确具体。一是要明确规定权力与责任、权利与义务。宏观性、倡导性、宣示性的话尽量少写。二是要做到具体精细，改变“立法宜粗不宜细”的传统观念，推进精细化立法，能具体的尽量具体，能明确的尽量明确。尽量避免使用“有关规定”、“有关部门”等模糊用语。

（3）科学性。起草法案要体现科学性，既是遵循事物发展客观规律的必然要求，也是做好立法工作，提高立法质量的重要途径。一是做好深入调研，充分了解情况。二是人大提前介入起草工作，通过充分沟通协调提升立法科学性。三是建立与专家学者的沟通互动制度，为委托起草提供信息来源保障。

起草具体条文时，应当遵循“先法意，后法条”的工作顺序。法意，是法律规范的灵魂。起草者要搞清楚法律法规要解决哪些问题，将这些问题列出来后，针对每个问题确定一个解决方案，如果拿不准的可以准备两到三个，甚至更多的方案，但必须要有解决这些问题的思路。法条，是法律法规的外在形式。弄清楚法意后，起草工作就有了明确的方向性和针对性，再据此设计结构布局和具体条文。起草伊始，条文写得粗一点没关系，但要表达清楚意图，在工作中再加以推敲斟酌，逐渐使行文变得更加规范。实践中，如果不讲究“先法意，后法条”的工作顺序，就会导致起草者缺乏应有的问题意识，对需要解决的问题关注不够、研究不透，进而导致篇章结构和条文涉及的针对性不强、可操作性差。

14. 在起草工作中如何发挥专家学者的作用？

立法法第五十三条第二款规定，专业性较强的法律草案，可以吸收相关领域的专家参与起草工作，或者委托有关专家、教学科研单位、社会组织起草。按照上述规定，发挥专家学者在起草工作中的作用一般有两种形式：

一种是吸收专家参与。法律草案起草工作中一般都会成立专家顾问小组，邀请相关领域内的有影响力的、权威专家学者直接参与，有的专家甚至与立法工作人员一起搭班子，直接参与承担具体的起草工作。

另一种是委托有关专家学者、教学科研单位和社会组织起草。承担起草工作的机构可以根据该立法项目的具体情况，确定委托对象，可以委托一位或多位专家学者，或者成立专家起草组，如民法典起草过程中曾委托九位学者专家组成民法起草工作小组；也可以委托教学科研单位，如高校、研究机构；还可以委托行业协会等社会组织。

15. 提案人在向立法机关提出法律法规案时，应当提供哪些资料？

立法法第五十四条规定，提出法律案，应当同时提出法律草案文本及其说明，并提供必要的参阅资料。修改法律的，还应当提交修改前后的对照文本。法律草案的说明应当包括制定或者修改法律的必要性、可行性和主要内容，以及起草过程中对重要分歧意见的协调处理情况。

（1）法律草案文本

法律草案文本应当是立法政策、立法意志与立法语言之间的内容与形式的高度统一的载体。法律草案文本的存在是开展制定、修改、废止法律工作的前提。法律草案文本的形式可以分为，制定法律的草案文本、修改法律的草案文本、认可法律的草案文本或补充法律的草案文本等。其中，制定法律的草案文本是法律草案文本的基本模式，其内容结构可以根据法律案的不同特点来设计。法律草案文本通常由三方面组成：一是法律的标题即法律名称。二是法律的内容即文本的核心内容，内容主要是关于立法依据、宗旨和原则；关于权利义务的设定；关于行为的法定模式和法定后果；关于专门概念和术语的解释；关于法的适用范围和生效或施行时间的规定；关于授权有关机关制定变通、补充规定或制定实施细则的规定；关于废止有关法的规定；以及其他有关内容。三是文本内容表述层次和序数排列。如总则、分则、附则；编、章、节、条、款、项、目。

（2）法律草案说明

法律草案说明是法律案的提案人向立法机关就法律草案中的有关问题所作解释而制作的一种说明性文件，其目的是使立法机关及其组成人员了解草案的有关问题，理解立法意愿和难点条款，促使法律草案得以更加顺利审议通过出台。所以，法律草案说明的制作目的与立法目的相一致，服务于立法，为立法提出足以出台的解释、阐述和论证的材料。

全国人大议事规则和全国人大常委会议事规则对提案人应当就法律草案向提请审议的会议作说明作了规定，但对法律草案说明的具体内容没有规定。立法法对法律草案说明的具体内容作了明确规定，法律草案说明应当包括制定该法的必要性、可行性和主要内容，以及起草过程中对重要分歧意见的协调情况。

①必要性一般是指为什么要立此法，社会现实中为什么需要此法，立此法要解决什么样的问题或者该法所要实现的目标。立法的必要性论述，应简明扼要，抓住重点，构建起解决现实问题与制定法律草案的逻辑关系。

②可行性一般是指此法出台后是否可行，包括法律上有无可能，与其他法律是否相衔接，还包括其施行需要什么条件，已经掌握了哪些条件，还需创造什么条件等。这就要求提案人在法律草案的起草阶段应当进行可行性研究。可行性研究的主要内容是，以全面、系统的分析为主要方法，以经济效益、社会效益和国家利益为中心，围绕影响法律实施的各种因素，预测法律施行后，一些关键条款能否得到顺利推行，对经济社会运行和发展有怎样的影响。对一些专业性较强的法律或者法律条款，还可以运用有关数据资料论证是否可行，也可以附加诸如试验数据、论证材料、计算图表、附图等，以增强可行性报告的说服力。

③法律草案的主要内容一般是指该法的立法精神、基本原则、调整的范围、调整的主体、主要的程序、适用范围、法律责任，等等。法律草案主要内容的说明并不是事无巨细，而主要是对立法原意、法律草案疑点、难点和争议之处加以说明。

④起草过程中对重要分歧意见的协调情况。“律者，定分止争也。”“立法是在矛盾的焦点上砍一刀”。立法的过程就是不同利益的表达、博弈、协调的过程。我国正处于全面深化改革的历史新时期，市场经济体制的确立和发展，使利益主体日益多元化。法律草案的提案

人在起草过程中，不可避免地要听取各方面的意见，对各方利益进行协调处理，提取各方的“最大公约数”，并最终落实到法律草案的具体条文中去。习近平总书记在《关于〈中共中央关于全面推进依法治国若干重大问题的决定〉的说明》中指出，在立法工作中部门化倾向、争权诿责的现象较为突出，有的立法实际上成了一种利益博弈，不是久拖不决，就是制定的法律法规不大管用。以往有的立法中出现对机构职责分工等需由提案人协调解决的事项未予明确的情况，这些问题在审议过程中争议很大，导致立法久拖不决。对此，党的十八届四中全会《决定》指出，对部门间争议较大的重要立法事项，由决策机关引入第三方评估充分听取各方意见，协调决定，不能久拖不决。要求对重大分歧意见的协调情况进行说明，一是必须对起草中的重大分歧意见在说明中予以反映，使立法机关了解相关情况；二是要求提案人必须对有重大分歧意见的问题在充分论证的基础上进行协调，必要时引入第三方评估或者公开听取意见，消除部门利益，防止久拖不决，并在说明中反映最终协调结果。提案人应当向立法机关说明对这些不同意见的协调情况，包括有哪些主要方面的不同意见，提案人组织协调的过程，协调的结果是什么，以及最终如何反映到草案条文中去。通过各方利益协调，逐步形成能够全面表达社会利益、有效平衡社会利益、科学调整社会利益的协调机制，对于提高立法质量，确保党的主张和人民意志的统一有重大意义，也为全面建成小康社会、全面深化改革、全面推进依法治国提供有效的法制保障。

应当注意的是，立法法第五十三条第二款规定，专业性较强的法律草案，可以吸收相关领域的专家参与起草工作，或者委托有关专家、教学科研单位、社会组织起草。对于前述专家参与起草或者委托起草的相关情况，也应当在法律草案的说明中一并说明。

（3）必要的参阅资料

本条对必要的参阅资料的具体范围没有规定。在立法实践中，有关必要的参阅资料主要包括几个方面：

①党和国家的有关方针政策；

②有关方面工作的实际做法和效果，以及有关典型案例；

③有关人大代表、政协委员和社会公众对有关立法项目提出的议案、建议、提案和意见等；

④法律草案提案人、常委会法制工作机构、法律委员会、有关专门委员会对立法相关事项的调研情况报告和分析报告；

⑤公开征求意见的情况报告和有关听证会、论证会、座谈会的情况报告；

⑥现行有关法律、行政法规等的规定及其实施情况；

⑦国外有关的立法情况和做法，等等。

（4）修改前后的对照文本

提案人提出修改法律的法律案时，是以某法的修正案（草案）或者某法（修订）的形式提出的。修正案（草案）的基本形式较为简单，只是单纯描述将第 × 条修改为第 × 条，修改为“……（具体内容）”；或者增加一条，作为第 × 条：“……（具体内容）”；或者删去第 × 条等。至于修改后法律变成怎样，被修改的条款前后有什么不同，增加或者删减条款对于条款之间的逻辑关系有怎样的影响，以及有关条文顺序的调整，是难以从修正案（草案）中看出来的。修订则由于是对法律的整体修改，审议对象是整部草案文本，从中也很难对比出新旧文本之间的区别。为了便于立法机关组成人员审议，法制工作部门的同志在工作中创造了修改前后对照文本这一文件。在对照文本中分为两栏，左栏是修改前的原法律条文，右栏是根据修正案（草案）修改后的文本或者修订后文本，其中增加、删减和修改的部分，均用黑体标注。近年来，提案人提交修改前后的对照文本已成为提案时的“标准动作”，方便了人大代表或者常委会组成人员的审议，受到好评。

第二章　法案的审议程序

1. 提案人提出法律法规案后，人民代表大会应当如何处理？

（1）大会主席团提出法律案，要经主席团会议审议讨论并由主席团会议通过，直接交由大会会议审议。

（2）全国人大常委会提出法律案，一般是由有关的提案主体向常委会提出，经常委会审议讨论，需要提请大会通过的，由常委会决定提请大会审议，由大会主席团决定列入会议议程。如立法法就是由委员长会议委托法制工作委员会起草，向常委会提出，经常委会审议后，提请大会审议的。常委会向大会提出的法律案，多采取这种形式。

（3）专门委员会提出法律案，要经专门委员会全体会议审议通过。可以先向常委会提出，经常委会审议修改后再向大会提出；也可以直接向大会提出。由大会主席团决定列入会议议程。

（4）国务院、中央军事委员会、最高人民法院和最高人民检察院提出法律案，可以先向全国人大常委会提出，经常委会审议修改后再向大会提出；也可以直接向大会提出。由大会主席团决定列入会议议程。有关国防建设方面的法律草案，一般由国务院和中央军委联合提出。

（5）代表团或者代表联名提出的法律案，有三种处理方式：一是由大会主席团决定直接列入会议议程，二是由大会主席团决定不列入大会议程，三是对是否列入本次大会议程，不作决定，主席团可以先交有关的专门委员会审议、提出是否列入会议议程的意见，再由主席团决定是否列入会议议程。实践中，每次全国人大会议期间，对代表团和代表联名提出的法律案以及其他各种议案，都是先由有关的专门委员会提出是否作为议案处理的意见，对基本符合议案要求的，作为议案处理；对不符合议案要求的，改作批评、意见和建议，交由有关机构、组织认真研究，书面答复代表。作为议案处理的，由主席团决定交专门委员会审议，提出议案处理结果报告。据了解，从 1979 年到目前为止，还没有代表团和代表联名提出的法律案被列入议程审议通过的。代表团和代表联名提出的其他议案被列入大会议程或常委会议程的，有四件。

2. 提案人提出法律法规案后，人大常委会应当如何处理？

（1）委员长会议向常委会提出的法律案，可以直接列入常委会会议议程进行审议。

（2）由国务院、中央军事委员会、最高人民法院、最高人民检察院、全国人民代表大会各专门委员会向全国人大常委会提出的法律案，要经过委员长会议决定后列入常委会会议议程。之所以规定由委员长会议决定列入会议议程，是因为委员长会议负责拟订常委会会议议程草案，有权根据常委会会议议程情况，决定将审议事项具体列入哪次会议议程，也就是按照需要审议的具体事项的轻重缓急，决定哪些事项优先列入议程，哪些事项决定列入以后的会议议程，以提高常委会的议事效率。

委员长会议对其他国家机关提出的法律案，区分不同的情况予以处理：对于比较成熟的法律案，委员长会议直接决定列入会议议程，国家机关提出的绝大多数法律案都属于此种情形。对于基本成熟但仍有一些问题需要进一步研究的法律案，由委员长会议先交有关的专门委员会审议并提出报告，再决定列入常委会会议议程。实践中，有时有关国家机关提出的个别法律案确实不够成熟，存在重大问题需要进一步研究，如果直接列入常委会会议议程，会给之后的审议造成困难。然而根据全国人大组织法和全国人大常委会议事规则的有关规定，委员长会议对其他国家机关提出的法律案应当决定列入议程，不能决定不列入会议议程。为避免这种两难境地，总结过去实践中行之有效的做法，立法法第二十六条规定，如果委员长会议认为法律案有重大问题需要进一步研究的，可以建议提案人修改完善后再向常委会提出。这一规定作为缓冲阀门，一方面有利于保证列入议程的法律案的质量，为今后的审议打下一个比较好的基础；另一方面又使立法程序更加严密。

（3）对常委会组成人员联名提出的法律案，委员长会议可以决定列入或者不列入常委会会议议程。对于常委会组成人员十人以上联名提出的法律案，如果委员长会议经研究后认为比较成熟的，可以直接决定提请常委会会议审议；如果不很成熟或者有一定问题需要进一步研究的，可以先交有关的专门委员会审议，由专门委员会提出意见，向委员长会议报告。委员长会议根据有关专门委员会的审议意见认为可以提请常委会会议审议的，决定提请审议；认为不成熟或者仍需进一步研究的，可以决定不提请常委会会议审议。

对决定不提请常委会会议审议的法律案，应当向常委会会议报告或者向提案人说明。在交有关专门委员会审议的时候，专门委员会讨论该法律案，可以邀请联名提出法律案的常委会组成人员列席会议，发表意见，以利于专门委员会委员对法律案作进一步的全面了解，避免草率决定，确保向委员长会议提出切实可行的意见。为了保证提请议会审议的法律案的质量，这一规定是有必要的。

3. 向代表大会提出法律法规案后如何撤回？

立法程序是因提出法律法规案而启动的。提案人有权提出法律法规案，当然也有权撤回。撤回法律法规案的权利是由提案人有权提出法律案派生出来的。提出法律案的目的是为了使之在立法机关获得通过，制定成为法律。但由于一些原因，原法律案已经失去意义或由于立法时机不成熟，也允许提案人撤回已提出的法律法规案。

提案人提出法律案，并不是自动进入大会议程的，需要经过一个列入议程的程序。在代表大会会议举行前提出法律案的，由常委会决定列入大会议程草案，由大会预备会议通过。因此，立法法区分两种不同情况，对撤回程序分别作了不同规定。

一种情况是在列入大会会议议程之前，要求撤回的。在列入大会议程前，由于大会对法律案尚未进行审议，提案人在这个阶段撤回法律案，无须经任何同意程序即可不列入大会议程。

另一种情况是提案人在法律案列入大会议程后要求撤回的。由于大会议程是经过法定程序确定的，这一程序是庄重的、法定的、具有权威的，法律案一经列入全国人大会议议程，就成为大会内容的一部分，不再完全受提案人支配，但由于它是提案人提出的，和提案人有着密切联系。所以，在规定提案人有权撤回法律案的同时，还必须对提案人撤回法律案有所约束：

（1）撤回的时间必须在法律案交付表决前。如果法律案已经交付表决，虽然表决结果尚未出来或者尚未进行表决，但是提案人不能要求撤回。因为法律案一旦交付表决获得通过，就成为国家的法律，自然不能再由提案人撤回；如果法律案交付表决未获得通过，依照立法法规定提案人可以重新提出，但已不存在撤回的问题。

（2）提案人要求撤回法律案，必须说明理由。无正当理由的，不能撤回。

（3）须经主席团同意，并向大会报告。也就是说，提案人提出撤回法律案的要求后，大会并不是自动终止对该法律案的审议，只有经过主席团同意，并向大会报告，撤回法律案的要求才能生效，会议才能停止对该议案的审议。如果主席团认为要求撤回的理由不能成立，或者多数代表不赞成撤回，可以不同意撤回，由大会继续对该法律案进行审议。这是因为，大会议程是会议进行的步骤和规程，是会议顺利进行的保证，不能随意改变。列入会议议程后，代表和有关的专门委员会对该法律案的审议已经进行了大量工作，不只属于提案人，因此，是否撤回不能仅由提案人一方面决定。特别是在代表或者有关的专门委员会对法律案提出较多的修改意见时，提案人因不同意代表或者有关专门委员会的修改意见而要求撤回的，会议是否要终止对该法律案的审议，应当注意听取代表的意见，充分尊重代表的意见。立法法的这一规定，既尊重了提案人的提案权，又尊重了代表的审议权，使两方面权利都得到体现和兼顾。实践中，我国还没有发生过提请全国人大会议审议的法律案，在交付表决前，由提案人撤回的情况。

4. 向常委会提出法律法规案后如何撤回？

立法法规定，法律案在列入常委会会议议程前，提案人要求撤回的，撤回即时生效，常委会即不列入议程。但是，如果法律案已经列入议程，提案人要求撤回法律案，则必须符合以下条件：

提案人撤回法律案必须是在法律案交付表决之前，因为法律案一旦交付表决，获得通过，就成为法律，自然不能再由提案人撤回；如果法律案交付表决未获通过，依照立法法规定提案人可以重新提出，也不存在撤回问题。

提案人撤回法律案要说明理由，经委员长会议同意并向常委会报告后，对该法律案的审议才终止。

5. 草案如何印发立法机关组成人员？

立法法第十七条规定，常务委员会决定提请全国人民代表大会会议审议的法律案，应当在会议举行的一个月前将法律草案发给代表。

由于大会会期短，议程多，加上全国人民代表大会会议在北京召开，多数代表是在大会召开前几天才来京报到，在此之前，代表分散在全国各地。我国幅员辽阔，边远地区交通不便，为了使法律草案及时送交代表，使代表有充分的准备、研究时间，将法律草案提前印发给代表是十分必要的。

一个月前，是指常委会发出的法律草案的时间，而不是指代表实际收到法律草案的时间。由于代表居住在全国各地，交通情况很不一样，所以，代表实际收到法律草案的时间，有的可能在一个月前收到，有的可能在一个月以内收到。随着信息化的发展和网络的普及，在传统的发送法律草案纸质版本的基础上，全国人大常委会还同时通过代表邮箱向代表发送法律草案电子文本，大大节约了发送时间，使代表有更充分的时间提前对法律草案进行研究。同时，按照以往做法，对提交大会审议的法律案，要组织全国人大代表研读讨论。

我国的人大代表多数都是兼职的，提前将法律案印发给代表，有利于代表合理安排时间，充分研究有关材料，征求各方面的意见，从而在大会上提出比较成熟和有价值的意见。另外，法律案专业性较强，有的法律草案条文较多，代表也需要有一个研究的过程。提前印发是使法律案得到充分讨论的基础，是代表充分有效行使权力的要求，有利于提高立法质量。

需要说明的是，提前一个月向代表发送法律草案的规定，不适用于临时召集的全国人大会议。宪法规定，全国人大会议每年举行一次，由全国人大常委会召集。如果全国人大常委会认为必要，或者有五分之一以上的全国人大代表提议，可以临时召集全国人大会议。全国人大临时会议一般具有紧迫性，开会日期和会议内容都是临时决定的，不可能提前一个月通知全国人大代表。到目前为止，我国还没有召开过全国人大临时会议。

立法法第二十八条第一款规定，列入常务委员会会议议程的法律案，除特殊情况外，应当在会议举行的七日前将法律草案发给常务委员会组成人员。“七日”只是一个最低期限，在客观条件允许的情况下，应当尽量提前将法律案发给常委会组成人员，有利于常委会会议进行审议。如遇特殊情况，如召开临时会议或者是临时提出紧急提案等情况时，法律案的印发时间可以不受该规定的限制。

6. 常委会审议法律法规案时邀请哪些代表列席会议？

立法法第二十八条第二款规定，常务委员会会议审议法律案时，应当邀请有关的全国人民代表大会代表列席会议。这一规定体现了充分发挥人大代表在立法工作中的作用的要求，有利于提高法律草案起草和审议质量。十八届四中全会决定提出：“健全法律法规规章起草征求人大代表意见制度，增加人大代表列席人大常委会会议人数，更多发挥人大代表参与起草和修改法律作用。”人大代表是人民选举产生的行使国家权力的代表。充分发挥人大代表在立法中的作用，不仅是使立法反映和体现人民意志的制度要求，也有利于促进科学立法、民主立法，提高立法质量。2014 年，全国人大常委会召开了 6 次会议，共邀请 320 多名全国人大代表列席会议，平均每次常委会会议邀请 50 多名，即每次常委会会议分组会议时，每个小组约有 10 名相关代表列席。每次会议所邀请的列席代表都不一样，那么应当如何确定邀请哪些代表呢？总的原则，是与本次会议所审议的议案相关，主要有以下几种情况：

一是曾经就会议审议的议题提出过建议、批评、意见或者议案的代表。如十二届全国人大常委会第十六次会议安排审议教育法律一揽子修正案，就邀请了曾经多次就教育法律提出修改建议的全国人大代表、重庆市九龙坡区谢家湾小学校长刘希娅列席。

二是与会议审议的议题相关领域的代表。如十二届全国人大常委会第十五次会议审议了张德江委员长作的全国人大常委会执法检查组关于检查《中华人民共和国职业教育法》实施情况的报告，并就职业教育法实施情况召开联组会议进行专题询问。这次会议就邀请了全国人大代表、湖南省中华职业教育社副主任何彬生列席。

三是主动联系人大常委会希望列席会议的代表。

四是参与过相关议题的专题调研、集中视察，或者相关领域的常委会组成人员负责联系的代表。

近年来，全国人大及其常委会高度重视在立法工作中发挥人大代表的作用：一是将代表议案作为编制立法规划和工作计划的重要来源渠道，不少立法项目来源于代表议案，并将议案内容作为起草相关法律草案的重要参考。二是为代表直接行使立法权提供服务和保障。全国人民代表大会审议通过法律案，在大会召开前将法律草案寄送给代表，并组织代表研读，征求和收集代表的相关意见；在大会审议法律草案时，派相关负责人到会听取意见、回答询问，认真研究、积极采纳代表的意见和建议。三是常委会会议审议法律草案时，邀请人大代表列席，并将法律草案提前寄送给列席代表，征求代表的意见建议，对代表的意见建议认真研究吸收。四是在法律的起草论证过程中，邀请代表参加调研座谈，注重听取和吸收代表的意见建议。五是组织代表参加执法检查和专题调研，为开展相关立法工作提供借鉴和指导。

7. 什么是立法“三审制”？

立法法第二十九条第一款规定，列入常务委员会会议议程的法律案，一般应当经三次常务委员会会议审议后再交付表决。即全国人大常委会立法一般实行“三审制”。实行三审制可以使审议工作做得更充分一些，有利于提高立法质量。

在六届全国人大常委会以前，提请常委会审议的法律案，大都是在当次会议上就交付表决。1983 年 3 月，五届全国人大常委会第二十六次会议审议了国务院提请的海上交通安全法草案，由于对草案中的重大问题有不同意见，委员长会议决定该法律案不交付本次常委会会议表决，交有关的专门委员会进一步研究修改后，再交付以后的常委会会议审议表决。该法后来于 1983 年 9 月在六届全国人大常委会第二次会议上表决通过。从这次会议开始，为了使常委会组成人员有充分的时间审议法律案，六届全国人大常委会委员长会议决定，提交常委会会议审议的法律案，在当次会议上不表决，由法律委员会向下一次常委会会议或者以后的常委会会议提出审议结果报告。1987 年制定的全国人大常委会议事规则，将这一程序以法律的形式固定下来。自此以后，六届、七届、八届全国人大常委会对法律案的审议一般要经过两次常委会会议审议，才能交付表决。九届全国人大常委会为了提高立法质量，将二审制进一步发展为一般实行三审制：

一审，听取提案人对法律草案的说明，进行初步审议，侧重于对法案的必要性、可行性、合法性进行全面审议。

二审，初次审议后经过两个月或者更长的时间，常委会组成人员对法律草案进行充分的调查研究后，围绕法律草案的重点、难点问题和分歧意见，再次进行深入审议。

三审，在专门委员会根据常委会组成人员的审议意见对法律草案进行修改并提出审议结果报告的基础上，再作审议，主要侧重于对草案审议结果、表决前评估的情况报告以及草案表决稿的审议。如果意见不大，即交付表决。

全国人大常委会自实行三审制以来，由于有了相对充裕的时间，对法律案的审议更加细致、具体。在一次审议和二次审议后，通常要进行专题调研，召开座谈会听取意见，根据了解到的情况和意见进一步审议修改法律案，审议的质量和水平不断提高。

8.“三审制”有哪些例外情形？

实行三审制是为了使常委会审议工作做得更充分一些，有利于保证立法质量。根据全国人大的立法实践和实际工作需要，立法法在确立全国人大常委会审议法律案实行三审制的同时，对常委会的立法程序作了变通规定，把重质量和讲效率较好地结合起来，有利于人大立法工作的开展。对于一些各方面意见比较一致的法律案，也可以二审通过。对于部分修改的法律案，争议不大，各方面意见比较一致的，可以经一次常委会会议审议就交付表决。

实践中，一些调整事项较为单一、各方面的意见比较一致的法律案，是经一次常委会会议审议通过的。比如，2011 年 4 月第十一届全国人大常委会第二十次会议通过了关于修改煤炭法和建筑法个别条款的决定，针对建立统一的工伤保险制度后，如何及时救治和补偿因工作发生意外伤害的煤矿和建筑施工企业职工，修改了相关规定。此种情形下，审议的事项较为单一，各方面的意见也比较一致，经一次常委会会议审议即通过法律案，可以在保证审议质量的前提下，提高审议效率，及时适应经济社会发展的需要。因此，2015 年修改立法法时，总结这一实践经验，在第三十条增加了相应规定，对于调整事项较为单一，各方面的意见比较一致的，也可以经一次常委会会议审议通过。

9. 第一次审议需要做哪些工作？

一审前，如果是国务院、中央军委、最高人民法院、最高人民检察院、各专门委员会提出的法案，或者常委会组成人员联名提出的法案，相关专门委员会将会在常委会开会初审前，对法案进行审议。虽然在立法法第二十六条的规定中，这种审议并非必经程序，但出于立法工作的严肃性和审慎性，在实践中这一道审议程序已经成为法案审议程序中的“标准配置”。

经过审议，如果所提法案在形式上符合议案要求，即方案、案由和案据齐全；在实质上基本符合必要性、可行性、可操作性的要求，相关专门委员会则可以提出同意将本法案列入常委会议程的审议意见，同时可以就法案中存在的问题提出新的审议意见。若所提法案不符合形式和实质要求，或者存在重大问题需要进一步研究，相关专门委员会则可以建议该法案作修改完善后再向常委会提出。

（1）一审的分组会上，一般先由工作人员把法律案文本宣读一遍，然后由常委会组成人员对法律案进行初步的讨论。一般来说，第一次审议时，常委会组成人员的讨论重点可以集中在立法的必要性、可行性、时机性，法律草案的章节结构、主要制度安排等问题上，也可以就具体的法律条文或者文字修改提出意见。

（2）提案人应当派人到会听取意见。如提案人是本级人民政府，一般则由本级政府相关部门（即起草部门）派有关负责同志，或者其相关部门负责同志到会听取意见，同时同级政府法制工作部门也可派有关同志到会听取意见。审议结束后，对于听取的意见，提案人应当进行整理，并认真研究。对于合理意见，应当尽量吸收并反映到草案修改稿中去；必要时与常委会组成人员作当面沟通、解释。

（3）在提案人派人听取意见的同时，有关专门委员会和常委会法制工作机构也应当派人听取审议意见。法制工作机构的主要职责之一就是，为全国人大和全国人大常委会、法律委员会审议法律草案服务。对提请全国人大和全国人大常委会审议的有关法律草案进行调查研究，征求意见，提供有关资料，提出修改建议。因此，在常委会分组会议上，法制工作机构应当每组派一至两名工作人员听取意见。会后，要及时汇总审议意见，编写简报。

（4）由常委会法制工作机构向有关地方、部门、科研院所、人大代表、立法联系点发函，征求他们对草案的意见和建议，一般征求意见的期限为一个月。

（5）将草案在中国人大网刊登，向社会征求意见，根据立法法的规定，征求意见期限为三十日，部分重要的法律草案，也可以适当延长期限。经委员长会议决定，也可以不公开向社会征求意见。对于哪些草案不向社会公开，立法法没有明确规定，一般认为是涉及国家秘密的草案及委员长会议认为其他不适宜公开的法律草案。征求意见结束后，法制工作机构应当整理、研究所收集到的意见。

（6）法律委员会和常委会法制工作机构可以就法律草案中的主要问题，开展调研，了解相关问题的实际情况。调研方式可以有座谈会、蹲点调研等。

（7）法律委员会、有关专门委员会和常委会法制工作机构联合召开座谈会，邀请有关人大代表、相关部门负责同志、专家学者出席，并听取他们对草案的意见和建议。相关方面意见分歧较大时，召开听证会、论证会。

（8）拟订初步方案并广泛征求意见。法律委员会、法工委汇通起草单位分析常委会审议意见、有关专门委员会的审议意见和各方面的意见，对草案进行初步修改。在形成初步方案后，采用召开座谈会等多种方式，征求起草单位和相关方面意见，并根据这些意见对初步方案进一步修改完善。

（9）常委会法制工作机构要及时根据常委会会议的审议情况（编写简报）、征求意见的情况，为法律委员会审议修改草案提供依据，并起草草案修改稿和修改情况的汇报（稿）。法律委员会应当召开会议审议草案，开会时应当邀请相关专门委员会出席会议。法律委员会根据会议审议情况和上述情况，拟订草案二次审议稿和草案修改情况的汇报。

（10）法律委员会向有关专门委员会反馈修改情况，并视具体情况向部分常委会组成人员反馈未被采纳意见的情况。

（11）法律委员会向委员长会议作修改情况的汇报并提交草案修改稿，根据委员长会议将法案列入常委会第二次审议议程的决定，向常委会书面提交修改情况的汇报和草案修改稿及对照表等。

10. 提案人如何向立法机关作草案说明？

提案人提出法案，应当同时提出草案及关于草案的说明。草案说明分为以下几个部分：

一是标题。制定新法的，标题为“关于《×××法/条例》(草案)的说明”、“关于×××决定(草案)的说明”。提出修正案(草案)的，标题为“关于《×××法/条例》修正案(草案)的说明”。提出修订的，标题为“关于《×××法/条例》(修订草案)的说明”。

二是称谓。草案说明的对象，是常委会组成人员，因此说明的称谓是固定的。在代表大会上，因为无论是主席团常务主席、主席团成员还是普通代表，都是人大代表，因此称谓为“各位代表”即可。在全国人大常委会为“委员长、各位副委员长、秘书长、各位委员”；在地方人大常委会为“主任、各位副主任、秘书长、各位委员”。

三是作说明人简要交代自己代表谁或者受谁委托作说明。法案的提案人有多种类型，向人大及其常委会作草案说明的，一般是某个机关具体起草部门的负责人，因此作说明人一般要交代“我受×××(起草人)委托，作×××(草案)的说明，请予审议”。比如，2015年立法法修正案的提案人是全国人大常委会，由副委员长李建国代表常委会向大会作说明，说明稿中即要交代“我受全国人大常委会委托，现对《中华人民共和国立法法修正案(草案)》作说明”。2007年制定企业所得税法，提案人是国务院，由时任财政部部长金人庆作说明，说明稿中交代“我受国务院的委托，现对《中华人民共和国企业所得税法(草案)》作说明”。2011年，军人保险法(草案)提请全国人大常委会审议，提案人是国务院、中央军委，由时任中央军委委员、解放军总后勤部部长廖锡龙作说明，说明稿中交代“我受国务院、中央军委委托，现对《中华人民共和国军人保险法(草案)》作说明”。

四是草案说明的主体内容，一般包括：(1)制定或者修改法律法规的必要性和指导思想，主要是通过简明扼要的语言，构建起解决现实问题与制定法律草案的逻辑关系，并通过阐明指导思想，使立法机关理解制定或者修改的背景情况；（2）制定或者修改的主要过程，可以包括起草班子组成情况，草案形成所历经的研讨、征求意见、政策形成和内部决策过程等；（3）草案中主要问题的说明，使立法机关及其组成人员了解草案的有关问题，理解立法意愿和难点条款。

五是关于一些没有在草案中反映，但却与草案密切相关的问题的说明。如 2015 年修改立法法时，修正案草案的说明特别提及“这里还有一个问题需要说明。这次修改立法法赋予所有设区的市地方立法权后，需要考虑是否对几个不设区的地级市赋予地方立法权的问题。广东省东莞市和中山市、甘肃省嘉峪关市属地级市，但不设区。按照赋予设区的市地方立法权的精神，建议在依法赋予设区的市地方立法权的同时，赋予广东省东莞市、中山市和甘肃省嘉峪关市设区的市地方立法权”。

最后结尾时应当提及，“草案及以上说明，请审议。”

示例：

关于《中华人民共和国立法法修正案（草案）》的说明

——2015 年 3 月 8 日在第十二届全国人民代表大会第三次会议上

全国人民代表大会常务委员会副委员长　李建国

各位代表：

我受全国人大常委会委托，现对《中华人民共和国立法法修正案（草案）》作说明。

一、修改立法法的必要性和指导思想

立法是国家的重要政治活动，立法法是关于国家立法制度的重要法律。我国现行立法法自2000年颁布施行以来，对规范立法活动，推动形成和完善中国特色社会主义法律体系，推进社会主义法治建设，发挥了重要作用。实践证明，立法法确立的立法制度总体是符合国情、行之有效的。但是，随着我国经济社会的发展和改革的不断深化，人民群众对加强和改进立法工作有许多新期盼，以习近平同志为总书记的党中央提出了新要求，立法工作面临不少需要研究解决的新情况、新问题。立法工作关系党和国家事业发展全局，在全面建成小康社会、全面深化改革、全面依法治国、全面从严治党的战略布局中，将发挥越来越重要的作用。为了适应立法工作新形势新任务的需要，贯彻落实党的十八大和十八届三中、四中全会精神，总结立法法施行以来推进科学立法、民主立法的实践经验，适时修改立法法，是十分必要的。这对于完善立法体制，提高立法质量和立法效率，维护国家法制统一，形成完备的法律规范体系，推进国家治理体系和治理能力现代化，建设社会主义法治国家，具有重要的现实意义和长远意义。

修改立法法的指导思想是，贯彻落实党的十八大和十八届三中、四中全会精神，高举中国特色社会主义伟大旗帜，以马克思列宁主义、毛泽东思想、邓小平理论、“三个代表”重要思想、科学发展观为指导，深入学习贯彻习近平总书记系列重要讲话精神，坚持党的领导、人民当家作主、依法治国有机统一，以提高立法质量为重点，深入推进科学立法、民主立法，更好地发挥立法的引领和推动作用，发挥人大及其常委会在立法工作中的主导作用，完善以宪法为核心的中国特色社会主义法律体系，全面推进依法治国，建设社会主义法治国家。

在修改立法法工作中，注意把握了以下几点：一是，认真贯彻落实党中央决策部署。按照中央全面深化改革领导小组关于贯彻实施党的十八届三中、四中全会两个决定的重要举措分工方案，凡涉及立法法修改的举措和要求，都通过修改立法法予以落实。通过修改立法法，完善立法体制，做到立法决策和改革决策相统一、相衔接，重大改革于法有据，立法主动适应改革需要，改革和法治同步推进。二是，突出重点，着力围绕提高立法质量完善制度。发挥立法的引领和推动作用，提高立法质量是关键。要认真总结多年来全国人大及其常委会和地方人大及其常委会在推进科学立法、民主立法方面的实践经验，将一些好的做法通过修改立法法提炼、固定下来。通过完善立法体制机制和程序，努力使制定和修改的法律能够准确体现党的主张和人民意愿的统一，有效地解决实际问题。三是，积极稳妥，分步推进。各方面对修改立法法提出的意见和建议不少。这一次修改立法法是部分修改，不是全面修改，对可改可不改的暂不改；对认识比较一致、条件成熟的，予以补充完善；对认识尚不统一的，继续深入研究；对属于工作机制和法律实施层面的问题，通过加强和改进相关工作予以解决。与此同时，需要强调的是，立法法的修改，要遵循宪法，并处理好与其他有关法律的关系。宪法是立法法制定的依据，修改立法法、完善立法体制也必须根据宪法。还要与全国人民代表大会组织法、全国人民代表大会议事规则、全国人大常委会议事规则、地方各级人民代表大会和地方各级人民政府组织法、各级人大常委会监督法等法律相衔接和相协调。

二、修改立法法的工作过程

按照全国人大常委会的工作部署，本届以来，全国人大常委会法工委着手立法法修改研究工作。通过收集整理代表议案和建议、赴地方调研、召开专题座谈会、邀请地方人大和政府法制机构有关负责同志共同研究等方式，广泛听取各方面意见。在充分沟通协商、深入研究论证的基础上，形成了立法法修正案草案，由全国人大常委会委员长会议提请 2014 年 8 月召开的十二届全国人大常委会第十次会议进行了初次审议。会后，全国人大法律委员会、全国人大常委会法工委广泛征求了中央有关部门、各地和有关方面的意见，并在中国人大网全文公布修正案草案，征求社会公众意见。根据全国人大常委会组成人员的审议意见和各方面的意见，对修正案草案进行了修改完善。2014年12月，十二届全国人大常委会第十二次会议对立法法修正案草案进行了再次审议。全国人大常委会组成人员和列席人员普遍认为，修正案草案贯彻党的十八大和十八届三中、四中全会精神，总体吸收了常委会组成人员的审议意见和各方面的意见，已趋成熟。会议决定将立法法修正案草案提请十二届全国人大三次会议审议。全国人大常委会第十二次会议之后，中国人大网全文公布修正案草案，第二次征求社会公众意见。

全国人大常委会办公厅于今年1月将立法法修正案草案发送全国人大代表。代表们对修正案草案进行了认真研读讨论，总体赞成修正案草案，同时提出了一些修改意见。全国人大法律委员会召开会议，根据全国人大常委会组成人员的审议意见和代表们提出的意见，对修正案草案进行了审议，作了修改完善，并将修改情况向全国人大常委会委员长会议作了汇报。

党中央高度重视立法法的修改，将立法法修改列为需要党中央2015年研究的重大立法事项。2015年2月12日，习近平总书记主持召开中央政治局常委会会议，听取了全国人大常委会党组《关于〈中华人民共和国立法法修正案（草案）〉几个主要问题的请示》的汇报，原则同意全国人大常委会党组的请示，并就进一步修改完善立法法修正案草案作出重要指示。会后，根据党中央的重要指示精神，对修正案草案又作了进一步修改完善。在此基础上，形成了提请大会审议的《中华人民共和国立法法修正案（草案）》。

三、立法法修正案草案的主要内容

（一）关于完善立法体制

我国实行统一而又分层次的立法体制。党的十八届四中全会对完善立法体制提出了明确要求。落实这一要求，根据各方面的意见，修正案草案对立法体制的规定作了如下修改：

1. 实现立法和改革决策相衔接。党的十八届四中全会决定提出，实现立法和改革决策相衔接，做到重大改革于法有据、立法主动适应改革和经济社会发展需要。实践条件还不成熟、需要先行先试的，要按照法定程序作出授权。按照这一要求，总结近年来的实践，修正案草案增加规定，全国人大及其常委会可以根据改革发展的需要，决定就行政管理等领域的特定事项授权在部分地方暂停适用法律的部分规定。同时，针对现行授权立法规定比较原则，以往有些授权范围过于笼统、缺乏时限要求等问题，修正案草案增加规定，授权决定不仅应当明确授权的目的、范围，还要明确授权的事项、期限和被授权机关实施授权决定应当遵循的原则等；被授权机关应当在授权期限届满的六个月以前，向授权机关报告授权决定实施的情况。（修正案草案第五条、第四条）

2. 赋予设区的市地方立法权。党的十八届四中全会决定提出，明确地方立法权限和范围，依法赋予设区的市地方立法权。目前全国设区的市 284 个，按照现行立法法规定，享有地方立法权的有 49 个（包括 27 个省、自治区的人民政府所在地的市，4 个经济特区所在地的市和 18 个经国务院批准的较大的市），尚没有地方立法权的 235 个。为落实好党中央的精神，既要依法赋予所有设区的市地方立法权，以适应地方的实际需要，又要相应明确其地方立法权限和范围，避免重复立法，维护国家法制统一。为此，根据各方面的意见，修正案草案在依法赋予所有设区的市地方立法权的同时，明确设区的市可以对“城乡建设与管理、环境保护、历史文化保护等方面的事项”制定地方性法规，法律对较大的市制定地方性法规的事项另有规定的，从其规定。原有 49 个较大的市已经制定的地方性法规，涉及上述事项范围以外的，继续有效。同时，考虑到设区的市数量较多，地区差异较大，这一工作需要本着积极稳妥的精神予以推进，修正案草案规定，由省、自治区的人大常委会综合考虑本省、自治区所辖的设区的市的人口数量、地域面积、经济社会发展情况以及立法需求、立法能力等因素，确定其他设区的市开始制定地方性法规的具体步骤和时间，并报全国人大常委会和国务院备案。此外，修正案草案还规定，设区的市人民政府可以相应制定地方政府规章。（修正案草案第二十八条、第三十二条）

根据民族区域自治法关于“自治州的自治机关行使下设区、县的市的地方国家机关的职权，同时行使自治权”的规定，在自治州人民代表大会可以依法制定自治条例、单行条例的基础上，建议相应赋予自治州人大及其常委会设区的市的地方立法权。（修正案草案第二十八条）

3. 落实税收法定原则。…………

4. 对部门规章和地方政府规章权限进行规范。…………

（二）关于发挥人大在立法工作中的主导作用

立法是宪法赋予人大及其常委会的一项重要职权。党的十八届四中全会决定提出，健全有立法权的人大主导立法工作的体制机制。根据各方面的意见，修正案草案从以下几个方面加以补充和完善：一是……二是……三是……

（三）关于深入推进科学立法、民主立法

深入推进科学立法、民主立法是提高立法质量的根本途径。党的十八届三中、四中全会对深入推进科学立法、民主立法提出了一系列要求，常委会组成人员、代表、专家和社会公众也提出了许多好的意见和建议。据此，修正案草案规定：一是……二是……三是……四是……

（四）关于完善制定行政法规的程序

一些代表、部门和地方提出，行政法规是中国特色社会主义法律体系的重要组成部分，建议按照党的十八届四中全会决定精神，对制定行政法规的程序作进一步完善。据此，修正案草案增加规定：一是……二是……

（五）关于加强备案审查

规范性文件备案审查是保证宪法法律有效实施、维护国家法制统一的重要制度。一些代表、地方和专家建议加强备案审查工作，加大备案审查力度。按照党的十八届四中全会决定关于加强备案审查制度和能力建设的要求，根据各方面的意见，修正案草案增加规定：一是……二是……三是……

（六）关于对司法解释的规范和监督

司法解释对于司法机关依法正确行使职权是必要的。按照党的十八届四中全会精神，针对目前实践中司法解释存在的问题，根据各方面的意见，修正案草案增加规定：一是……二是……三是……四是……

此外，修正案草案还对国务院和中央军委联合发布行政法规、武警部队制定军事规章等进行了修改补充和完善。

这里还有一个问题需要说明。这次修改立法法赋予所有设区的市地方立法权后，需要考虑是否对几个不设区的地级市赋予地方立法权的问题。广东省东莞市和中山市、甘肃省嘉峪关市属地级市，但不设区。按照赋予设区的市地方立法权的精神，建议在依法赋予设区的市地方立法权的同时，赋予广东省东莞市、中山市和甘肃省嘉峪关市设区的市地方立法权。

《中华人民共和国立法法修正案（草案）》和以上说明，请审议。

11. 第二次审议需要做哪些工作？

（1）常委会全体会议听取法律委员会作的关于草案修改情况的汇报，一般将事先经过常委会委员长会议审议的草案修改稿和修改情况的汇报印发会议。

（2）召开常委会分组会议，对草案修改稿进行审议。在第二次审议中，常委会组成人员应当围绕法律草案二次审议稿的重点、难点和分歧意见，进行深入审议，因为第二次审议距离第一次审议通常至少要经过两个月的时间（全国人大常委会每两个月召开一次），闭会期间许多常委会组成人员对法律草案都进行了充分的调查研究，各方面对法律草案的意见也反映得更加充分，因此第二次审议法律案比第一次审议应当更深入、更具体、更有针对性。

（3）与第一次审议时一样，提案人和常委会法制工作机构应当派人赴会听取常委会组成人员的审议意见。会后，常委会法制工作机构应当及时整理审议意见，形成简报。

（4）二审后，法制工作机构应当将二审稿在中国人大网公开，向社会征求意见，征求意见期限一般为三十天，特别重要的法律草案，也可以多于三十天，但不得少于三十天。法制工作机构应当及时整理、研究所收集到的意见。

（5）法制工作机构应当根据一审、二审的相关情况，理出法律草案中的焦点问题，二审后围绕这些焦点问题，进行调研。就某些特别重大的问题或者矛盾特别突出的问题，可以召开专题座谈会、论证会，邀请有关部门和利益相关方共同讨论修改方案。目标是就这些焦点问题和重大分歧问题取得一致认识，争取能够在常委会第三次审议时提请全体会议进行表决。

（6）法律委员会召开会议，根据上述情况，提出草案修改稿和审议结果的报告。

（7）法律委员会向委员长会议作审议结果的报告并提交草案修改稿，并根据主任会议将法案列入常委会第三次审议议程的决定，向常委会全体会议作审议结果的报告并提交草案三次审议稿。

12. 如何作草案修改情况和主要问题的汇报?

常委会会议第二次审议法律案，在常委会全体会议上听取法律委员会关于法律草案修改情况和主要问题的汇报，这个汇报是法律委员会根据各方面对法律草案的意见（包括常委会组成人员对法律草案的初审意见，有关专门委员会对法律草案的意见，各有关部门、专家和地方对法律草案的意见等），对法律草案进行修改后作出的，是对新的法律草案修改了哪些内容，为什么这样修改，有何不同意见，还存在哪些问题所做的介绍。

示例：

关于《中华人民共和国社会保险法（草案）》修改情况的汇报

十届全国人大常委会第三十一次会议对社会保险法（草案）进行了初次审议。会后，法制工作委员会将草案印发各省（区、市）和中央有关部门等单位征求意见。现就主要问题修改情况汇报如下：

一、关于充实内容分章对五个险种作出规定

草案第三章和第四章中规定了养老保险、医疗保险、工伤保险、失业保险、生育保险的缴费范围和待遇。有些常委委员、人大代表和地方、部门认为，这些规定过于原则和分散，难以掌握，可操作性不强。经研究，建议对草案结构作适当调整并充实内容，将养老保险、医疗保险、工伤保险、失业保险、生育保险分别专章规定，把每个险种现行有效的成熟做法纳入草案，明确参保人员的权利义务。

二、关于基本养老保险关系的转移接续

草案第四十一条规定个人跨地区流动或者发生职业转换需要转移

接续社会保险关系的，按照国务院有关规定办理。有些常委委员、人大代表和地方提出，……经研究，建议将这一条修改为：……

三、关于社会保险统筹层次

草案第二十四条第二款规定基本养老保险基金实行省级统筹。其他社会保险基金实行省级统筹的时间、步骤，由国务院规定。有些常委委员、人大代表和地方、部门认为……经研究，建议……

四、关于政府对社会保险事业的支持

草案第五条第二款规定国家多渠道筹集社会保险资金。县级以上人民政府应当对社会保险事业给予必要的经费支持。草案第二十五条第二款又规定，县级以上人民政府应当在社会保险基金不敷支出时，给予补助。有的常委委员、人大代表和地方、部门提出……经研究，建议作以下补充规定……

五、关于社会保险基金监管

草案第五十二条规定统筹地区可以成立社会保险监督委员会，对社会保险基金的收支、管理和投资运营情况进行社会监督。许多常委委员、人大代表和地方、部门认为……经研究，建议……

13. 第三次审议需要做哪些工作？

按照立法法三审制的安排，常委会第三次审议，一般意味着各相关方面对法律草案中的重大问题已经消除了重大分歧，取得了一致认识，达成一致意见。即使对于一些问题仍然存在分歧的意见，如果这些问题能够通过立法技术予以解决，或者对此不作规定不会影响整部法律草案的完整性，则也可以认为整部法律草案消除了基本分歧，符合或者基本符合提请表决的条件。三审期间，法制工作机构和法律委员会的工作节奏将十分紧凑。

（1）常委会在全体会议上听取法律委员会关于法律草案审议结果的报告。

（2）全体会议后，常委会分组会议对法律草案三次审议稿再进行审议。

（3）法制工作机构要将常委会组成人员的第三次审议意见整理研究，形成简报，并据此提出建议表决稿草案和修改情况的报告（稿）。应当注意的是，如果是对法律进行修正，法律委员会在审议后应当将修正案草案（二次审议稿）转化成为关于 ×× 法的修改决定（建议表决稿）。

（4）法律委员会将召开全体会议，根据委员们的意见再对草案三次审议稿进行必要的修改，提出修改情况的报告和建议表决稿。

（5）委员长会议听取修改情况的报告，审议建议表决稿，并决定是否印发常委会会议审议。

（6）常委会分组会议将审议拟提请表决事项，常委会组成人员将对建议表决稿提出意见，法制工作机构工作人员应当将有关意见整理，并以此为根据修改建议表决稿，直至形成表决稿。

（7）如果有常委会组成人员仍然提出不同意见，法律委员会则应由其组成人员与提出意见的常委会组成人员单独沟通、解释，尽力争取他们的理解和赞同。

（8）委员长会议根据审议情况，决定提请常委会全体会议表决。

（9）常委会全体会议将对草案进行表决。

14. 如何作审议结果的报告？

常委会会议第三次审议法律案，在全体会议上听取法律委员会关于法律草案审议结果的报告，这个报告是对该法律草案的整个审议过程和各方面对法律草案二次审议稿提出的意见作出的总结，一般首先简单介绍审议过程，然后对二次审议稿的修改作出介绍，根据立法法第三十三条第一款的规定，对重要的不同意见也要在审议结果报告中予以说明。

应当注意的一个问题是，审议结果的报告出现在拟提请常委会表决的会议上，即不是每个审议结果的报告都出现在法案的第三次审议中。因为根据立法法的规定，“三审制”是一个原则性的规定，并不是每一个法案都要经过三次审议，问题比较简单，意见较为一致的法案，对其审议可以少于三次；问题比较复杂，意见分歧较大的，对其审议可以多于三次。

示例：

全国人民代表大会法律委员会关于《中华人民共和国刑法修正案（八）（草案）》审议结果的报告

——2011年2月23日在第十一届全国人民代表大会常务委员会第十九次会议上

全国人大法律委员会副主任委员　李适时

全国人民代表大会常务委员会：

常委会第十八次会议对刑法修正案（八）（草案二次审议稿）进行了审议。会后，根据常委会组成人员的审议意见，法律委员会、法制工作委员会就草案的主要问题进行了多次研究。法律委员会于1月27日召开会议，根据常委会组成人员的审议意见和各方面的意见，对草案进行了审议。中央政法委员会、全国人大内务司法委员会、国务院法制办公室的负责同志列席了会议。2月16日、22日，法律委员会召开会议，再次进行审议。法律委员会认为，草案经过常委会两次审议修改，已经比较成熟。同时，提出以下主要修改意见：

一、草案二次审议稿第十五条对刑法第七十八条第二款作了修改，规定对于判处死刑缓期执行的罪犯，缓期执行期满依法减为无期徒刑或者二十五年有期徒刑的，实际执行期限不能少于二十年或者十八年；其中，对累犯以及因故意杀人、强奸、抢劫、绑架、放火、爆炸、投放危险物质或者有组织的暴力性犯罪等八类重罪被限制减刑的死缓罪犯，缓期执行期满依法减为无期徒刑或者二十五年有期徒刑的，实际执行期限不能少于二十五年或者二十年。对于判处无期徒刑的罪犯减刑后实际执行的期限不得少于十五年。最高人民法院和一些专家提出，按照宽严相济刑事政策的要求，应主要针对判处死刑缓期执行并限制减刑的累犯以及因故意杀人、强奸、抢劫、绑架、放火、爆炸、投放危险物质或者有组织的暴力性犯罪罪犯，延长其减为无期徒刑、有期徒刑后的最低执行期限，草案二次审议稿对这部分罪犯的规定是必要的，妥当的。但不宜普遍提高刑罚执行期限，关于其他判处死刑缓期执行减为无期徒刑、有期徒刑罪犯的最低执行期限和判处无期徒刑的最低执行期限，从实践看，按照现行刑法规定执行，对教育改造这部分人发挥了较好的作用，建议不做修改。法律委员会、法制工作委员会经与内务司法委员会、中央政法委员会、最高人民法院、最高人民检察院、公安部、司法部共同研究，赞成对因累犯和八类重罪判处死刑缓期执行并限制减刑的罪犯与其他罪犯加以区分。据此，法律委员会建议，将上述规定修改为：对限制减刑的死缓罪犯，缓期执行期满后依法减为无期徒刑的，实际执行期限不能少于二十五年，缓期执行期满后依法减为二十五年有期徒刑的，不能少于二十年；对判处无期徒刑罪犯减刑后的最低执行期限，不能少于十三年。对第十六条关于假释的规定也作相应修改。

二、草案二次审议稿第二十五条对刑法第一百四十四条生产、销售有毒有害食品犯罪的规定作了修改，有的常委委员、代表建议……法律委员会经研究，建议按上述意见对该条作相应修改。

三、草案二次审议稿第三十五条在刑法中增加了持有伪造的发票的犯罪。有的常委委员、代表建议……法律委员会经研究，建议按上述意见对该条作相应修改。

四、草案二次审议稿第四十一条第一款对以转移财产、逃匿等方法逃避支付劳动者报酬，或者有能力支付而不支付劳动者报酬，数额较大的，规定为犯罪。有的常委委员提出……建议……法律委员会经研究，建议将该款修改为……

五、关于刑法修正案（八）施行时间。考虑到本修正案对刑法部分条文修改的内容较多，对刑法总则有关条文也作了调整，为确保修改后刑法准确有效实施，法律委员会经同有关方面研究，建议规定自2011年5月1日起施行。同时，建议从通过之日至施行之日这段时间内，各有关司法机关应当抓紧做好宣传、培训和其他必要的准备工作。

还有两个问题需要汇报：

1.草案二次审议稿第二条、第十三条、第十七条规定，对判处管制、缓刑以及假释的罪犯依法实行社区矫正，删去了刑法原管制、缓刑、假释由公安机关执行、考察、监督的规定。有的常委委员和代表担心在尚不具备社区矫正条件的地方，可能出现对有的罪犯社区矫正落实不了，失去必要监管的情况。对这个问题，中央政法委员会、最高人民法院、最高人民检察院、公安部、司法部等方面研究提出的意见是，社区矫正是对部分罪犯刑罚执行方式的重要改革，通过在部分地方试点到目前已在全国推开试行，实践证明是可行的，社会效果也是好的。委员们在审议中提出的问题在工作中确实存在，有关司法机关将通过进一步加强工作配合与衔接，防止这种情况的发生，草案上述规定可不再作修改。法律委员会经研究，考虑到上述情况，建议对这一规定不再作修改。同时，为保证这一规定的有效实施，建议有关部门抓紧推进社区矫正工作和社区矫正法的起草，并注意加强工作层面的配合与衔接，做好对被判处管制、缓刑以及假释的犯罪分子的监督管理。

2. 草案二次审议稿第二十二条在刑法中增加了在道路上醉酒驾驶机动车的犯罪。有的常委委员建议进一步明确“醉酒”的概念，还有的提出，对醉酒后驾驶机动车一律追究刑事责任的规定实践中可能涉及面过宽，建议增加“情节严重”等限制条件。对此，公安部、国务院法制办等部门研究后认为，醉酒驾车标准是明确的，与一般酒后驾车的区分界限清晰，并已执行多年，实践中没有发生大的问题。将在道路上醉酒驾驶机动车这种具有较大社会危险性的行为规定为犯罪是必要的，如果再增加规定“情节严重”等限制性条件，具体执行中难以把握，也不利于预防和惩处这类犯罪行为，建议维持草案的规定。法律委员会经研究，建议对这一规定不再作修改。

此外，还对草案二次审议稿作了一些文字修改。

草案三次审议稿已按上述意见作了修改，法律委员会建议本次常委会会议审议通过。

草案三次审议稿和以上报告是否妥当，请审议。

15. 代表大会审议法律案需要做哪些工作？

（1）在代表大会召开前的常委会会议上，表决通过将草案提请代表大会审议的决定。

（2）在此次常委会和代表大会召开期间，法律委员会、法工委仍然应当继续就有关问题进行研究，与有关方面沟通协调，不断完善草案。

（3）代表大会召开前，将草案提前发给代表。有条件的，组织代表提前进行研读，以使代表对草案有更充分的了解，也便于代表针对草案作更充分的准备，提高大会审议的效率和效果。

（4）由常委会领导受常委会委托，在代表大会全体会议上作草案说明。

（5）各代表团审议草案，法律委员会、法工委收集整理代表团的审议意见。

（6）法律委员会召开会议，根据审议意见拟定修改情况的汇报和草案修改稿等。

（7）将草案修改稿提交大会主席团审议，根据大会主席团的决定将草案修改稿发送各代表团审议。

（8）法律委员会根据各代表团的审议意见对草案修改稿再次进行修改，并拟定审议结果的报告和草案表决稿。需要注意的是，如果是对某部法律法规进行修正，法律委员会拟定草案表决稿时，应将修正案（草案）转化为关于 ×× 法的修改决定（草案表决稿）。

（9）向大会主席团提交审议结果的报告和草案表决稿，根据大会主席团的决定向大会提出审议结果的报告和草案表决稿。

16. 常委会采用哪些方式审议法律法规案？

根据全国人大常委会议事规则的规定，常委会举行会议的时候，召开全体会议、分组会议、联组会议。这是常委会会议的三种具体方式。这三种会议在审议法律案中的作用，是不尽相同的。

（1）全体会议

常委会全体会议是常委会全体组成人员参加的会议，它是常委会行使职权最基本的会议形式之一。全体会议听取关于议案的说明、关于议案审议结果的报告和有关工作报告，并对各项议案进行表决。因此，对法律案的说明、修改意见的汇报、审议结果报告和法律案的表决都是在全体会议上进行的。通常情况下，常委会的开始和结束都要召开全体会议，审议各项议案多在分组会议和联组会议上。

（2）分组会议

分组会议是将常委会组成人员分成若干个小组开会。这种会议形式便于常委会组成人员讨论问题，发表意见。所有提交全体会议审议的法律案，都要经过分组会议的审议。对法律案的具体审议主要是在分组会议上，所以，分组审议是常委会审议法律案的基础。目前，全国人大常委会组成人员共分六个小组召开分组会议。根据会议安排，分组会议审议法律案，多是先审议准备通过的法律草案，然后再审议二审和初审的法律草案。对于常委会组成人员和列席会议人员在分组会议上提出的对法律草案的意见，由工作人员记录，并及时整理成会议简报印发当次会议，使各组审议情况得以交流。同时法律委员会要对常委会组成人员提出的具体修改意见抓紧时间研究，对于常委会进入三审的法律案，法律委员会必须在当次会议上根据常委会组成人员的意见，提出最后的修改意见报告和建议表决稿。

（3）联组会议

联组会议是在分组会议基础上召开的若干个小组联席会议。联组会议审议是在分组会议审议的基础上对议案进行进一步审议，是在更大的范围内让对法律案有不同意见的常委会组成人员有一个直接交锋的机会。通常情况下，在联组会议上讨论的问题大都是在分组会议上审议的热点问题，通过对这些问题的讨论，使常委会组成人员对有关问题认识更深入，使审议更进一步，有利于对重要问题取得共识。这种讨论可以是在法律案的初审阶段，也可以在法律案的二审和三审阶段。

17. 如何召开联组会议审议法律法规案？

立法实践中，全国人大常委会通常召开分组会议审议法律案，这样安排，每组参与审议的人数相对较少，在会议议程安排的有限时间内，能够保证常委会组成人员有充分的时间发表意见，有利于发扬民主，保证审议质量。但是，对于法律草案中的主要问题，出现意见不一致或者需要进一步研究论证的，也可以召开联组会议或者全体会议进行讨论。会上可以个人发言，也可以几个人选出一个代表联合发言，可以个人代表本组发言。联组会议或者全体会议审议法律案，与分组会议审议相比，扩大了同时参与审议的人员范围，能够使问题和观点得到更多的交锋，更好地达到交流的目的，从而推动对问题的深入研究。因此，立法法第二十九第五款规定，常务委员会审议法律案时，根据需要，可以召开联组会议或者全体会议，对法律草案中的主要问题进行讨论。这一规定把分组会议和联组会议、全体会议等各种会议形式结合起来，更有利于对法律草案进行深入审议、保证审议质量，推动科学立法、民主立法。

18. 什么是统一审议制度？

1982 年 12 月五届全国人大五次会议通过的全国人大组织法明确规定，法律委员会统一审议向全国人民代表大会或者全国人大常委会提出的法律草案，其他专门委员会就有关的法律草案向法律委员会提出意见。这一规定以法律的形式确立了全国人大及其常委会制定法律由法律委员会统一审议的制度。1987 年制定的全国人大常委会议事规则又对法律委员会统一审议问题作出了进一步规定。近 20 年的立法实践证明，建立统一审议制度，是维护法制统一的必要保证，它对保证立法质量、加快立法步伐起到了积极的作用。立法法总结了全国人大多年来立法的成功经验，进一步重申和明确了这一规定，并对法律委员会和其他有关专门委员会审议法律案的具体程序作出了规定，既考虑到充分发挥有关专门委员会在审议法律案方面的作用，又明确了法律委员会负责统一审议的职责，使全国人大各专门委员会参与的立法工作的程序更具可操作性。

根据立法法第三十三条第一款的规定，列入常务委员会会议议程的法律案，由法律委员会根据常务委员会组成人员、有关的专门委员会的审议意见和各方面提出的意见，对法律案进行统一审议，提出修改情况的汇报或者审议结果报告和法律草案修改稿。可见，统一审议的核心有两点：一是与草案相关的汇报和报告由法律委员会统一提出，二是草案修改稿由法律委员会统一提出。

法律委员会统一审议，并不意味着其他专门委员会就不能就法案提出意见。在法案还未被决定列入议程前，其他专门委员会是可以由其他对口的专门委员会进行审议，提出是否列入常委会会议议程的意见及其他有关意见的。但当法案被决定列入议程之后，即由法律委员会负责“接管”，进行统一审议，其他相关专门委员会可以对草案、草案修改稿等提出意见，但其意见也必须经过法律委员会统一审议后吸收采纳。与统一审议制度相对的，是“分头审议”，即由有关专门委员会按照专业对口，对草案分头进行讨论、初审、修改，法律委员会和常委会法制工作机构只是派员协助做一些具体工作。分头审议的局限在于，相关专门委员会对本行业的法律比较熟悉，遇到行业相交叉的一些法律内容时往往吃不准，而法律委员会和法制工作委员会则不是按行业来设置的，熟悉大多数法律法规，有较丰富的立法知识。在相关委员会初审的基础上，由法律委员会对草案的内容是否合法进行审议，对草案形式是否规范、科学进行审议，可以更好地提高立法质量。

概括地说，统一审议始于人大常委会第一次审议时听取常委会组成人员的审议意见，终于向常委会和代表大会提出草案表决稿。常委会立法时，统一审议大致分为两个阶段：第一阶段始自常委会第一次审议时听取常委会组成人员的审议意见，终于向常委会提出修改情况的汇报和草案修改稿。第二阶段始于常委会第二次审议时听取常委会组成人员的审议意见，终于向常委会提出草案表决稿。代表大会立法时则增加第三阶段，该阶段始于代表大会审议法规案时听取各代表团的审议意见，终于向代表大会提出草案表决稿。

19. 统一审议由什么机构负责？

根据立法法、全国人大组织法、全国人大常委会议事规则的规定，由法律委员会统一审议向全国人大或它的常委会提出的法律草案；其他专门委员会就有关法律草案向法律委员会提出意见，并将意见印发会议。法制工作委员会是全国人大常委会的法制工作机构，它的办事机构同时也是法律委员会的办事机构。在统一审议法律案的过程中，法律委员会是同法工委共同进行工作的。法律委员会和法工委要同其他专门委员会密切配合，对法律案的一些重大问题，主动与有关专门委员会联系，联合进行调查研究，共同研究解决。法律委员会提出的审议结果的报告，要全面、准确地反映各方面的意见，特别要充分反映有关专门委员会的意见。要建立协调和反馈制度，对法律案进行统一审议和修改时，无论是文字的修改，还是内容的修改，都应反馈给有关专门委员会，征求有关专门委员会的意见。同时，其他专门委员会都要配合和支持统一审议的工作。有关专门委员会向法律委员会提交法律草案后，还应继续对法律草案审议中提出的问题进行研究，提出意见和建议。总之，全国人大机关是一个有机的整体，相互间是分工合作的关系，目标是一致的。各专门委员会、办公厅、法工委都要在全国人大常委会的领导下，各司其职，各负其责，协调一致，共同做好立法、监督工作。立法法总结全国人大及其常委会审议法律案的经验，进一步明确了法律委员会统一审议与有关专门委员会审议法律案的关系，把法律委员会“统”的功能和有关专门委员会“专”的优势结合好，对各专门委员会充分发挥在立法工作中的作用具有十分重要的指导意义。

20. 统一审议的主要内容是什么?

通常情况下，法律案经过常委会初审后，法律委员会、法制工作委员会要做以下几项工作：

（1）认真整理常委会组成人员对法律草案初审的意见，准备在常委会二次审议该法律草案时印发会议。

（2）根据立法的需要召开有关地方、部门、专家、利害关系人等参加的座谈会、论证会、听证会等，听取各方面对法律草案的意见。

（3）将法律草案印发各地和有关部门广泛征求各方面的意见，并要求各部门按规定时间将意见书面反馈回来，进行归纳整理。

（4）法律案向全社会公布（经委员长会议决定不公布的除外），对反馈意见也要负责整理。

（5）根据常委会组成人员、有关专门委员会和各方面的意见，由法制工作委员会对法律草案进行修改，提出法律草案修改稿，法律委员会召开会议，根据各方面提出的意见，对法律草案逐条进行进一步的研究修改，修改时应当注意吸收各方面的意见，特别是常委会组成人员和有关专门委员会对该法律案提出的审议意见。对于重要的不同意见，能够采纳的，应当及时在法律修改稿中进行修改，不能采纳的，也要认真研究。为了使立法工作更加深入、扎实，让常委会组成人员对各方面提出的重要不同意见有所了解，立法法第三十三条第一款明确规定，对于重要的不同意见，无论是否被采纳，法律委员会都应当在修改意见的汇报或者审议结果的报告中予以说明。同时，为了及时与有关专门委员会沟通，本条还明确规定对有关专门委员会的审议意见没有采纳的，应当向有关专门委员会反馈。

法律委员会审议法律案，应当召开全体会议，会议大多是在常委会闭会期间召开的，但在法律案准备交付表决的当次常委会会议期间，法律委员会要在常委会会议举行期间召开会议，因为法律委员会要根据常委会组成人员对法律案修改稿提出的意见，对法律案修改稿作进一步修改，提出法律草案表决稿，供当次常委会表决通过。法律委员会召开会议，应当提前通知各位委员，以便委员们为审议做好准备。法律委员会组成人员在对法律案的有关问题进行调查研究、听取各方面意见的基础上，对法律案进行逐条审议，具体修改意见由法制工作委员会负责记录整理。

法律委员会根据常委会审议法律的不同阶段，提供不同文件材料。

通常在常委会初审后，法律委员会要向常委会提交法律草案二次审议稿以及法律草案修改情况和主要问题的汇报；常委会二审后，法律委员会向常委会提交法律草案三次审议稿和法律草案审议结果的报告；在常委会三审期间，法律委员会向常委会提交法律草案表决稿和修改意见的汇报。

法律委员会承担着统一审议的任务，工作量大，责任也重大。法律委员会在 1988 年就制定了法律委员会工作规则，对审议法律案要遵循的几个原则作出了规定：一是以宪法为依据，以一个中心、两个基本点为指导；二是从实际情况出发，研究改革、开放和建设的新情况、新问题、新经验，注意研究法律规定的必要性和可行性；三是研究外国有关的法律制度，参考借鉴其中好的有益的内容；四是注意研究有关法学理论；五是注意法律之间的协调、统一，避免相互矛盾、抵触；六是注意法律的规范化，力求用语、概念清楚、准确、科学，简明扼要，明确易懂；七是广泛征求各地方和中央有关部门、专家和实际工作者等各方面的意见，特别要重视不同意见。与此同时，其他专门委员会也都努力工作，尽职尽责，为提高国家立法质量、维护国家的法制统一付出了辛勤劳动。根据立法法第三十三条第二款的规定，法律委员会审议法律案时，应当邀请有关的专门委员会的成员列席会议，发表意见。这是为了有利于法律委员会与其他有关的专门委员会沟通审议法律情况作出的规定。因为许多法律案，法律委员会在审议，有关的专门委员会也在对该法律案进行审议，法律委员会和有关的专门委员会在审议过程中对有些问题的看法可能出现不一致，有时还可能出现较大的意见分歧，需要及时沟通。实践中，法律委员会根据需要邀请有关的专门委员会的成员列席会议，发表意见，对重要的不同意见进行探讨，力求使问题得以解决。立法法总结了这一有益经验，明确规定，法律委员会审议法律案时，应当邀请有关的专门委员会成员列席会议，发表意见，这些规定使全国人大各专门委员会对法律案的审议工作得到了交流和沟通，简化了程序，有利于对法律案重大问题的解决，有助于全国人大和全国人大常委会的立法工作。

21. 专门委员会在审议法律法规案中发挥哪些作用？

立法法第十九条规定，列入全国人民代表大会会议议程的法律案，由有关的专门委员会进行审议，向主席团提出审议意见，并印发会议。第三十二条第一款规定，列入常务委员会会议议程的法律案，由有关的专门委员会进行审议，提出审议意见，印发常务委员会会议。有关专门委员会审议的重点在于立法的必要性、可行性、合法性等方面。专门委员会由人大代表中具有某方面专业知识的人组成，有的是某个领域的专家学者，有的是具有丰富实践经验的领导干部，有的是行业优秀代表，这样的专业性使得专门委员会能够从专业角度对法案提出意见，提升法案审议的专业水准。有关专门委员会的审议是法案审议程序的第一关，旨在充分发挥其特长和优势，为代表大会、常委会审议提供意见。

22. 专门委员会应当如何审议法律法规案？

依照立法法第三十三条的规定，列入常务委员会会议议程的法律案，法律委员会和有关的专门委员会有权进行审议。专门委员会对法律案的审议可以在常委会审议的各阶段进行。本条是针对所有专门委员会作出的规定，包括法律委员会，也包括有关的专门委员会。各专门委员会审议法律案，应当召开全体会议，通常情况下，委员会全体会议要有半数以上的委员参加方能举行。委员会全体会议应当由主任委员负责召集和主持，受主任委员的委托，副主任委员也可以召集和主持全体会议。对于审议的法律案，各位委员都有发表自己意见的权利。无论是主任委员、副主任委员、委员，在表决时都是一票，权利是相同的。

专门委员会委员在审议法律案的过程中，可能会对该法律制定的必要性、可行性、背景情况、法律草案条文本身的具体含义等提出疑问，因此立法法第三十四条规定，专门委员会审议法律案时，根据需要，可以要求有关机关、组织派有关负责人说明情况。这里有两个问题需要注意：

一是“有关机关、组织”不单单是指提案机关，也可能是与法律草案中某些具体规定有关的其他机关、组织。这一方面因为有些提案人对法律案涉及的有关问题不一定了解得十分透彻，而有关机关和组织可能更了解情况。如：老年人权益保障法修订草案是由内务司法委员会提出的，但人大对于老年人权益保障政策和措施的了解远不如民政部和全国老龄办，对老年人权益保障的具体情况和存在问题就可以请民政部和全国老龄办的负责同志来介绍情况。另一方面是法律案的规定涉及了某些领域，规定是否合适，可以邀请相关机关、组织介绍情况，如：审议立法法过程中，法律委员会就曾就行政法规的有关问题，邀请国务院法制办的有关负责同志介绍情况、发表意见。

二是要求有关机关、组织“派有关负责人”说明情况，这同立法第三十一条规定的常委会分组会议上有关机关、组织派人介绍情况有所不同，这里强调由“有关负责人”介绍情况，主要是与专门委员会审议法律案的特点有关。专门委员会审议法律案，是为了协助常委会的审议。由于专门委员会人员少、专业性较强，审议时间充裕，因此法律案中的一些矛盾和问题应当力争在专门委员会的审议中得到解决，因此，专门委员会的审议往往比常委会更深入、具体，加之有时专门委员会受委员长委托要对法律草案中的重大问题提出意见，因此在邀请有关机关、组织派人介绍情况时，法律规定派“有关负责人”，这有利于专门委员会组成人员全面了解情况，有利于问题的协商研究，有利于审议工作的顺利进行。这里的“负责人”前加“有关”二字，是强调派主管这方面业务工作的负责人到会即可，不一定要求是该机关、组织的主要领导人。

专门委员会审议要注重质量。一是明确审议重点，突出专门委员会“专”的优势，为立法机关初次审议打下良好基础。二是完善议事规则和审议程序，确保审议遵循集体讨论、集体审议、集体决定的原则。三是发挥与本领域专家密切联系的优势，邀请专家参与。四是加强自身建设，优化组成人员结构，保证组成人员既有相关法律专业知识，又有相关领域的专业知识或者工作经历，确保组成人员相对于政府部门的独立性，促进审议的公正性。

23. 专门委员会在审议中对草案的重要问题意见不一致时如何处理?

依照法律规定，列入常委会会议议程的法律案，由法律委员会和有关专门委员会进行审议，有关的专门委员会审议与本委员会有关的法律案，法律委员会负责法律案的统一审议，为了加强各专门委员会之间对法律案审议工作的联系，使法律委员会统一审议同发挥其他各专门委员会作用有机的结合，立法法第三十二条、第三十三条明确规定了有关的专门委员会审议法律案时，可以邀请其他专门委员会成员列席会议，发表意见；法律委员会审议法律案时，应当邀请其他专门委员会成员列席会议，发表意见；法律委员会在审议法律案过程中，对有关的专门委员会的审议意见没有采纳的，应当向有关的专门委员会反馈。这一系列规定较好地解决了法律委员会和其他各专门委员会审议法律的沟通问题，从而减少了不必要的矛盾，协商解决问题，在专门委员会审议阶段将矛盾化解。但是，在实践过程中，由不同的专门委员会对同一法律案进行审议，可能由于考虑问题的角度不同，也可能是由于掌握的情况不同等原因，有时会对法律案的一些问题提出不同意见，虽然经过沟通，有时也未能达成一致。在这种情况下，专门委员会之间对法律案重要问题意见不一致，依照立法法第三十五条的规定，应当向委员长会议报告。

委员长会议是常委会的核心机构，也可以说是领导机构，但它不具有行政领导职能，它负责处理常委会的日常工作，为常委会行使职权服务，并不代替常委会行使职权。根据全国人大常委会委员长会议议事规则的规定："委员长会议根据需要不定期召开。"但由于每次常委会的会期、会议议程草案、交常委会审议的议案都要由委员长会议决定，因此在每次常委会召开前，都要举行委员长会议；同时又由于交付表决的议案要由委员长会议提请常委会表决，在每次常委会期间，也要召开委员长会议。委员长会议由委员长召集并主持，委员长可以委托副委员长主持会议。

专门委员会之间对法律案有重要问题意见不一致，应当向委员长会议报告，委员长会议可以就有关问题听取有关专门委员会的介绍，进行研究，提出解决的意见。对于该法律制定的必要性、可行性有重大分歧意见的，委员长会议可以提出将法律案搁置，暂不列入下次常委会会议议程。

24. 如何召开立法座谈会？

座谈会是发扬民主的一种传统方式，运用于我国民主生活的各个方面。在立法工作中，座谈会是由有关法案起草单位、审议机关或者审议机关的工作机构根据需要，邀请与该法案有关的机关、团体、企业事业单位和有关方面的专家，对法律草案的内容进行座谈讨论、发表意见。座谈会的主要特点是简便易行，便于深入讨论问题。在立法工作中，随时可以根据需要举行座谈会，参加座谈会的人员可以包括方方面面，也可以根据需要只邀请某一方面的人员；座谈内容可以是一个法案的全部，也可以只就法案中若干重点问题进行专题座谈；座谈会对发言顺序、发言时间、发言次数等一般不作限制，发言可长可短、可以相互讨论，主持人可以把各方面对法案的不同意见介绍给座谈会参加人员，使与会人员可以从各种不同角度思考问题，主持人也可以参与发表意见，从而使讨论得以展开和深入，特别是对一些难点、焦点问题，通过讨论便于达成共识。

根据需要，座谈会在常委会初审、二审后都有可能召开。为了提高工作效率，座谈会可以由法律委员会、有关的专门委员会和常务委员会工作机构联合召开。参加人员包括有关机关组织、地方、专家学者和利害关系人等，一般是分类召开几个座谈会。

25. 如何召开立法论证会？

党的十八届四中全会决定中指出，“探索建立有关国家机关、社会团体、专家学者等对立法中涉及的重大利益调整论证咨询机制”。随后，2015 年 3 月立法法修改，新增一款，对论证会作了规定。

论证会根据需要举行，主要是针对法律案中技术性较强的问题，邀请有关专家对其合理性和可行性进行研究论证，求得比较权威的意见，供常委会审议时参考。如果说座谈会、听证会两个制度主要是解决立法的民主性问题，那么，论证会制度主要是解决立法的科学性问题。论证会的主要特点是专业性强、权威性高。论证会所要研究讨论的问题，是法案中涉及专业性、技术性较强的问题，不是一般性的问题。参加论证会的人员必须是对法案所涉及的有关专业、技术问题有较深造诣的专家。专家发表意见主要是对法案所涉及的有关专业、技术问题，从科学性、可行性角度进行论证。由于参加论证会的人员都是某一方面的专家，他们所发表的意见有充分的论据支持，因此，论证意见具有很高的权威性，对立法具有重要的影响甚至具有决定性的影响。为了保证论证意见的客观、公正，举办单位在邀请论证会参加人员时，应当使持各种不同意见的专家都有代表参加，发表意见。

法律案有关问题专业性较强，需要进行可行性评价的，应当召开论证会。立法论证会制度设置以来曾就“税收法定”“城市管理”等专业性较强的问题，专门邀请专家和有关方面，召开论证会。论证会邀请的参会人员，既可以是有关专家、相关部门，也可以是相关领域的全国人民代表大会代表。论证情况应当向常务委员会报告。

26. 如何召开立法听证会？

2000年审议通过的立法法规定，列入常委会会议议程的法律案，应当听取各方面的意见，听取意见可以采取座谈会、论证会、听证会等多种形式。至此，听证制度正式进入立法领域。2015年立法法修改时对听证会作了进一步完善和细化。

听证会较之以往普遍实行的座谈会有其优越性，它的透明度更高，对问题的调查更深入、充分。第一，立法听证会经过利害关系各方及专家的直接陈述、辩论和举证，便于立法机关获得新的资料，有利于进一步了解情况，发现新的事实。第二，有利于充分反映民意。立法听证会通常邀请利害关系人、利益群体和有关专家参加，从而可以使矛盾得到比较充分的暴露，减少立法的盲目性，使立法更加切实可行。第三，立法听证会能够使法案得到充分的审查和讨论，在辩论中使不同意见逐步减少，有利于化解矛盾，使法律更能为大多数人所接受，为法律的出台和今后的执法工作打下基础。第四，通常情况下，听证会要公开举行，参与者在参加立法听证的同时，也受到了深刻的民主法制的教育，有利于法制的宣传。

听证一词来源于普通法，最初是指司法听证。后来这一制度从英国传到美国，美国把它移植到立法和行政中。目的是为了加强立法和行政的民主化。“二战”后，立法听证又传入了日本和拉丁美洲等受美国法影响较大的国家。20世纪60年代以来，随着行政权力的不断膨胀，西方社会加强公众参与立法和行政事务的呼声越来越高，美国法律中规定的立法听证制度，受到了西方社会的普遍认同。美国的听证会程序大致包括以下几个内容：一是发出通知，包括听证法案的性质、内容，听证会的时间、地点、程序，主持听证会的机关和有关法律依据，立法过程中对该法律的主要争论焦点。通知往往是在联邦公报或者报刊上刊登，有时也采取公告方式。二是给利害关系人参与听证的机会，使他们得以在听证会上发表自己的意见，提出立法建议。参加听证的各方可以就有关问题展开辩论，提出证据支持自己的主张。三是证人发言后对证人提问。听证会涉及的有关人员有义务到国会及其委员会作证或者提供证词，不出席或者不提供证词的，国会有权依法采取强制措施。在美国举行听证会，特别注意发挥院外利益集团的作用。当某个法案涉及某个利益集团时，听证会一定要听取他们的意见，如制定一个有关核电站的法案，就要听取有关环保组织的意见，同时还要听取有关公民和相关企业的意见，主持听证会的有关委员会不发表意见，可以简单介绍法律的主要问题和收集到的情况，让参加听证的人在听证会上将不同意见充分辩论，由国会议员了解这些意见后，自己作出判断，在今后的审议中发表意见。

2005 年 9 月，全国人大法律委员会、财经委员会和全国人大常委会法工委曾共同举行个人所得税工薪所得减除费用标准听证会。从立法法出台到 2013 年 11 月，各地有 29 个省级人大常委会共举行了 82 次立法听证会。地方人大组织的听证会，主要有以下几个特点：第一，从听证的法规上看，涉及面较广。听证最多的是消费者权益保护法规、物业管理法规和道路交通安全法规等。第二，从听证的事项上看，大多数是就法规中直接涉及群众切身利益、社会普遍关注的问题或是意见分歧较大的焦点问题进行听证。如道路交通事故中死亡赔偿金和残疾赔偿金的计算标准是按城乡居民“同命同价”还是“同命不同价”；被拆迁房屋货币补偿标准等。第三，从听证陈述人的遴选上看，基本上是涉及重大利益的不同利害关系人。听证的组织机构根据拟听证的事项，按照不同利益主体或持不同观点的各方人数基本相当的原则确定陈述人，同时，考虑陈述人的代表性等因素。例如，2006 年 11 月上海市在修改绿化条例过程中，针对“扰民大树”的去与留问题进行听证，选择的 20 名听证陈述人主要是意见不同的两方，一方为“护绿派”，提出是否移树或砍树要慎重决策；另一方为“移树派”，提出要保证居民住宅的通风、采光。听证陈述人具有代表性，有社区居民、业主委员会成员、居委会成员以及物业公司代表，保证了不同利益的各方都能平等发表意见、阐述观点，不同观点相互争锋，法规中的焦点问题得到充分表达、交流。第四，从听证的形式上看，一般都公开进行，形式也较为灵活。例如，山东举行过 3 次网上听证，全程采用网络交流方式，还就物业管理条例草案立法听证进行在线观看；上海市对绿化条例草案进行听证时，将听证会会场“搬进”社区；湖南省、浙江省在对消费者权益保护条例草案、物业管理条例听证时采用了直播方式。第五，从听证的结果上看，许多省份在听证后都制作了听证报告。听证报告包括听证的主要问题、听证会的基本情况、听证会参加人发言的基本观点及处理意见等。听证报告一般被用作常委会的文件或者参阅资料，供常委会审议法案时参考，有的根据听证意见提出对法案相应的修改建议，有的听证意见被予以采纳。

2015 年立法法修改，总结实践经验，对有关听证会的规定作了完善。第一，明确要求必须召开听证会的情形。法律案有关问题存在重大意见分歧或者涉及利益关系重大调整，需要进行听证的，应当召开听证会。第二，对听证会的陈述人的选择作了规定。为保证陈述人有充分的代表性，明确要求听证会要选取有关基层和群体代表、部门、人民团体、专家、全国人民代表大会代表和社会有关方面等各方面的陈述人参加。第三，规定听证会举行后，形成的听证报告要向常委会报告。

27. 如何开展立法调研

立法调研是立法工作的基础和重要组成部分，是掌握实际情况、汇集民意的有效途径。搞好立法调研是体现立法为民的必然要求，是提高立法质量的重要保障，是拓宽公民有序参与立法的重要途径。在立法的每一个阶段，只要有需要，都可以开展立法调研。

（1）调研的组织

组织调研活动要重点解决三个问题：调研主题、调研对象、调研方法。

调研主题要根据法律法规所要解决的主要问题，特别是人民群众关注的问题来确定。由于每项法律法规涉及的领域不同、调整的对象不同，立法过程存在的重点、难点、焦点问题自然也各不相同。要善于从各方利益主体普遍关注、人大代表及常委会组成人员意见比较集中的问题中确定重点，从行政许可设定、相关主体权利义务的设定等分歧较大的意见中确定难点，调研才能有的放矢。

调研对象的选取，一是必须注重对象的代表性。不同的对象代表不同的利益诉求，立法机关应当充分听取不同主体的意见，特别要重视利益相关主体的意见，将其作为重点调研对象，确保制定的法律法规有广泛的民意基础。二是必须注重对象的广泛性。为保证立法信息搜集的全面性，必须科学选取调研对象，所选取的对象既要有广泛性，又要有针对性和层次性，不仅要选取国家机关、事业单位、社会团体，还要邀请人大代表、专家学者以及社会公众参加。多角度、多层次，广泛选取调研对象，避免以偏概全，切实把握好立法调研的质量关。

（2）调研方法

①实地调研

即由立法调研人员亲自到现场对特定的对象进行直观的、局部的或者全局的一种调研方法。习近平总书记强调，要面对面、心贴心、实打实做好群众工作。立法实地调研也应遵循这一要求，组织调研人员亲自到基层一线去，到实地现场去，到特定对象中去，真正做到“接地气、通民情”，了解人民群众迫切关心的现实问题，发现问题的焦点和关键，为找到立法突破点奠定扎实基础。实地调研要“看听结合”，仔细观察现象，认真倾听意见，获取立法的第一手资料。实地调研的特点一是与调研对象面对面，直接了解当事人最真实的利益诉求和意见建议；二是问题点对点，直接与调研对象解剖、分析问题，找出解决问题的办法。

实地调研通常还会有针对性地召开立法座谈会，有效听取各方面意见，这是各级立法机关最常运用的调研方法。召开立法座谈会应注意以下问题：（1）事先确定选取参加座谈会的人员范围，向参加人员发放座谈提纲，主要是明确调研所想要了解的具体问题和情况进而实现召开座谈会的既定预期。一般来说，在审议前的调研和一审后的调研，会就整部法案草案及几个大的方面问题进行调研。在二审后的调研，会就草案中几个难点、重点问题，进行专题调研。（2）要及时准确向参会人员告知座谈会的时间、地点、议程，对外地参会人员，安排好交通补贴和食宿，保证参会人员的积极性。（3）搭建平等的对话平台，创造和谐的对话氛围，增设讨论环节，对重点、难点问题展开深入研究，对有关问题了解透彻，对相关建议理解透彻，同时也使得各种意见、不同矛盾冲突得以充分展现，并争取达到思想统一。

②网络调研

即利用互联网作为信息传递工具，进行意见征询、资料收集、分析研判等一系列立法调研活动。在全国人大立法层面，网络调研主要运用于公开征求社会公众意见。在地方立法层面，网络调研的探索比较丰富，运用的方式比较多样，在法规立项、重大问题听证、草案征求意见等多个环节运用。就其方法来看，主要有电子邮件调研、网络站点调研、网络会议调研、在线询问调研等。网络调研既注重以传统的调研理论设计为依据，又注入现代互联网通讯技术的新鲜血液；既具有传统调研的共性，又具有网络时代的特性（信息搜集的广泛性、及时性、共享性；调研程序的便捷性；调研成本的经济性）。

如全国人大常委会法工委在2015年修改立法法时，曾向全体全国人大代表的代表专用电子邮箱发送电子邮件征求草案意见。再如广东省人大常委会2015年在南方网就《广东省食品生产加工小作坊和食品摊贩管理条例（草案修改二次审议稿）》进行网络听证。同年，在《广东省电梯使用安全条例》的制定过程中，也采取了网络调研与传统调研相结合的方法。广东省的具体做法为：（1）由立法机关组织多次实地考察及召开座谈会、论证会；（2）组织利益相关方进行电视辩论，实行同步网络直播；（3）通过召开网络会议、电子邮件调研等广泛听取公众意见。

③问卷调研

即以书面形式按顺序事先设计好的问题清单，向调研对象了解情况和建议的调研方法。采用这一方法时，关键是设计出与调研目的相匹配的问卷。

问卷的设计需要遵循以下基本原则：（1）涉及内容要与立法调研目的相吻合；（2）根据不同的主体分层次设计问题；（3）讲究问卷的格式，注意问题间的转接和排列顺序；（4）注重简明扼要，一目了然，便于操作和统计。确定问卷发放对象时，要充分考虑哪些部门、企业、居民代表是符合调研目的的对象，才能有针对性地设计问卷。

问卷的结构主要由标题、说明、主体、编码号、致谢语和调查实施情况记录六个部分组成。标题表明调研的主题。说明用于解释问卷调查的目的和意义，以及填写注意事项，必须同时署明调研单位名称和调研日期。主体则是问卷主体的具体化，是问卷的核心部分。编码号不是必须的，但如果涉大规模且要运用计算机统计分析的调查，则需要编码号。致谢语为表示对调查对象的真诚谢意。实施情况记录则体现问卷的正式性。

④委托调研

即立法机关将立法调研项目通过特定形式委托给具备条件的下级立法机关或者第三方机构独立开展调研活动。其中，向下级立法机关委托调研，相对简单，因为都是立法机关，对于调研的方式、方法、程序都具有相似性，对于调研的主题和内容都具有密切的相关性，可以说下级立法机关操作起来也可算是“轻车熟路”。如2015年全国人大修改地方组织法、选举法、代表法三部法律时，全国人大常委会法工委就向湖南、广东二省人大常委会进行了委托调研，二省人大常委会进行了详细周密的调研，并提出了很好的调研报告，为修改好这三部法律发挥了重要作用。

向第三方机构委托进行立法调研，则是部分地方人大的创新之举。在实践中表现为两种形式：一是定向委托的立法调研；二是招投标的立法调研。尽管立法权是宪法赋予立法机关的一项极其重要的国家权力，具有专属性，但这并不等同于从立项调研到表决通过的所有事务性工作都必须要由立法机关独自完成。立法调研、起草、论证等环节，完全可以委托具备条件的第三方机构完成。对于个别理论性强、专业性高的立法项目，委托调研更能增强立法的科学性、逻辑性。如广东省人大常委已经在省内9所高校建立了地方立法研究评估与咨询服务基地，委托调研成为常态化的调研方法。广州市人大常委会还探索了招投标立法调研模式。委托第三方调研的优点在于，发挥中立优势，避免部门利益；发挥专业优势，弥补立法机关资源不足；发挥智库优势，拓展公民有序参与立法渠道。不足在于，受委托机构难以摆脱利益追逐、资质标准不明、工作效果不明显等。因此必须严格限制受委托调研机构的范围，不能存在利害关系，不能存在逐利心态。立法机关应当严格履行跟进审查职责，明晰权利义务和责任，明确调研程序，规范调研操作。

⑤其他调研

一般来说，调研在基层，上级立法机关调研，一般会向调研地人大常委会发函，请予协助安排。但近年来，全国人大常委会法工委作了一些调研创新。如2013年修改旅游法时，全国人大常委会法工委采取了“体验式”调研的方法，即由几名工作人员以普通游客的身份参加旅行团，通过亲自体验，切实了解参团过程中存在的问题。再如在修改大气污染防治法过程中，全国人大常委会法工委还直接到北京周边一些秸秆焚烧现场，详细了解有关情况。这些实地调研，都是没有通过相关职能部门或者下级人大的安排，直接进行的，所获取的信息资料更为真实。

28. 如何向有关单位书面征求立法意见？

书面征求意见，往往是在常委会初审后，即由常委会工作机构向有关地方和部门发出法律草案征求意见。常委会工作机构负责整理各方面的意见。党的十八届四中全会决定提出，“加强人大对立法工作的组织协调，健全立法起草、论证、协调、审议机制，健全向下级人大征询立法意见机制”，“建立健全法律法规规章起草征求人大代表意见制度，增加人大代表列席人大常委会会议人数，更多发挥人大代表参与起草和修改法律作用”。2015年3月对立法法的修改，根据中央要求和实践经验，完善征求意见的范围，将“相关领域的全国人民代表大会代表”“地方人民代表大会常务委员会”，明确纳入了征求意见的范围。一般征求意见的时间为二十日至三十日，被征求意见的单位和个人，应当在要求的时间内将有关意见反馈立法机关。

29. 如何向社会公开征求立法意见？

在通常情况下，对列入常委会会议议程的法律案，法律委员会、有关的专门委员会和常委会工作机构都要采取多种形式听取各方面的意见，如：召开座谈会、论证会、听证会，将法律草案发送有关机关、组织和专家以征求意见，以及到有关地方、部门调查研究等。法律案向社会公布征求意见也是听取意见的一种重要形式。党的十八届四中全会决定中提出，“健全法律法规规章草案公开征求意见和公众意见采纳情况反馈机制，广泛凝聚社会共识”。根据决定要求，在总结全国人大常委会法律草案公开征求意见经验的基础上，2015年立法法的修改对法律草案公开征求意见的规定作了完善和细化。

制定法律的过程是充分发扬民主、在民主基础上科学地集中人民意志的过程。立法的公开化是立法民主化和科学化的保证。公开立法过程，人民群众和社会各方面才得以了解情况和广泛发表意见，立法机关才得以广听博纳，集思广益。西方一些立法制度比较完善的国家对立法民主原则的落实，总是与立法过程的公开相联系的。不仅法律草案的拟制和审议公开，法律草案的表决也公开。有的国家规定，拟定法律法规必须用公告的方式刊登消息，将法律法规名称、制定机关、立法意图及主要内容公布于众，并给予民众特别是法律法规调整的相对人通过书面或口头方式表达异议的机会。2015年立法法修改，在总则中增加立法公开的原则。法律案向社会公布征求意见，是立法公开原则的体现。

2000年审议通过的立法法规定：“列入常务委员会会议议程的重要的法律案，经委员长会议决定，可以将法律草案公布，征求意见。”从新中国成立初到十届全国人大常委会任期结束这一段时期，法律草案公开征求意见工作虽然有多次实践并收到很好的效果，但此前只将比较重要的法律草案进行公布，征求意见。2008年4月，十一届全国人大常委会委员长会议第二次会议决定，为进一步推进科学立法、民主立法，今后全国人大常委会审议的法律草案，一般都予以公开，向社会广泛征求意见。全国人大机关先后通过了《全国人大机关向社会公布法律草案工作程序》和《关于做好法律草案向社会公开征求意见工作的实施意见》，对法律草案网上公布征求意见的程序作了详细规定。

从 2008 年 4 月起，全国人大常委会审议的法律草案一般都在中国人大网站上公开征求意见。目前法律草案在常委会审议以后，由法工委提出法律草案及其说明，报常委会秘书长批准后送办公厅信息中心在中国人大网站公布，时间一般为一个月。十二届全国人大以来，对二审后的法律草案也公开征求意见，二审征求意见的时间一般为二十日。对网上征求意见，立法工作机构高度重视：一是指派专人，全程跟踪，每天查阅反馈意见，重要意见和动态随时报告。二是征求意见时间截止后，认真归纳、综合整理，编印社会公众意见简报，并作为立法参阅资料印发常委会会议。三是深入研究，对合理意见予以采纳吸收。如人民群众普遍关注的车船税法，草案全文公布后一个月内，就收到各方面的意见近 10 万条，法工委进行了认真梳理分析，并及时向社会作出反馈。考虑到我国乘用车保有量的 87%左右都是中小排量，而且主要由广大工薪阶层使用的实际情况，根据大多数人的意见，对草案进行了重要修改，既不增加广大群众的税负，又有利于促进节能减排。法律草案在网上普遍公开的做法，引起了各方面很大关注，获得舆论的热烈欢迎，收到了很好的社会效果。社会公众与媒体普遍认为，网上公布法律草案征求意见是全国人大常委会积极推进科学立法、民主立法的一项重要举措，对于人民群众充分反映自己的意见和愿望；对于集思广益，凝聚共识，做好立法工作；对于宣传普及法律常识，增强全社会法律意识；对于国家行政机关、审判机关、检察机关等更好地贯彻实施法律，都具有重要意义。

列入常务委员会会议议程的法律案，除委员长会议决定，不予公开的之外，通常都向社会公布，征求公众意见。2008 年 4 月以来，全国人大常委会审议的法律案只有两部因为涉及事项比较敏感，未向社会公布征求意见。向社会公布的内容，除法律草案外，还应当包括起草、修改的说明等。这样做有利于社会公众了解法律草案的背景、要解决的主要问题、起草时的考虑等，从而使公众更快地了解法律草案，提出的意见更有针对性。向社会公布征求意见的时间一般不少于三十日。“三十日”给公众留有充分发表意见的时间。征求意见的情况应当向社会通报。

30. 如何收集整理各方面提出的立法建议?

常委会组成人员审议法律案，一方面要进行调查研究，根据自己了解的有关情况发表对法律案的意见，另一方面要依据会议提供的文件，如各方面对法律草案的意见以及制定该法律的一些背景情况。因此，提供内容丰富而又有参考价值的会议文件是保证立法工作顺利进行的必要的前提条件。在常委会审议法律案的过程中，印发常委会会议的立法参阅资料和有关立法工作的文件主要由常委会工作机构负责。

通常情况下，常委会工作机构为整理与立法有关的材料，要做以下几项工作：第一，在审议法律案以前，将制定该法律需要的背景情况和相关问题整理成参阅资料，在审议该法律草案时，印发常委会会议。第二，在常委会审议法律案过程中，常委会工作机构要安排工作人员到六个小组认真听取意见，并作详细的记录，会后将意见归纳整理。一方面分送法律委员会和有关的专门委员会，以便对法律草案作进一步修改；另一方面根据会议的需要将整理的简报印发下次常委会会议，供常委会组成人员再次审议该法律案时参考。第三，在常委会闭会期间，要将采取多种形式征求的意见（包括法律委员会、有关的专门委员会和常委会工作机构召开座谈会、论证会、听证会听取到的各方面意见，法律草案发送有关机关、组织和专家征求的意见，法律草案向全社会公布征求的意见）进行整理，送法律委员会和有关的专门委员会，并根据需要印发常委会会议。

31. 立法中如何发挥基层立法联系点的作用?

党的十八届四中全会提出，深入推进科学立法、民主立法，必须“加强人大对立法工作的组织协调，健全立法起草、论证、协调、审议机制，健全向下级人大征询立法意见机制，建立基层立法联系点制度，推进立法精细化”。在立法过程中，不断健全立法机关和社会公众的沟通机制，使得立法机关了解社会公众的关切，对于保证地方性法规符合人民群众的意愿和需求非常重要。基层立法联系点处于生产生活一线，掌握具体情况，是立法机关的“千里眼”、“顺风耳”、“民意收集站”。通过基层立法联系点听取基层群众意见的过程，也是法治宣传教育的过程。

全国人大常委会在甘肃省临洮县、上海市长宁区虹桥街道等4个基层单位建立了基层立法联系点。全国范围内各省（自治区、直辖市）、设区的市人大常委会也都陆续建立了各自的基层立法联系点。基层立法联系点的设立、运作尚无统一的规范，还处于探索时期。根据各级各地的实践，基层立法联系点主要承担六个方面的工作：（1）协助征求意见，包括立法规划草案、立法计划草案、法律法规草案的征求意见和上级立法机关对有关草案的征求意见。（2）开展立法调研，组织法律法规草案的调研，收集并反馈人民群众的意见和建议。（3）跟踪法律法规实施情况，向立法机关反映实施中遇到的问题，提出修改建议。（4）参加立法调研和会议，提出意见建议。（5）主动反映立法意见建议。（6）反映本区域基层人大代表、基层群众和基层组织等各方提出的立法建议和要求。

32. 如何开展法律法规案通过前评估?

十二届全国人大常委会以来，常委会领导提出提高立法质量，增强法律的可执行性和可操作性的要求。根据常委会领导的要求和部署，全国人大常委会法工委开始实施法律案通过前评估。2013 年 4 月，全国人大常委会法工委对旅游法开展了首次通过前评估。此后，全国人大常委会法工委先后对多部法律案开展了通过前评估。选好评估会的各方面的代表以及做好评估会的准备工作，对提高评估会的质量，非常重要。例如，2014 年 8 月，全国人大法工委召开了安全生产法修正案草案的出台前评估会。为提高评估会质量，增强参会人员的代表性，在有关方面推荐的基础上，评估会共邀请全国人大代表、专家学者以及生产经营单位、有关行业协会和技术管理服务机构、地方政府以及安全生产监督管理部门等方面的 23 人参加。从参会代表组成看，既有矿山、建筑等生产单位，也有轨道交通运营、商场等经营单位的代表；既有企业主管安全生产的负责同志，也有生产一线安全管理人员；既有有关部门的代表，也有基层乡镇和街道办事处的同志；既有发达省份的代表，也有来自工业集中省份的代表。在选取代表时，既考虑其行业、职业背景，也充分考虑其单位、职务情况。所有参会代表均未直接参与过安全生产法修正案草案的起草和审议工作。为使参会代表充分做好准备，会前，法工委将草案修改稿印发全体代表，安排半天时间供参会代表研读草案内容。法工委有关同志就草案的起草过程、主要内容、审议和修改情况向各位代表做了详细说明，并就参会代表提出的一些具体问题作了解答。

通过前评估作为民主立法、科学立法的一项创新举措，在提高立法质量，增强立法的可操作性等方面，发挥了很好的作用，也受到了多方肯定。这个做法也逐渐在全国人大常委会立法工作中成为了通过前的“常规动作”。另外，有的地方，如广东省也在同时期开展了地方性法规的通过前评估，取得了很好的社会效果。2015 年立法法修改在听取意见和调研过程中，一些常委委员、专家和地方建议总结立法实践经验，将该做法在立法法中明确下来。全国人大常委会法工委根据实践经验，对法律案通过前评估的对象、开展评估的时间、评估的内容、评估的主体以及评估情况的应用等在第三十九条中作了规范。

法律案通过前评估的对象是拟提请常务委员会会议表决通过的法律案。法律案通过前评估的时间是法律委员会提出审议结果报告前。根据立法法第三十三条的规定，列入常务委员会议程的法律案，由法律委员会对法律案进行统一审议，并对拟提请表决的法律案提出审议结果报告和法律草案修改稿。法律案通过前评估的时间要安排在此次法律委员会全体会议之前。法律案通过前评估的内容主要是法律草案中主要制度规范的可行性、法律出台时机、法律实施的社会效果和可能出现的问题。在法律草案经过反复研究论证、多次听取意见及修改，已经比较成熟拟提请表决时，再召开评估会，主要听取的就是各方面对制度规范的可行性、法律出台时机、法律实施的社会效果和可能出现的问题等方面的评估意见，而不是再泛泛地听取意见了。评估情况，作为法律草案是否成熟可行，是否适宜提请常委会表决通过的重要参考意见，要在法律委员会的审议结果报告中予以反映。

第三章　表决和公布

1. 法律委员会（法制委员会）如何提出法律法规草案表决稿？

如果法律委员会拟建议常委会会议表决某项法案，则要在表决前提出表决稿，一般程序如下：

（1）在常委会会议开幕的全体会议上，法律委员会在所作的审议结果的报告中会建议“草案经本次常委会会议审议通过”。一般对于法律委员会建议审议通过的法案，会在常委会会议日程中优先安排分组审议，以便法律委员会根据常委会组成人员提出的审议意见，提出修改方案。

（2）常委会分组审议后，法律委员会将召开会议，逐条研究常委会组成人员提出的审议意见，形成修改意见的报告，并据此提出草案建议表决稿。

（3）在常委会会议表决有关事项前，分组会议还会专门安排对“拟表决事项”进行审议，常委会组成人员可以对草案建议表决稿提出修改意见。

（4）法律委员会根据常委会组成人员对草案建议表决稿的审议意见，提出表决稿。表决稿经常委会会议表决通过，并经国家主席签署主席令后，即成为法律。

由于一经常委会会议表决通过，表决稿中所刊载的内容，即成为具有法律效力的、由国家强制力保证执行的文件，因此常委会法制工作机构在工作过程中，应当细之又细，逐句逐字审校，千方百计避免发生语文上的错误。否则，一旦被表决通过的文件出现文字性错误，从立法理论上说，工作人员是无权擅自进行修改的。

2. 表决有哪些方式？如何计算表决结果？

常委会对法律草案进行充分审议后，必须交付全体会议表决通过才能成为正式法律。因此，对法律案的表决是立法程序中不可少的重要环节。常委会是集体行使职权，适用“少数服从多数”的原则，只有通过表决才能判断常委会组成人员对法律案赞成与反对的多寡，从而确认该法律案是否获得通过，具备法律效力。

关于通过法律的方法，各国规定有所不同，归纳起来大约有九种：呼喊表决、举手表决、起立表决、分组列队表决、点名表决、投票表决、掷球或作记号表决、使用表决器表决、鼓掌欢呼表决。据对 83 个国家的统计，采用最多的表决方法是点名表决，其次是举手表决和起立表决，采用最少的是鼓掌欢呼表决。在我国，根据全国人大常委会议事规则的规定，常委会表决议案，采用无记名方式、举手方式和其他方式。但从全国人大常委会的立法实践看，1986 年 3 月以前一直是采取举手表决方式，从 1986 年 3 月六届全国人大常委会第十五次会议开始，采用电子表决器进行表决。电子表决器是不记名的，常委会组成人员通过按电子表决器，表达自己对法律案的意见，可以赞成，可以反对，也可以弃权。

关于表决通过所需要的法定人数和计算基准，各国的规定也不尽相同，一般来说，表决通过所需要的法定人数的多少，主要取决于法案的重要程度。例如对宪法的表决，通常都要求有三分之二的绝对多数票才能通过，而对一般法律，过半数即可。我国法律也是这样规定的。表决应以法定票数通过，但对于计算基准各国规定有所不同，各国的表决一般有三种计算基准：第一，出席表决比例制。这种方式以出席而参加表决的人数为计算基准，出席而不参加表决（弃权或投白票）的不计算在内。例如，出席会议 150 人，有 30 人弃权，120 人参加正反两方表决，如采用过半数决议制，则得 61 票以上的一方获得通过。第二，出席会议比例制。这种方式以全体出席人数为计算比例的基准，而不问其参加表决与否。如出席会议 150 人，以过半数为通过决议的基准，则获得 76 票以上即能通过。第三，全体成员比例制。这种方式以全体议员人数为计算比例的基准，而不问其是否出席或是否参加表决。如议员总数 150 人，出席会议 120 人参加表决，仍需获得 76 票以上方能通过。采用这种方式强调立法机关成员应尽可能到会，并参加表决。我国全国人大常委会采取的就是第三种计算方式，是绝对多数的原则，以常委会全体组成人员的过半数通过为标准。因此，全国人大常委会议事规则规定，常委会会议必须有常委会全体组成人员的过半数出席，才能举行。这一规定是同常委会表决方式相呼应的，因为一定的出席人数是法案表决通过的保证。

3. 什么是单独表决？

所谓“单独表决”，是指由表决者（全国人大常委会组成人员）对法律草案中分歧意见较大的重要条款先行表决，再就整个草案进行表决的方式。对重要条款单独表决，可以使立法中的问题更加明确，审议的焦点更为集中，避免法律草案因个别条款有争议而久拖不决，难以出台，有利于提高立法质量和效率。

2014 年，党的十八届四中全会通过的《中共中央关于全面推进依法治国若干重大问题的决定》指出，完善法律草案表决程序，对重要条款可以单独表决。根据中央的这一精神，立法法对表决程序作了相应修改，在第四十一条第二款中规定：“法律草案表决稿交付常务委员会会议表决前，委员长会议根据常务委员会会议审议的情况，可以决定将个别意见分歧较大的重要条款提请常务委员会会议单独表决。”

法律案的表决程序，有整体表决和单独表决之分。全国人大组织法、全国人大议事规则、全国人大常委会议事规则和修改前的立法法均未明确规定单独表决制度，人大表决一直采用整体表决程序。所谓整体表决，就是人大常委会会议对一个法律案的整体进行表决，组成人员只能对法律案的整体投赞成、反对或者弃权票，而不能单独对其中某个章节或者某个条款表示赞成、反对或者弃权。一般来说，在审议中，常委会组成人员往往对草案的多数条款是能够取得一致意见的，分歧较大的仅是少数章节甚至个别条款。但在整体表决模式下，由于常委会组成人员只能笼统地表示赞成、反对或者弃权，不能具体地表达其意志，从而可能产生两种情况：一种情况是，有的常委会组成人员即使不赞成个别条款，但为了保证整部法律案的通过，也只好投赞成票；另一种情况是，可能造成立法资源浪费。常委会组成人员可能会把对个别条款的反对扩大到对整个法律案的反对，拖延整部法律的出台。

当前，中国特色社会主义法律体系业已形成，我国发展进入全面建成小康社会、全面深化改革、全面推进依法治国的新阶段。在新形势下，要进一步提升立法的民主性，增强法律的针对性和可执行性，提升立法的科学性。法律案的表决是科学立法、民主立法的最后环节，它既是之前立法程序的延续，也是法律草案成为法律，从而具有法律强制力的关键一环。对重要条款进行单独表决，实行更为精细的表决制度势在必行，有利于进一步提升立法民主性和科学性，是提高立法质量的有效途径。

全国人大在以往的立法活动中，也曾对分歧意见较大的条款进行过单独表决。1980 年 9 月，五届全国人大三次会议的法案委员会上表决婚姻法时，曾就草案中的离婚规定单独进行表决。党的十八届四中全会后，地方上也开始试水单独表决。2014 年 11 月，广东省人大常委会通过了《关于对法规案中个别重要条款单独表决的决定》。2015 年 1

月 13 日，广东省人大常委会首次对法规案中的重要条款进行单独表决，《广东省环境保护条例（修订草案表决稿）》第十九条表决通过，54 人赞成，8 人弃权。紧接着，对该修订草案表决稿进行表决，获得通过。

4. 单独表决的适用条件是什么？

（1）时间条件

适用单独表决的时间条件是，在法律草案表决稿交付常务委员会会议表决前。之所以定在这样一个时间点，是由于到了表决前，对法律草案的审议已经相当充分，常委会组成人员的相关意见已经得到充分表达，法律草案中的矛盾焦点已经十分明确。委员长会议此时可以作出准确的判断，是否存在某些重要条款意见分歧较大的情况，并据此作出是否将这些条款拿出来提请常委会会议单独表决的决定。

（2）实体条件

适用单独表决的实体条件是，存在个别意见分歧较大的重要条款。这里有三点原则需要把握：一是个别条款原则。如果分歧意见较大的条款比较多，那么就说明整个法律草案还不够成熟，各方面意见都还没有达成一致，就不宜急于交付表决，可以由委员长会议决定暂不付表决，经进一步修改完善后，再提交以后的常委会会议审议。二是意见分歧较大原则。如何界定“分歧较大”，没有既定的标准，在实践中具体由委员长会议根据法律案的整体情况、个别条款的重要程度以及审议情况来作出具体分析和判定。如有些条款涉及十分专业的问题，对于大多数常委会组成人员来说，因为专业所限无法提出有针对性的审议意见而都持赞同的态度；但对于本专业领域的组成人员，虽然人数占比小，但他们的意见却是十分重要的，如果他们提出了不同的意见，那么这一专业性的条款也可视为意见“分歧较大”的条款。三是重要条款原则。所涉意见分歧较大的条款，应当是一个法律案或者法律案重要章节中的核心性、支架性的条款。

（3）程序条件

适用单独表决的程序条件是，由委员长会议决定，提请常委会会议表决。根据立法法的规定，法律草案表决稿是由委员长会议提请常委会全体会议表决的；同样地，对个别条款是否交付表决，也由委员长会议决定。

5. 单独表决后如何处理法律法规案？

个别条款被委员长会议提请常委会会议单独表决后，可能产生两种后果：该条款获得常委会全体组成人员的过半数同意而获得通过，或者没有获得过半数同意而遭到否决。一般情况下，在个别条款获得单独表决通过后，委员长会议就可以决定将法律草案表决稿交付常委会会议表决；而在个别条款未获单独表决通过的情况下，委员长会议可以决定暂不将法律草案交付表决，交由法律委员会和有关的专门委员会进一步审议，待修改完善后，再提请今后的常委会会议审议。

6. 什么是立法修正案？

全国人大常委会议事规则第三十三条规定："交付表决的议案，有修正案的，先表决修正案。"这与立法法第四十一条规定的单独表决制度是不同的。所谓修正案，有法律修正案和立法修正案之分。法律修正案是指为了部分修改某项已经颁布实施的法律，而向立法机关提出的议案。这类修正案在我国的立法活动中运用广泛，如2015年立法法修改，就是由全国人大常委会向全国人民代表大会提请审议立法法修正案（草案），再比如我国现行宪法有4个修正案，现行刑法有9个修正案。立法修正案则是针对已经进入立法程序，正在被审议的法律草案提出的，修改其中部分条款的议案，是一种审议程序和审议方式。全国人大常委会议事规则第三十三条所规定的修正案，指的是立法修正案。

立法修正案在西方议会中是一种必不可少的议事程序和议事方式，一个法律草案往往要历经多次修正案的辩论和表决，最后才表决法律草案本身。但在我国各级人大和常委会会议中却很少使用，人们对它还很陌生。这是因为，在西方议会中，议员表达意见的途径和方式就是提议案、参加辩论、提修正案和参加表决。辩论只能对议案提出问题，表示赞成还是反对及其理由，不能对议案提出修改。如果要求对议案进行修改，必须提出修正案。修正案经表决获多数同意后，才能按照修正案对议案进行修改。因此，我们可以把西方议会的这种民主称为表决民主制。我国的人民代表大会实行的是民主集中制，即民主是在集中指导下的民主。这种民主反映到议事制度上，就是代表和常委会组成人员在议案审议过程中，可以对议案充分发表意见，包括修改意见，由工作机构对代表提出的意见进行整理，并逐条进行研究，提出议案修改稿。修改稿交有关的专门委员会和会议领导机关（大会主席团委员长会议或主任会议）讨论同意后，提交代表或者常委会组成人员再讨论，然后根据代表或者常委会组成人员的审议讨论意见再修改。这样反复几次，直到代表对议案的一些比较重大的问题没有较大的分歧意见时，再提交全体会议表决。

应当说，我国的这种议事制度，是适应我国人民代表大会制度本身所固有的特征的。我国人大与西方各国议会对不同意见的整合机制不同。西方国家实行的是多党竞争制，各政党在议会中都有相应的组织，议员们的各种不同意见，首先在本党内进行协调统一，然后各议会党团再进行协商。这样，尽管议员们都可以提修正案，但议员要受议会党团的节制，所以，提出的修正案也不会非常分散，表决也不会十分随意。在我国，代表和常委会组成人员在审议中可以充分发表意见，但如果如西方议会那样，事事都提修正案，各种不同意见未经整合就将修正案交付表决，意见必然会十分分散，表决也会变得随意。因此，在我国人大议事程序中，修正案没有被广泛采用。在实际工作中，全国人大曾经有一次类似立法修正案制度的立法实践。1993 年 2 月 14 日，中共中央向全国人大常委会提出了关于修改宪法部分内容的建议。七届全国人大常委会第三十次会议讨论了中共中央的建议，并于 2 月 22 日表决同意接受中共中央的建议，提出了宪法修正案草案，提请八届全国人大一次会议审议。七届全国人大常委会第三十次会议在讨论中共中央的建议时，委员们均赞成中共中央的建议，同时也提出了一些修改、补充意见。会后，中共中央根据委员们提出的意见，又提出了修改宪法部分内容的补充建议。这个补充建议，由于常委会来不及讨论，只得直接向八届全国人大一次会议主席团提出，由主席团提交大会讨论。但根据宪法规定，有权提出宪法修改的，只有全国人大常委会或者五分之一以上全国人大代表联名，中国共产党不能直接向全国人大会议提出宪法修改议案。一些代表提出，中共中央直接向全国人大会议提出修改宪法部分内容的补充建议，不合于法定的修宪程序。为了解决这个问题，把中共中央的补充建议合法化，主席团决定组织代表联名，把补充建议以五分之一以上代表联名的形式作为修正案提出。结果有 2383 名代表参加了联名，修正案成立。然后，由大会主席团决定列入大会议程，交各代表团讨论后，再由主席团将全国人大常委会提出的宪法修正案草案和代表联名提出的修改方案加工合并为一个统一的规范的宪法修正案（草案），交付全体代表表决。需要注意的是，由于这一次立法实践没有实行“有修正案的先表决修正案”的程序，宪法规定的修宪程序也没有关于立法修正案的规定。因此，这并不是真正意义上的立法修正案制度的实践。

由此可以看出，重要条款单独表决制度与立法修正案制度，虽然都是为了在立法过程中尽可能集中意见，提升立法的民主性和科学性，但是二者存在以下区别：（1）在性质上，单独表决制度是一项表决制度；立法修正案制度是在审议过程中对原案条款提出修正，因此本质上是一项审议制度。（2）在程序上，单独表决制度是对现有审议和表决制度的补充；立法修正案制度尚无较为明确的制度规范，有待在人民代表大会制度和立法制度进一步发展的基础上加以完善。（3）在法律效果上，无论单独表决的结果如何，不直接涉及对原案的修改，而是由委员长会议视情决定下一步的立法程序；立法修正案如获通过，则原案的相关条款必须按照修正案的内容进行修改。

7. 什么情况下法律法规案终止审议？

对于列入常委会会议审议过的法律案，如果存在重大问题，经多次研究、修改仍不宜或者不能继续审议，应当如何处理，在以往的法律中，没有明确的规定。2000 年立法法制定时，针对这一问题，规定了法律案终止审议的程序，为决定法律案终止审议提供了法律依据。

实践中，列入常委会议程的法律案不能按正常程序进行表决的，大致有两种情况，一是在常委会一审或者二审过程中，发现法律案尚不成熟或者对于制定该法律的必要性、可行性各方面还存在较大意见分歧，需要进一步研究，委员长会议根据这一实际情况，将该法律案交法律委员会或者有关的专门委员会进一步研究，提出审议意见。该法律案暂不列入下次常委会会议议程，使法律案处于搁置状态。二是法律草案表决稿交付常务委员会会议表决前，委员长会议根据常务委员会会议审议的情况，决定将个别意见分歧较大的重要条款提请常务委员会会议单独表决。单独表决的条款经常务委员会会议表决后，委员长会议根据单独表决的情况，可以决定将法律草案表决稿交付表决，也可以决定暂不付表决，交法律委员会和有关的专门委员会进一步审议。因暂不付表决经过两年没有再次列入常务委员会会议议程审议的，由委员长会议向常务委员会报告，该法律案终止审议。但通常情况下，有的法律案由于基础较差，在制定的必要性上存在问题，有的立法的时机尚不成熟，在短时间内没有再次提交常委会审议或者交付表决的可能，对于这类法律案如何处理，在立法程序上有一个交代是十分必要的。1993年八届全国人大常委会第四次会议审议了中华人民共和国国家勋章和荣誉称号法（草案），后因该法律案有一些问题需要进一步研究被搁置至今，由于没有明确的法律依据，对该法律案是否还应当继续审议不明确。立法法第四十二条就是考虑到我国立法的实际情况，规定了一个两年的时限，规定法律案搁置审议满两年的，或者因暂不付表决经过两年没有再次列入常务委员会会议议程审议的，由委员长会议向常委会报告，该法律案终止审议。

在特定情况下，对常委会审议过的某些法律案终止审议，这里有两个问题需要注意：一是在这个程序中，只有委员长会议有权向常委会提出法律案终止审议的意见，专门委员会无权决定法律案终止审议。这与有的国家的规定不同。在美国，委员会掌握着法案的取舍大权，凡委员会不向大会提出报告的，法案即被取消。二是搁置审议满两年的，或者因暂不付表决经过两年没有再次列入常务委员会会议议程审议的时间计算，应当是搁置或者决定暂不付表决后没有再进入常委会的审议程序满两年，如果这期间常委会对该法律案又进行了审议，审议后又被搁置或者暂不付表决，计算时间应当从再一次被搁置或者决定暂不交付表决时计算。

8. 什么是“打包立法”？

“打包立法”，是指对多部法律中涉及同类事项的个别条款进行修改，提案人一并提出法律案。这种就多部法律的修改一并提出法律案的修改方式，被形象地称为“打包立法”。根据近年的立法实践，这一形式的立法可以分为“打包清理”和“打包修改”两种形式，其产生都有一定的历史背景。

一是“打包清理”。改革开放三十多年来，我国立法工作成绩卓著，以宪法为核心，法律为主干，包括宪法及宪法相关法、民法商法、行政法、经济法、社会法、刑法、诉讼与非诉讼程序法七个法律部门和法律、行政法规、地方性法规等多个层次法律规范构成的中国特色社会主义法律体系已形成，国家经济、政治、文化、社会生活的各个方面基本做到有法可依。中国特色社会主义法律体系是与我国社会主义初级阶段的基本国情、改革发展的进程相适应的，总体上是科学的、统一的、和谐的。但是，回溯改革开放三十多年来的法制建设史，立法活动始终伴随着剧烈的体制变革和社会变迁，由此必然加剧我国立法与现实之间的紧张关系，立法的“折旧”速度较高。基于这样的原因，有的改革开放早期制定的法律中的一些规定，与经济社会发展特别是社会主义市场经济要求明显不适应；同时，由于各部门法都得到了充分发展，法律之间也产生了一些明显不一致、不协调的突出问题；有些法律规定可操作性不强，难以用国家强制力保证实施。为了解决法律中的这些“硬伤”，理顺中国特色社会主义法律体系中的逻辑关系，有必要对明显不适应现实要求，已基本不适用的法律予以废止；对有些法律中明显不适应社会主义市场经济和经济社会发展要求的规定进行修改；对法律之间前后不一致、不衔接，并且适用立法法规定的法律适用规则也难以解决的规定进行修改。但是，由于这样的清理式的修法，涉及的法律较多，每部法律涉及的条款很少，且修改都为法律清理性质，继续适用一法一案的标准立法模式，显然不利于提高立法效率、节约立法资源。为此，“打包立法”应运而生。所谓“打包立法”，是指为了达到一个整体的立法目的，立法机关在一个法律性文件中对散布在多部法律内的有关规定，一次性地作出“打包”修改。“打包立法”在一些国家广泛使用，已发展为一种成熟、常用的立法技术。如德国是运用“打包立法”最多的国家，而奥地利曾在制定一部新法律时，借助同一个议案联袂修改了98件法律。2009年6月，全国人大常委会首次采用了“打包立法”，将59件拟修改的法律，以一揽子“打包”的方式，在一个议案中提出，最终又以一个“修改决定”的形式出台。这一方式的运用，引发了广泛关注和赞誉，成为此次法律清理的最大亮点。2012年10月，全国人大常委会又以刑事诉讼法的修改为契机，打包修改了监狱法、律师法、未成年人保护法、预防未成年人犯罪法、治安管理处罚法、国家赔偿法、人民警察法7部法律当中与新修改的刑事诉讼法的相关规定有不一致、不衔接的个别条款，解决与修改后的刑事诉讼法不一致、不衔接的问题。

二是“打包修法”。党的十八大后，以习近平为总书记的党中央提出，法律是治国之重器，建设中国特色社会主义法治体系，必须坚持立法先行，发挥立法的引领和推动作用。凡属重大改革都要于法有据，不允许法治轨道之外改革试点。改革中需要修改法律的可以先修改法律，先立后破，有序进行。在整个改革过程中，都要高度重视运用法治思维和法治方式，加强对相关立法工作的协调。这就意味着一方面，立法主动适应改革和经济社会发展的需要，用立法来引领和推动改革；另一方面，改革要坚持立法先行，改革举措涉及法律立改废的，要及时启动立法程序。实践证明行之有效的要及时上升为法律，实践条件还不成熟的，需要先行先试的，要按照法律程序做出授权。对不适应改革要求的法律，要及时修改和废除。以往曾经出现过的，为了改革而突破法律，甚至宪法规定的所谓“善意违法”，将不能继续存在。当前，我国已经进入了全面深化改革的历史新时期。对于政府而言，要依法推进行政审批制度改革和政府职能转变，进一步激发市场、社会的创造活力，发挥好地方政府贴近基层的优势，促进和保障政府管理由事前审批更多转为事中事后监管，就必须首先有相关法律的支撑。因此，自2013年以来，国务院多次提请全国人大常委会对部分法律进行“打包”修改。与法律清理一样，“打包”修改在一个议案中提出，最终又以一个“修改决定”的形式出台。在一定程度上提升了立法效率，节约了立法资源。

9. 分别表决如何进行？

党的十八届四中全会提出，完善法律草案表决程序。中央提出的这一要求，不仅反映在对重要条款的单独表决上，也反映在立法法第四十三条的分别表决中。与单独表决一样，分别表决也是推进立法科学化和民主化的重要途径。

在“打包立法”的过程中，一些常委会组成人员和人大代表认为，有些“打包修改”可能涉及某部或者某几部法律中重要制度的修改，不宜一并采取合并表决的方式，建议在此种情况下，采取逐个表决的方式。因此，2015 年立法法修改时作出规定，“打包”修改法律，一并提出法律案的，经委员长会议决定，可以合并表决，也可以逐个表决。这是一项新规定，全国人大常委会还未实践。但近些年来，一些地方已经开始试行分项表决。2006 年 12 月，湖北省人大常委会审议《关于确认省人民政府规章设定的七项行政许可事项继续实施的决定（草案）》后，对有争议的七项行政许可事项进行分项表决，其中“家电维修范围技术核准证核发”一项行政许可事项被否决，会议随后通过整个决定的其他内容。

根据立法法规定，采取合并表决还是分别表决，由委员长会议根据法律草案的内容和审议的情况作出决定。

10. 表决不通过如何处理？

表决是法案通过的必经程序，是法案通过的前提，但经过这一程序的法案并不是都能得以通过。全国人大常委会行使立法权以来，绝大多数法律草案都能较顺利地得以通过，有几部法律还是由出席会议的全体组成人员全票通过的，第一部全票通过的法律是体育法，在 1995 年八届全国人大常委会第十五次会议上全票通过，后来又有行政复议法等法律也获得了全票通过。但也有个别法律草案不够成熟，交付表决后未获通过。九届全国人大常委会第九次会议上，国务院提交的公路法修正案，由于赞成票等于常委会全体组成人员的半数而未超过常委会全体组成人员的半数而未获通过。

对于未通过的法案如何处理，一些国家有相应的规定。例如，葡萄牙有关法律规定，政府提出的法案，如没有付诸表决，随其卸任而失效。表决中被否决的法案，不得在同一届会期中再次提出，除非议会改选。又如，科威特宪法规定，在同次会议期间，议员提出的法案已被国民议会否决，不得再次提出。立法法根据我国的实际情况规定交付常委会表决的法律案未获通过，如果提案人认为必须制定该法律，可以按照法律规定的程序重新提出，由委员长会议决定是否列入会议议程。如果委员长会议决定列入会议议程，常委会可以对该法律案重新进行审议。

11. 法律法规通过后的公布程序是怎样的?

法律的公布是指立法机关或国家元首将已通过的法律以一定的形式予以公布，以便全社会遵守执行。立法机关表决通过了法律案产生了法律，法律的生效还应当经过法律的公布程序。法律的公布是法的制定程序中的最后一个步骤，它是法律生效的前提。法律通过后，凡是未经法定程序和法定形式予以公布的，都不能产生法律效力，不具有普遍约束力。所以，我们在立法中必须严肃、科学地对待法律公布程序，使机关、公民能够及时了解法律，自觉地执行和遵守法律。

我国在法律公布权问题上，经历了一个发展变化过程。1954 年宪法规定由国家主席公布法律，1975 年宪法则删去了这一规定，1978 年宪法规定由全国人大常委会委员长公布法律。1982 年修改宪法，重新规定由国家主席公布法律。

在法律公布问题上，从形式上看，我国与一些西方国家的做法相同，即由立法机关通过法律，国家元首公布法律。但我国与西方国家在法律公布问题上有着实质性区别。一些西方国家实行三权分立，规定法律由国家元首公布，国家元首有否决权，法律公布权是对议会的一种牵制，如美国宪法规定，众议院和参议院通过的法案，总统可以不予签署，否决参众两院通过的法案。我国实行的是人民代表大会制度，国家主席由全国人民代表大会选举产生，对于全国人大通过的法律，国家主席有责任和义务签署公布，不能拖延更不能拒绝签署公布。在我国，国家主席签署公布法律，是必经的步骤，以证明该法律已经履行完法定程序，并证明该法律与立法机关所通过的完全一致。国家主席签署公布法律，是履行宪法赋予国家主席的职责。法律一经全国人大及其常委会表决通过，国家主席有责任立即签署公布。在我国立法实践中，从没有发生过国家主席拒绝签署公布法律的情况。这是因为，我国实行的是人民代表大会制度，我国不是三权分立的国家，没有西方国家所谓的“牵制与平衡”。国家主席是人大选举产生的，国家主席根据全国人民代表大会或者常务委员会的决定公布法律。法律经国家主席公布，才发生法律效力。法律案经全国人民代表大会或者常务委员会通过，还不能说完成了立法程序，必须经国家主席签发主席令公布，才算完成所有立法程序。

我国宪法第八十条规定了由国家主席公布法律，但是对采取何种方式公布，并没有规定。实践中采取的方式是以国家主席签署主席令的形式公布。主席令应包括哪些内容？立法法第五十八条第一款根据实际做法和公布法律的要求，规定了公布法律的主席令必须包括制定机关、通过日期和施行时间三项内容。制定机关是指哪一次代表大会，哪一次常委会；通过日期是指代表大会或常委会表决通过法律案的日期；施行时间是指法律生效的时间。

省、自治区、直辖市的人民代表大会制定的地方性法规由大会主席团发布公告予以公布。由大会主席团公布，一方面，是由于地方没有类似国家主席这一超然于行政机关、审判机关和检察机关之外的职位；另一方面，主席团作为人大会议的主持机关，凡人大会议需要向公众公布的事项，都由主席团公布，因此地方性法规由它公布比较妥当。

省、自治区、直辖市的人民代表大会常务委员会制定的地方性法规由常务委员会发布公告予以公布。

设区的市的人民代表大会及其常务委员会制定的地方性法规报经批准后，由设区的市的人民代表大会常务委员会发布公告予以公布。设区的市的人大制定的地方性法规，由于需要报省、自治区的人大常委会批准，因此，经批准后，不论是市人大还是市人大常委会制定的地方性法规，都由设区的市的人大常委会予以公布。

立法法颁布前，对于自治条例和单行条例的公布，法律没有明确的规定，因此实践中做法不太一致。比如，自治州的自治条例报经省人大常委会批准后，有的地方以省人大常委会公告的形式公布，有的地方交由自治州人大常委会公布。立法法对于自治条例和单行条例的公布作出了明确的规定，即自治条例和单行条例报经批准后，分别由各自的制定机关的人大常委会发布公告予以公布，而不由批准机关公布。这同设区的市制定的地方性法规报经批准后，由设区的市人大常委会公布的规定是一致的。

12. 法律法规应当在哪些载体上公布？

法律公布的第二个步骤是刊告，即将国家元首签字的法律，刊登在正式的刊物（公报）和其他法律规定的载体上。我国也不例外，根据立法法规定，常务委员会通过的法律由国家主席签署主席令予以公布。签署公布法律的主席令载明该法律的制定机关、通过和施行日期。法律签署公布后，及时在全国人民代表大会常委会公报和在全国范围内发行的报纸上刊登。这点对于所有的法律，无论是全国人大通过的，还是全国人大常委会通过的，要求都是一样的。

法律签署之后，就要向全社会公开，为社会大众所知。其中一种方式是在法定的刊物上刊登。在指定的刊物上刊登公布法律，被普遍认为是公布法律的最好办法。目前世界上，大多数国家都有公布法律的正式刊物，如法国有《法兰西共和国政府公报》，意大利有《意大利共和国公报》。我国刊登公布法律的渠道，主要有两种：一是《全国人大常委会公报》，二是在全国范围内发行的报纸，主要是人民日报、法制日报等。两种渠道，各有优势，公报比较权威，但出版周期较长，发行速度慢，公开发行的数量小、范围窄；报纸覆盖面广，传播及时，但有时刊登的积极性不高。因此，需要进一步拓宽刊载法律的载体。随着互联网的兴起，越来越多的人习惯于通过互联网获得外界信息，网络已经成为人们必不可少的媒介载体。因此，2015 年修改立法法，对于法律的刊载载体做了与时俱进的补充，将网站作为刊载载体予以明确，同时，鉴于网上的信息来源比较多样，为了保障人们获得的法律条文的真实性、权威性，明确由全国人大主办的中国人大网作为刊载法律的官方网站。同时，第五十八条第二款规定，对刊载法律提出了进一步的要求，一是要求及时。一般来说，今天通过，明天公布刊登，是属于“及时”，应当尽量按照这一标准来刊登法律。二是在全国范围内发行的报纸上刊登。目前，全国范围内发行的报纸很多，在所有全国范围内发行的报纸上刊登，既不可能，也没有必要，应当选取一些主要的大报，明确其刊载义务，以确保法律的及时刊载。

目前，我国各种形式的法律“汇编”“全书”“大全”很多，错误也很多，给严肃执法造成困难。因此，需要有一个标准的法律文本。立法法第五十八条第三款规定：刊登在全国人大常务委员会公报上的法律文本为标准文本。所谓标准文本，就是各种法律文本之间出现不一致时，均以常委会公报上刊登的法律文本为标准。常委会公报是全国人大常委会刊登常委会文件的法定刊物，其所刊载的文件，都经过了严格的校对审核，因此，将其作为标准文本是可行的。这一规定，对维护法制的统一，保证法律的贯彻实施，具有重要意义。

13. 什么是立法后评估？

立法后评估是指法律法规实施一段时间以后，对法律法规的质量、实施效果等进行跟踪调查和综合研判，并提出意见的活动。通过立法后评估，对法律制度的科学性、法律规定的可操作性、法律执行的有效性等作出客观评价，为修改完善法律、改进立法工作提供参考依据，有利于进一步加强和改进立法工作，不断提高立法质量，促进法律制度的有效实施。立法后评估是立法工作的自然延伸，具有评估对象选择性、评估范围针对性、评估主体广泛性的特点。

14. 立法后评估的标准是什么？

（1）实效性标准。实效性标准主要判断法律法规的实施是否符合其设定的目标、目的与方向，以及符合的程度，具体制度规定是否具有可操作性。因此，实效性标准的运用必须与立法目的、立法意图相结合。立法实践中主要考虑：法律法规实施的基本情况，包括行政执法、配套性文件制定、所取得的社会效益和经济效益、实施过程中遇到的问题等情况；法律法规涉及的行政许可、行政处罚、行政强制、职能分工等重点制度的针对性、可操作性、是否达到立法目的等情况；法律法规存在的不足等。

（2）公平性标准。立法者要始终坚持公平正义的立法理念，通过立法妥善平衡协调各方权利，使立法能够体现最广大人民群众的根本利益。法律法规的制度设计是否实现了社会公平正义，需要在实施中检验。

（3）合理性标准。法律法规出台后是否符合社会生活实际，是否满足人们的社会需求，是否过度超前或滞后于社会现实，是否要求不可能之事项，这些问题都需要通过立法后评估作出更加准确的判断，以便及时修改法律法规。

15. 怎样开展立法后评估?

（1）立法后评估的实施主体

立法后评估的实施主体是决定对法律开展评估活动的主体。根据立法法的规定，开展立法后评估工作的实施主体是人大有关专门委员会和常委会工作机构。例如，在2012年对中小企业促进法有关制度进行评估时，为了保障评估工作顺利开展，由全国人大常委会法制工作委员会牵头组织，邀请全国人大财政经济委员会、工业和信息化部、国家发改委、中国人民银行、中国银监会、中国证监会等11个部门和单位有关同志参加，组成评估工作小组，具体组织落实评估工作。

立法后评估工作涉及调查问卷的设计与组织填写、实地调研、评估数据的分析、评估报告的起草等大量工作，环节多、要求高，除了发挥立法机关的主导作用外，还需要调动各方面的积极性，发挥法律实施主管机关、下级人大、相关专业机构、高等院校、科研单位以及专家的作用，取得支持和配合，相互协调，共同做好评估工作。同时，还应当通过各种形式和途径，积极引导公众广泛参与，了解和听取社会公众对法律制度的认知度、满意度以及相关的意见、建议。

（2）评估对象的选择

①对一部法律法规的几项具体制度进行评估

全国人大常委会2011年选择科学技术进步法和农业机械化促进法中具有关键意义的、事关结构调整与经济转型国家战略的几项法律制度，进行立法后评估。对一部法律法规中的几项具体制度进行评估的方式，评估工作重点突出，涉及的相关部门比较集中，评估工作易于深入和扎实，但与对整部法律法规评估相比，工作面较窄，缺乏对某一部法律法规的整体把握和全面了解。

②对整部法律法规进行评估

2012年全国人大内务司法委员会组织开展残疾人保障法立法后评

估工作，采用的就是整部法律评估。对整部法律法规进行评估，其优点是有利于全面了解其执行情况。由于评估工作涉及的部门比较多，需要协调和沟通的关系较为复杂，投入的人力和物力也比较多，工作难度较大。

③对多部法律法规进行全面评估

对部分现行有效的法律进行评估是一种值得探索的评估方式，例如，可以对金融、税收、企业、环境保护、教育、医疗卫生等某一类的法律进行评估，综合判断这一类法律制度的设计是否合理、制度是否健全、执行是否到位、存在哪些问题，便于了解相关法律之间的规定是否协调和配套，是否有法律尚未规定的空白，等等。与对几项具体法律制度或者某一部法律进行评估相比，这种评估方式具有一定的高度和广度，在中国特色社会主义法律体系形成的背景下，对于进一步完善法律体系、健全法律制度很有意义。

（3）评估报告的形成与应用

对法律法规进行评估，需要按照一定的原则、程序进行，通过文献研究、问卷调查、实地调研、情况报告、实例分析等多种方式收集相关信息，对评估指标进行量化处理，注重定性分析与定量分析相结合，确保各类信息与资料的真实性与客观性，准确反映法律制度的实施情况，为形成科学的评估结论提供扎实可靠的依据。评估数据收集和分析工作结束后，应当及时起草立法后评估报告。评估报告起草完成后，还要征求各有关方面的意见，并根据这些意见和建议不断修改完善，直至最终定稿。

评估报告是立法后评估工作的成果表现形式，是对整个立法后评估工作的概括和总结，也是对法律法规进行评估的结论性成果。根据评估数据分析得出的统计分析结果、根据定量分析和定性分析结果得出的评估结论以及有关建议，都是在评估报告中完整体现出来的。立法后评估报告应当对评估工作取得的成果作出客观描述。评估报告的内容一般包括开展评估工作的过程、法律法规实施的成效与存在的问题、对法律法规或其具体制度的客观评价，以及对完善立法和加强法律实施的意见和建议等。

立法法第六十三条规定，“评估情况应当向常务委员会报告”。2011 年开展科学技术进步法和农业机械化促进法有关制度的立法后评估试点工作时，还将立法后评估报告提交常委会书面审议。

评估报告经人大常委会审议后，为使评估报告得到充分应用，可将评估报告送交有关部门认真研究论证，作为改进工作、修改完善法律以及及时启动法律法规的立、改、废程序的参考依据。

（4）委托评估

近年来，一些地方人大探索开展立法后委托评估，增加了立法后评估的广泛性和灵活性。一是委托市、县基层人大常委会对被评估的法规在其辖区内的实施情况进行评估。二是组建地方立法社会团体参与的评估中心，对与其自身利益相关的法规开展立法后评估，为法规修改和执法检查提供依据。

第四章　法律解释

1. 什么是法律解释?

（1）法律解释的含义

法律解释是对法律规定的含义所作的说明和阐述。说明和阐述法律的含义，存在于人类的各种各样的活动之中，既存在于立法活动中，也存在于执法活动中；既存在于学者的法律研究活动中，也存在于普法宣传和老百姓的学法活动中。由此，可以把法律解释分为正式解释和非正式解释。

正式解释，又称有权解释或法定解释，是指有关国家机关按照宪法和法律所赋予的权限，对有关法律条文的含义所作的能够产生实际法律后果的说明和阐述。正式解释，又分为立法解释和应用解释。立法解释，就是立法机关在法律制定后，根据法律的执行情况和执行中遇到的问题，对法律的有关规定的含义作出进一步说明和阐述。应用解释，就是执法机关（包括审判机关、检察机关和行政机关）在应用法律过程中，对法律有关规定的含义所作的说明和阐述。本节规定的法律解释，是指正式解释中的立法解释。

非正式解释是指不会产生实际法律后果的解释。包括学理解释和普法解释。学理解释，是指学者在对法律进行研究时，对法律规定的含义所作的说明和阐述。普法解释，是指有关国家机关、社会团体在进行普及法律宣传或者老百姓在进行法律学习时，对法律规定的含义所作的说明和阐述。

（2）我国的法律解释制度

我国的法律解释制度，即正式法律解释制度，经历了一个演变、发展的过程。

1954年宪法、1978年宪法和1982年宪法都规定，全国人大常委会“解释法律”。从宪法规定看，法律解释权属于全国人大常委会，其他机关没有法律解释权。但从实践来看，所有法律解释都拿到全国人大常委会，显然是行不通的。因此，1955年8月《全国人大常委会关于解释法律问题的决议》和1979年7月五届全国人大二次会议通过的《中华人民共和国人民法院组织法》规定，凡属于在审判工作中如何具体应用法律、法令的问题，由最高人民法院进行解释。赋予法院在审判案件中，可以对法律进行解释，既是各国的通行做法，也是法院审判案件的客观需要。

1981年，我国对法律解释制度又作了进一步规定。1981年6月全国人大常委会《关于加强法律解释工作的决议》规定，凡属于检察院检察工作中具体运用法律、法令的问题，由最高人民检察院进行解释。最高人民法院和最高人民检察院的解释如果有原则性的分歧，报请全国人民代表大会常务委员会解释或决定。不属于审判和检察工作中的其他法律、法令如何具体应用的问题，由国务院及主管部门进行解释。这里的“主管部门”是指法律执行的主管部门，包括国务院办公厅、各部、各委员会，也包括全国人大常委会工作机构。

根据以上规定，我国法律解释制度分为立法解释和具体应用解释两种。立法法第四十五条第一款根据宪法规定，重申法律的解释权属于全国人大常委会，即法律的立法解释权属于全国人大常委会。至于具体应用的解释，修改后的立法法第六章附则中增加一条，作为第一百零四条，在1981年全国人大常委会《关于加强法律解释工作的决议》的基础上，对最高人民法院和最高人民检察院具体应用法律的解释作出进一步规范。

（3）我国立法解释的实践情况

自从1954年全国人民代表大会成立和宪法颁布以来，全国人大常委会曾进行过一些法律解释。但由于在1996年以前，全国人大常委会所作的法律解释没有明确称为“解释”，因此，对哪些属于法律解释的理解不尽一致。经过甄别，2000年立法法颁布施行前，至少有22件应属法律解释。分为三种情况：

第一种是已经明确属于法律解释的，有12件：一是1955年和1956年的《全国人大常委会工作报告》明确指明是法律解释的“决定”8件，即1955年3月作出的《关于省县乡改变建置后本届人大代表名额问题的决定》和《关于第一届地方各级人大任期问题的决定》；1955年11月作出的《关于地方各级人大闭会期间省长自治区主席市长州长县长区长乡长镇长和地方各级法院院长缺额补充问题的决定》《关于地方各级人民委员会的组成人员是否限于本级人大代表问题的决定》《关于地方各级法院院长检察院检察长可否兼任各级人民委员会的组成人员问题的决定》；1956年5月作出的《关于被剥夺政治权利的人可否充当辩护人的决定》《关于不公开审理的案件的决定》《关于自治州人大和人民委员会每届任期问题的决定》。二是1996年以后作出的明确称之为“解释”的4件，即1996年5月和1998年12月分别两次作出的关于国籍法在香港、澳门地区实施的几个问题的解释，1999年6月关于香港基本法有关居留权条款的解释，2000年4月关于刑法第九十三条第二款的解释。

第二种是虽然没有明确过是法律解释，但从内容上看应属法律解释的，至少有3件。比如，1979年7月《中华人民共和国中外合资经营企业法》规定：“合营各方签订的合营合同，应报中华人民共和国外国投资管理委员会，该委员会应在三个月内决定批准或不批准。”后来机构改革，将进出口管理委员会、对外贸易部、对外经济联络部和外国投资管理委员会合并，设立对外经济贸易部，因此，1983 年 3 月《全国人大常委会关于由对外经济贸易部行使原外国投资管理委员会的批准权的决定》确定：“《中华人民共和国中外合资经营企业法》及有关的涉外经济法规规定由外国投资管理委员会行使的批准权，相应由对外经济贸易部行使。”这一决定实际是对中外合资经营企业法关于批准权问题的解释。类似这种决定至少还有两件：一是 1983 年 9 月《关于国家安全机关行使公安机关的侦查、拘留、预审和执行逮捕的职权的决定》，二是 1993 年 12 月《关于中国人民解放军保卫部门对军队内部发生的刑事案件行使公安机关的侦查、拘留、预审和执行逮捕的职权的决定》。

第三种是从内容上看应属于立法解释（其中 3 件应属于宪法解释），但全国人大常委会工作报告将其列为“法令”的，有 7 件。这部分可以看做是以“法令”的形式对法律作出解释。因为“法令”是当时全国人大常委会通过的除法律以外的决定、决议的统称，所以“法令”是可以包括立法解释的。

以上 22 件立法解释都是由全国人大常委会通过的。此外，在 20 世纪 50 年代还有个别立法解释是以全国人大常委会名义作出，但没有经过全国人大常委会审议通过，而是由工作机构研究提出，由委员长、秘书长联合签发的。如 1957 年 9 月《全国人大常委会关于死刑案件由最高人民法院判决或者核准的决议如何执行问题给最高人民法院的批复》。这件解释是以全国人大常委会名义作出，由刘少奇委员长、彭真秘书长签发的，但没有经过全国人大常委会审议通过。这是当时立法解释的一种做法。1957 年全国人大常委会办公厅法律室曾提出《关于某些法律法令问题不能提会又不应由办公厅直接加以处理应如何解决的意见》，该意见提出：“如果问题的时间性较急，而常务委员会又一时不能召开，可以由秘书长提请副委员长联合办公会议讨论，于请示委员长批准后，以常务委员会名义处理，并可将所作解释刊登公报。这种解释，也具有法律约束力。”显然这种做法是不太符合程序的，因此后来很少使用，1979年以后就再没有使用过。

2000年立法法颁布施行后，全国人大常委会根据立法法的规定，共作出19件法律解释，主要涉及刑法、刑事诉讼法、香港特别行政区基本法、澳门特别行政区基本法、民法通则、婚姻法等法律条文。这些法律解释分别是：①2001年8月关于刑法第二百二十八条、第三百四十二条、第四百一十条的解释；②2002年4月关于刑法第三百八十四条第一款的解释，关于刑法第二百九十四条第一款的解释；③2002年8月关于刑法第三百一十三条的解释；④2002年12月关于刑法第九章渎职罪主体适用问题的解释；⑤2004年4月关于《中华人民共和国香港特别行政区基本法》附件一第七条和附件二第三条的解释；⑥2004年12月关于刑法有关信用卡规定的解释；⑦2005年4月关于香港特别行政区基本法第五十三条第二款的解释；⑧2005年12月关于刑法有关文物的规定适用于具有科学价值的古脊椎动物化石、古人类化石的解释，关于刑法有关出口退税、抵扣税款的其他发票规定的解释；⑨2011年8月关于香港特别行政区基本法第十三条第一款和第十九条的解释；⑩2011年12月关于澳门特别行政区基本法附件一第七条和附件二第三条的解释；⑪2014年4月关于刑事诉讼法第七十九条第三款的解释，关于刑事诉讼法第二百五十四条第五款、第二百五十七条第二款的解释，关于刑事诉讼法第二百七十一条第二款的解释，关于刑法第二百六十六条的解释，关于刑法第三十条的解释，关于刑法第一百五十八条、第一百五十九条的解释，关于刑法第三百四十一条、第三百一十二条的解释；⑫2014年11月关于民法通则第九十九条第一款、婚姻法第二十二条的解释。

那么，什么情况下可以采用立法解释，什么情况下应当修改法律呢？实践中，一般掌握的原则是：①凡属于不需要改变原来的法律规定，而是作为一种特殊情况对法律进行变通执行的，可以采用立法解释的办法，不修改法律。如关于国籍法在香港、澳门特别行政区的实施的解释，即属于这种情况。②从问题的性质看，应当修改法律，但问题比较具体，修改法律一时还提不上议事日程，可以先采用立法解释的办法，待以后修改法律时再补充进法律或对法律进行修改。如关于省长自治区主席市长等正职领导人因故不能担任职务时可以在副职中推举或指定一人代理的解释，后来在修订法律时，即在法律中作出明确规定。

2. 什么是法律的规定需要进一步明确具体含义的情况？

进一步明确法律规定的具体含义，是法律解释的基本功能，当然也是立法解释的功能。至于哪些情况需要作立法解释，一般有以下三种情况：

一是需要进一步明确法律界限的。比如，1956 年 5 月全国人大常委会《关于不公开进行审理的案件的决定》对法院组织法关于特别情况可以不公开审理的规定进一步明确："人民法院审理有关国家机密的案件，有关当事人隐私的案件和未满十八周岁少年人犯罪的案件，可以不公开进行。"

二是需要弥补法律规定的轻微不足的。如 1954 年 9 月《地方各级人民代表大会和地方各级人民委员会组织法》第二十六条第二款规定："地方各级人民委员会的组成人员因故不能担任职务的时候，由本级人民代表大会补选。"但对正职领导人员因故不能担任职务时，在补选前由谁行使职权问题，没有作出明确规定。1955 年 11 月，全国人大常委会《关于地方各级人民代表大会闭会期间省长自治区主席市长州长县长区长乡长镇长和地方各级人民法院院长缺额补充问题的决定》对此问题作出补充，以上正职领导人员因故不能担任职务时，可以先在副职中推举一人或指定一人代理。

三是对法律规定含义理解产生较大意见分歧的。在有些情况下，有关法律执行机关对法律规定的含义产生较大意见分歧，难以达成共识，为了保证法律的正确执行，需要由立法机关对法律规定的含义作出解释，以统一各方面的认识。

3. 什么是法律制定后出现新的情况，需要明确适用法律依据的情况？

法律是相对稳定的，而社会是不断发展的。在法律制定后出现的新情况，如果符合原来法律规定的精神，是原来的法律规定所能包含的，则可以通过法律解释的办法，明确其法律适用依据，以减少对法律的修改，保持法律的稳定性。比如，重庆市的建置改为直辖市后，出现直辖市下辖自治县的情况，就是宪法和民族区域自治法制定后出现的新情况，需要对重庆市下辖的自治县制定的自治条例和单行条例应报请谁批准问题予以明确。重庆市作为直辖市，与省、自治区属同一级地方行政区域，因此，重庆市下辖的自治县制定的自治条例和单行条例报重庆市，是完全符合宪法和民族区域自治法规定的精神的。所以，对这种情况，就可以不必修改宪法和自治法，可以采用法律解释的办法解决。这个问题是在这次立法法的规定中予以解决的。又如，1980 年 9 月公布的《中华人民共和国国籍法》第二条规定："中华人民共和国不承认中国公民具有双重国籍。"但香港回归后，有些香港居民中的中国公民持有外国护照，针对这种新的实际情况，1996 年 5 月全国人大常委会《关于〈中华人民共和国国籍法〉在香港特别行政区实施的几个问题的解释》指出："所有香港中国同胞，不论其是否持有'英国属土公民护照'或者'英国国民（海外）护照'，都是中国公民。自 1997 年 7 月 1 日起，上述中国公民可继续使用英国政府签发的有效旅行证件去其他国家或地区旅行，但在香港特别行政区和中华人民共和国其他地区不得因持有上述英国旅行证件而享有英国的领事保护的权利。"

4. 哪些机关可以提出法律解释的要求？

可以向全国人大常委会提出法律解释要求的机关，包括国务院、中央军事委员会、最高人民法院、最高人民检察院和全国人大各专门委员会以及各省、自治区、直辖市人大常委会。为什么规定这些机关可以提出法律解释要求？这些因为：第一，只有在法律执行中遇到的问题，才可以提出解释要求，不是法律执行中遇到的问题，如研究中或普法中遇到的问题，可以采取讨论或法律询问的方式解决，不需要采用立法解释的方式解决。第二，在法律执行过程中遇到需要作法律解释时，应当先向其上级机关提出，上级机关能答复解决的，则无须提出立法解释要求。

法律解释要求与议案有所不同。议案是提请全国人大及其常委会审议并在审议后交付表决通过的建议。所以，议案不仅要有理由、依据，还要有具体内容，否则，全国人大及其常委会就无法进行审议，也无法交付表决。法律解释要求，是希望全国人大常委会进行法律解释的建议，一般不需要提出具体解释内容。比如，1999 年 6 月 11 日，国务院《关于提请解释〈中华人民共和国香港特别行政区基本法〉第二十二条第四款和第二十四条第二款第（三）项的议案》，虽然其名称叫“议案”，但没有提出具体的解释内容，只是要求解释。

为什么法律解释不需要提出解释内容？第一，提出解释要求是因为提出者不清楚法律规定的含义，所以才要求解释，如果提出解释要求的机关能够提出具体的解释内容，说明提出者对法律的含义是清楚的，也就无须要求解释了。第二，有利于克服立法解释的部门倾向，避免使立法解释成为一些部门扩大自己权力和谋取不正当利益的工具。

5. 法律解释草案如何拟定？

法律解释要求提出后，统一由全国人大常委会工作机构（即法制工作委员会）按照原来制定该法律的原意，研究拟订法律解释草案，由委员长会议决定列入常委会议程审议。比如，1999 年 6 月国务院提出解释香港基本法有关条款的要求后，就是由法制工作委员会按照基本法的立法原意，研究拟订了解释草案，由委员长会议决定列入常委会会议进行审议的。

法制工作委员会，是全国人大常委会的立法工作部门，在委员长会议领导下，负责对列入议程的所有法律草案的具体研究、修改工作，为全国人大及其常委会、委员长会议和法律委员会审议法律案服务。立法法第四十七条根据过去立法解释的实践做法，明确规定由常委会工作机构（即法制工作委员会）拟订法律解释草案，有利于法律解释准确体现立法原意，也有利于保持法律解释的统一，避免法出多门，维护法律的权威和尊严。

法制工作委员会在研究拟订法律解释草案过程中，应当广泛听取各方面的意见，包括全国人大常委会其他工作机构、法律执行部门、专家学者，以及有关公民、法人和其他组织的意见。

6. 怎样审议法律解释案？

法律解释草案列入常委会会议议程后，有说明的，先在常委会全体会议上听取法制工作委员会作法律解释草案的说明，然后由常委会分组会议进行审议。对法律解释草案，是否必须同时提出说明，立法法没有明确规定。在 20 世纪 50 年代，法律解释一般没有说明，90 年代以后所作的法律解释都有相应的说明。比如，1999 年 6 月九届全国人大常委会第十次会议就听取了法工委副主任乔晓阳同志所作的关于香港基本法有关条款的解释的说明。再如，2014 年 10 月十二届全国人大常委会第十一次会议听取了法工委副主任信春鹰所作的关于民法通则第九十九条第一款、婚姻法第二十二条的解释（草案）的说明。因此，提出法律解释的议案，一般应同时提出相应的说明。

法律解释草案经常委会分组审议后，由法律委员会根据常委会组成人员的审议意见进行审议、修改，提出草案表决稿。法律委员会是否提出审议结果报告，立法法第四十八条没有明确规定，可以根据修改情况决定。如果修改比较少，可以不提出审议结果报告；如果修改比较多，则可以提出审议结果的报告。

第四十八条只规定法律委员会要对法律解释草案进行审议，对其他专门委员会是否进行审议，没有明确规定。如果在实践中需要有关专门委员会进行审议的，可以由委员长会议决定交由有关专门委员会审议，提出审议意见。

7. 怎样表决和公布法律解释？

法律解释草案一般实行一审制，如果法律解释的问题比较复杂，也可以实行二审制。法律委员会提出的法律解释草案表决稿经常委会审议后，如果常委会组成人员没有大的分歧意见，则由委员长会议提请常委会全体会议表决，以常委会全体组成人员的过半数通过。

法律解释由常委会发布公告予以公布。为什么没有规定法律解释由国家主席签署公布？这是因为：第一，法律解释是法律的一部分，不是一件新的法律，所以宪法规定，国家主席签署公布法律，没有规定签署公布法律解释。第二，过去的实践做法，法律解释都是由常委会公布的。但过去常委会公布法律解释都不发布公告，立法法第四十九条规定常委会应以公告的形式公布法律解释，使法律解释程序更加郑重和完善。

8. 法律解释的效力是怎样的？

全国人大常委会的法律解释同法律具有同等效力。所谓同法律具有同等效力，包括两个方面的含义：

一是在时间上，全国人大常委会的法律解释的效力同法律的效力相同。由于法律解释是对法律条文的含义所作的进一步明确，因此，它不是一个独立的法律规范，即使是补充和变通，也应当包含在法律条文的立法原意之中。所以，法律解释本身没有独立的效力，它的效力取决于法律规定的效力。法律规定的含义应当是法律生效时就是这样的，不论什么时候对这一含义作出阐述，人们的行为应当一直都受这一规定约束，符合这一规定的要求。

当然，全国人大常委会对法律进行解释前已经作出处理的案件，特别是已经法院作出终审判决的案件，为了维护社会关系的稳定和法院的权威，在不严重违背社会公共利益和秩序的前提下，可以视情况豁免其受解释的约束。比如，1999 年 6 月 26 日，全国人大常委会关于香港基本法有关条款的解释，根据实际情况规定："本解释公布后，香港特别行政区法院在引用《中华人民共和国香港特别行政区基本法》有关条款时，应以本解释为准。本解释不影响香港特别行政区终审法院 1999 年 1 月 29 日对有关案件判决的有关诉讼当事人所获得的香港特别行政区居留权。此外，其他任何人是否符合《中华人民共和国香港特别行政区基本法》第二十四条第二款第（三）项规定的条件，均须以本解释为准。"这一规定，一方面纠正了此前香港终审法院判决对香港基本法有关条款所作的错误解释，另一方面在不违背大原则的前提下，又照顾了香港终审法院作出的终审判决已经产生的实际后果。

二是在空间上，全国人大常委会的法律解释的效力同法律的效力相同。在我国的各种法律解释中，全国人大常委会的法律解释是最高的解释，其效力同法律一样，被解释的法律的效力所及范围，也就是法律解释的效力所及的范围。具体来说，全国人大常委会的法律解释对行政机关、审判机关、检察机关以及公民、法人和其他组织，都具有约束力。

需要注意的是，全国人大常委会的法律解释是对法律条文的含义作出的进一步明确，是一种抽象的解释，并不直接处理案件。全国人大常委会对法律有关条文作出解释后，具体案件如何处理，仍由有关执法机关依照各自的权限和程序办理。

9. 法律解释的方法有哪些？

立法解释方法可以分为文义解释和论理解释两大类，其中论理解释又可分为扩张解释、限制解释、目的解释、历史解释、比较解释等。

（1）文义解释法

文义解释是指根据语法规则对法律法规条文的含义进行分析，以说明其内容的解释方法。立法解释通常都是从文义解释开始的。法律法规是高度概括和抽象的，要理解法律法规的含义，首先就要从法律法规规范的文字含义入手。文义解释需要对法律法规条文的词义作通俗的、符合其字面意义的解释。如全国人大常委会关于刑法第三百一十三条的解释对刑法第三百一十三条规定的“人民法院的判决、裁定”，解释为“人民法院依法作出的具有执行内容并已发生法律效力的判决、裁定。人民法院为依法执行支付令、生效调解书、仲裁裁决、公证债权文书等所作的裁定属于该条规定的裁定”。这一解释从规范的文字含义入手，作出了通俗的、符合其字面意义的解释，属于文义解释。实践中，文义解释可以有以下具体方法：①根据日常语言文字的含义来确定法律含义。②掌握法律法规专业术语的特定含义。③根据语境确定字面含义。④根据个别事物与一般性用语的连用，确定包括同一种类的所有项目。⑤以类别中明文提及者为限。

（2）扩张解释法

扩张解释是在法律法规原有含义的基础上，赋予新的含义，以弥补条文原来的不足，使法律法规适应时代的发展及充满现实生命力，但须遵守法律法规的基本原则和精神，符合语言的一般规范，能为公众普遍接受。例如全国人大常委会关于刑法第九十三条第二款的解释规定，村民委员会等村基层组织人员协助人民政府从事下列行政管理工作，属于刑法第九十三条第二款规定的“其他依照法律从事公务的人员”：①救灾、抢险、防汛、优抚、扶贫、移民、救济款物的管理；②社会捐助公益事业款物的管理；③国有土地的经营和管理；④土地征用补偿费用的管理；⑤代征、代缴税款；⑥有关计划生育、户籍、征兵工作；⑦协助人民政府从事的其他行政管理工作。这一解释在“其他依照法律从事公务的人员”法律条文原有含义的基础上，赋予了条文新的含义，适应了打击村委会等基层组织人员职务犯罪的时代需要，也能为广大人民群众普遍接受。

（3）限制解释法

限制解释又称缩小解释，是对法律法规条文作出窄于通俗字面含义的解释，以限定法律法规条文的适用范围，或者防止权力滥用。例如，2014 年最高人民法院向全国人大常委会提出，为使人民法院正确理解和适用法律，请求对民法通则第九十九条第一款“公民享有姓名权，有权决定、使用和依照规定改变自己的姓名”和婚姻法第二十二条“子女可以随父姓，可以随母姓”的规定作法律解释，明确公民在父姓和母姓之外选取姓氏如何适用法律。全国人大常委会通过了关于民法通则第九十九条第一款、婚姻法第二十二条的解释，规定公民依法享有姓名权。公民行使姓名权属于民事活动，既应当依照民法通则第九十九条第一款和婚姻法第二十二条的规定，还应当遵守民法通则第七条的规定，即应当尊重社会公德，不得损害社会公共利益。在中华传统文化中，“姓名”中的“姓”，即姓氏，体现着血缘传承、伦理秩序和文化传统，公民选取姓氏涉及公序良俗。公民原则上随父姓或者母姓符合中华传统文化和伦理观念，符合绝大多数公民的意愿和实际做法。同时，考虑到社会实际情况，公民有正当理由的也可以选取其他姓氏。基于此，对民法通则第九十九条第一款、婚姻法第二十二条解释如下：

公民依法享有姓名权。公民行使姓名权，还应当尊重社会公德，不得损害社会公共利益。

公民原则上应当随父姓或者母姓。有下列情形之一的，可以在父姓和母姓之外选取姓氏：①选取其他直系长辈血亲的姓氏；②因由法定扶养人以外的人扶养而选取扶养人姓氏；③有不违反公序良俗的其他正当理由。少数民族公民的姓氏可以从本民族的文化传统和风俗习惯。

（4）目的解释法

目的解释即根据制定该法律法规的目的进行解释。按照目的解释法，在解释法律法规时应当首先了解立法机关在制定时所希望达到的目的，然后以这个目的为指导，去说明法律法规的含义，尽量使立法目的得以实现。如果由于情势变更，原先的立法目的不再适应社会发展的要求，立法者可以根据需要确定新的目的。

（5）历史解释法

历史解释是指从法律法规制定的历史背景或者把该项法律法规同旧的法律法规进行对照比较，来阐明法律法规的含义。这种解释主要是通过研究法律法规制定时的历史背景资料、立法机关审议情况、草案说明报告及档案资料，来查明历史背景。

10. 什么是法律法规询问答复？

在法律法规实施过程中，有关部门与地方往往向立法工作机构提出一些法律询问，要求予以答复，以指导工作。

（1）负责答复询问的机构

立法法第六十四条规定："全国人民代表大会常务委员会工作机构可以对有关具体问题的法律询问进行研究予以答复，并报常务委员会备案。"实践中，法律询问答复的主体是全国人大常委会法制工作委员会，该委员会的职责之一为"对省级人大常委会及中央有关国家机关提出的有关法律问题的询问，进行研究答复"。不少地方人大常委会下设的法制工作机构同样实际承担起了本级法规的解释职能，往往也是采取法规询问答复的方式。如《广东省地方立法条例》规定，省人大常委会法制工作机构可以对有关具体问题的法律询问进行研究予以答复，并报常委会备案。

（2）法律询问的主要内容

根据多年全国人大常委会法制工作委员会答复法律询问的情况来看，法律询问的范围主要有以下一些：①国务院所属机构在执行法律过程中提出的具体法律问题；②最高人民法院、最高人民检察院的工作机构在司法过程中提出的具体法律问题；③省、自治区、直辖市人大常委会工作机构在工作中提出的具体法律问题；④向全国人大常委会提出的法律解释要求，经研究不需要进行法律解释、可以采用法律询问答复的问题；⑤全国人大常委会领导交办的其他需要研究答复的问题。另外，还有人民团体和全国性社会团体在法律实施过程中向法制工作机构提出的具体法律问题。

（3）答复流程

法律询问的具体流程为：由法工委有关业务室处根据法律规定，研究起草答复意见，报法工委领导审批，一些重要的法律询问答复，还要报人大常委会秘书长审批。然后以书面或其他形式答复询问的有关部门。法律询问的答复必须报人大常委会备案。目的是加强对法律询问答复的监督，如果发现不正确的答复，可以进行纠正。

（4）法律询问答复的性质

由于法律询问答复不是由立法机关作出，而是由立法机关的工作机构作出，而它的数量多、影响大，因此，自立法法颁布实施以来，社会上对法律询问答复的效力和去留的争论，从来没有停止过。从多年来的实际工作看，法律询问的内容一般不属于立法法第四十五条规定的由常委会解释的两种情况：一是法律规定需要进一步明确具体含义的；二是法律制定后出现新的情况，需要明确适用法律依据的。这些询问很经常，量也很大，有的时候要求答复的时限很短。如果将这些问题都提请常委会作法律解释，既没有必要，也不可能。法律询问答复是全国人大常委会法制工作委员会根据法律规定，按照严格的工作程序研究提出的，特别是法工委参加了法律的具体制定工作，比较了解立法原意，因此，法律询问答复虽然不具有法律解释的法律效力，但其对法律的理解是比较权威的，各部门、地方应当把它作为理解执行法律的指导依据。如果对询问答复有不同的看法，可以根据立法法第四十五条、第四十六条的规定，通过法定程序提出法律解释要求。

第五章　立法权限和立法层级

1. 什么是国家立法权？

国家立法权是立法机关以国家名义制定法律的权力，是独立、完整和最高的国家权力，它集中体现了全体人民的共同意志和整体利益，是维护国家法制统一的关键所在。在单一制国家，国家立法权只有一个。

宪法第五十八条规定："全国人民代表大会和全国人民代表大会常务委员会行使国家立法权。"适应执行法律和行使行政管理职权的需要，国务院可以依据宪法和法律，规定行政措施，制定行政法规，发布决定和命令。为充分调动地方的积极性和主动性，各地根据本地的具体情况和实际需要，可以拥有一定的立法权限。但是，国务院的制定行政法规权，虽然带有一定的立法性质，从权力归属上讲，仍属于行政权，而不是国家立法权。各地权力机关制定地方性法规的权力属于地方立法权，也不是国家立法权。因此，立法法根据宪法的规定，规定国家立法权由全国人大及其常委会行使。

全国人大及其常委会的国家立法权具有以下特点：

（1）最高性。全国人大及其常委会立法权的最高性体现在两个方面。一方面，在我国的国家权力体系中，全国人大及其常委会的立法权，是为国家和全社会创制各项制度和行为规范的权力，其他任何国家权力都必须无条件地服从这一权力。宪法和法律一经制定实施，一切国家机关和武装力量、各政党和社会团体、各企业事业组织以及公民个人，都必须予以遵守。一切违反宪法和法律的行为，都必须予以追究。另一方面，在我国多层次的立法体制中，全国人大及其常委会的立法权处于最高和核心地位，其他任何机关制定的规范性文件都不得与宪法、法律相抵触。适应执行法律和行使行政管理职权的需要，国务院可以依据宪法和法律制定行政法规。为充分调动地方的积极性和主动性，各地根据本地的具体情况和实际需要，可以拥有一定的立法权限。但行政立法权和地方立法权都必须以国家立法权为依据，行政法规不得同宪法和法律相抵触；地方性法规不得同宪法、法律和行政法规相抵触；自治条例和单行条例不得对宪法和民族区域自治法的规定作出变通规定，不得违背法律和行政法规的基本原则。全国人大及其常委会立法权的最高和核心地位，要求国家立法权之下的任何一级立法权都必须服从国家立法权，以国家立法权为最高准则。

（2）主权性。从国家主权或者人民主权的意义上看，立法权是国家主权的体现，它集中体现了国家和全体人民的意志。全国人大及其常委会作为国家最高立法机关，是反映全体人民意志和利益的代表机关，由它通过法定程序制定的法律，体现的是人民的主权和国家的主权。

（3）独立性。作为国家权力体系的重要组成部分，国家立法权是相对独立的权力，它独立于行政权和司法权之外，并高于行政权和司法权。一方面，国务院、中央军委和最高人民法院、最高人民检察院对全国人大及其常委会有立法提案权，但这些机关享有的只是立法权中的部分程序性权力，而非完整的立法权，不得左右全国人大及其常委会的立法权。另一方面，我国不实行三权分立制度，人民将国家的最高权力集中交由全国人人及其常委会行使。在此基础上，全国人大及其常委会又将行政权和司法权交由行政机关、审判机关和检察机关行使，而自身保留了立法权和其他国家权力，这是保证行政机关和司法机关对人大负责、受人大监督的重要前提。

2. 谁行使国家立法权?

1982 年宪法以前，国家立法权仅为全国人民代表大会所专有。1954 年宪法规定，“全国人民代表大会是行使国家立法权的唯一机关”，全国人民代表大会常务委员会只有“解释法律”和“制定法令”的权力。实践证明，仅由全国人民代表大会立法，不能适应现实的需要。1955 年第一届全国人民代表大会第二次会议通过了《关于授权常务委员会制定单行法规的决议》，授权全国人大常委会在全国人民代表大会闭会期间，“依照宪法的精神，根据实际的需要，适时地制定部分的法律，即单行法规。”这一规定使全国人大常委会实际上获得了立法权。为了适应实际情况发展变化的需要，及时对全国人民代表大会制定的法律进行修改，1959 年第二届全国人民代表大会第一次会议通过决议，“授权常务委员会，在全国人民代表大会闭会期间，根据情况的发展和工作的需要，对现行法律中一些已经不适用的条文，适时地加以修改，作出新的规定。”这一规定赋予了全国人大常委会在大会闭会期间，对大会制定的法律进行修改的权力。

适应改革开放和现代化建设，特别是加强社会主义民主法制建设的需要，1982 年宪法规定，全国人民代表大会和它的常务委员会共同行使国家立法权。彭真同志在宪法修改草案报告中对为什么要赋予全国人大常委会以国家立法权是这样解释的：“我国国大人多，全国人大代表的人数不宜太少，但是人数多了，又不便于进行经常的工作。全国人大常委会是人大的常设机关，它的组成人员是人大的常务代表，人数少可以经常开会，进行繁重的立法工作和其他经常工作。所以适当扩大常委会的职权是加强人民代表大会制度的有效方法。”这是现行宪法赋予全国人大常委会国家立法权的初衷。三十多年来，全国人大常委会充分履行这一宪法权力，制定了一大批法律和有关法律问题的决定，为改革开放和现代化建设提供了重要法律保障。

全国人大常委会和全国人民代表大会共同行使立法权，并不意味着它就和全国人民代表大会享有平等的法律地位。全国人大常委会是代表大会的常设机关，在代表大会闭会期间，可以经常性地行使国家立法权。但是，常委会的国家立法权仍然从属于全国人民代表大会的国家立法权，对于全国人大常委会不适当的决定，全国人民代表大会有权予以改变或撤销。

3. 全国人大的立法权限有哪些？

制定和修改刑事、民事、国家机构的和其他的基本法律，是全国人民代表大会的一项重要职权。基本法律通常是对某一类社会关系进行调整和规范，涉及的事项有的是公民的基本权利和义务关系，有的是国家经济和社会生活中某一方面的基本关系，有的是国家政治生活的基本制度，有的事关国家主权等，这些法律在国家和社会生活中具有全局的、长远的、普遍的和根本的规范意义。

从 1978 年五届全国人大一次会议到 2015 年十二届全国人大三次会议，全国人民代表大会共审议通过 58 件法律案（包括宪法和宪法修正案，不包括有关法律问题的决定和法律解释）。其中，制定 44 件，修改 15 件，现行有效的法律 38 部，占全部现行有效 243 部法律的 15.6%。全国人民代表大会通过的 58 件法律案主要是刑事、民事、国家机构和其他方面的基本法律。如刑事的基本法律有刑法；民事的基本法律有民法通则、婚姻法、继承法、合同法、物权法等；国家机构的基本法律有国务院组织法、地方组织法、人民法院组织法、人民检察院组织法、选举法、代表法、全国人民代表大会组织法、立法法等；还有其他的基本法律，如教育法、国防法、企业所得税法等。此外，还有两次特殊情况，一次是 1981 年 12 月的五届人大四次会议原则批准了民事诉讼法（草案），授权全国人大常委会修改后公布试行；另一次是1987年4月的六届全国人大五次会议原则通过了村民委员会组织法（草案），授权全国人大常委会进一步调查研究，总结经验，审议修改后颁布试行。由大会通过的现行有效的38部法律中，有25部经过了修改。其中，有的由代表大会修改，有的由常委会修改，有的法律既由代表大会修改过，也由常委会修改过，如选举法由常委会作了4次修改，由代表大会作了1次修改。有的法律修改次数较多，例如个人所得税法已经常委会修改了6次，刑法除1997年由大会修订、2009年由常委会修改外，还有8个修正案由常委会通过。

全国人大作为最高国家权力机关，其立法权限范围是十分广泛的，不仅可以制定和修改刑事、民事、国家机构和其他基本法律，也可以制定基本法律以外的其他法律。

4. 全国人大常委会的立法权限有哪些？

全国人大常委会是全国人民代表大会的常设机关，是最高国家权力机关的组成部分，在全国人民代表大会闭会期间行使部分最高国家权力。因此，全国人大常委会也享有广泛的立法权，但比起全国人民代表大会来，立法权受到一定的限制。综合宪法和立法法对全国人大常委会立法权限的规定，全国人大常委会的立法权限，主要有以下两个方面：

（1）制定和修改除应当由全国人大制定的法律以外的其他法律

除基本法律以及涉及全国人大权限和工作程序的非基本法律外，凡应当由法律规定的事项，全国人大常委会都有权立法。目前，全国人大代表人数多、会期短，立法任务实际上主要由全国人大常委会承担。改革开放三十多年来，为适应改革开放和市场经济建设的需要，全国人大常委会加快立法步伐，制定和修改了一大批法律，内容涉及国家的政治、经济、教育、科学、文化、卫生、土地管理、环境保护等各个方面，中国特色社会主义法律体系已经形成，对保障改革开放和现代化建设的顺利进行发挥了重要作用。

（2）对全国人大制定的法律进行补充和修改

为什么要赋予全国人大常委会对全国人大制定的法律进行补充和修改的权力？主要有以下原因：①全国人大常委会作为全国人民代表大会的常设机关，是最高立法机关的组成部分，在全国人民代表大会闭会期间行使国家立法权。②全国人民代表大会人数多，每年只开一次会，会期很短，议程较多，不可能对各项法律进行补充和修改，而由全国人大常委会进行补充和修改，可以使全国人大集中精力处理好必须由它处理的重大问题。③由于社会生活的发展变化很快，新情况和新问题不断出现，因此，对全国人大制定法律的补充和修改任务相当繁重，应当成为一项经常性的工作。赋予全国人大常委会行使该项权力，可以使一些急需补充和修改的法律及时得到补充和修改。④全国人大常委会对全国人大制定的法律进行补充和修改，不会影响全国人大行使立法权，全国人大认为必须由它进行补充和修改的法律，它有权决定自行补充和修改。此外，宪法第六十二条规定，全国人大有权“改变或者撤销全国人民代表大会常务委员会不适当的决定”。全国人大认为常委会的补充和修改不适当时，有权予以改变或者撤销。

同时，全国人大常委会对全国人大制定法律的补充和修改受到一定的限制，这种补充和修改不得同该法律的基本原则相抵触。所谓“法律的基本原则”，是指贯穿于该法律始终的核心和精神，也即该法律的基本原则、指导思想和基本任务。一般说来，法律的“基本原则”规定在该法的总则中，也有些“基本原则”明确规定在具体条文中。

5. 什么是专属立法权？

专属立法权，是指一定范围内规范社会关系的事项，只能由特定的国家机关制定法律规范的权力。对属于特定国家机关专属立法权限的事项，其他任何机关非经授权，不得进行立法；如果其他机关未经授权又认为必须立法，也只能向专属立法权机关提出立法的动议，而不得自行立法。在立法权限的划分方面，最主要的是要明确哪些事项必须由全国人民代表大会及其常务委员会制定法律，也就是全国人民代表大会及其常务委员会的专属立法权。明确这个问题，有利于解决与国务院行政法规，与地方性法规权限的划分问题。立法法颁布施行 15 年以来的实践表明，规定全国人大及其常委会专属立法权，对于形成中国特色社会主义法律体系，维护法制统一，发挥了重要作用。

全国人大及其常委会作为国家的最高权力机关，享有非常广泛的立法权限。因此，对全国人大及其常委会的立法权限作出一一列举没有必要，也是困难的。但从我国的立法体制考虑，对全国人大及其常委会的专属立法权限尽可能作出具体列举又是必要的，理由是：

第一，为了保证国家政权始终掌握在人民手中，使立法真正体现人民自己的意志和利益，维护国家的统一和国内市场的统一，一些重要的立法权必须由全国人大及其常委会直接行使，中央行政机关和地方国家机关非经专门授权不能行使。

第二，在中央，对全国人大及其常委会与国务院的立法权限作出划分，有利于国务院更好地通过制定行政法规行使行政管理职权。从我国的立法实践来看，在划分法律和行政法规调整的界线方面已确立了一些标准，取得了一些经验。比如，刑事、民事、国家机构方面的事项由法律规定，行政机关内部需全国统一的工作制度和工作程序可以由行政法规规定；基本的行政管理体制和制度方面的事项由法律规定，行政管理体制和制度中某一方面的具体事项以及操作运转方面的事项可以由行政法规规定；基本的经济制度和管理体制方面的事项由法律规定，经济体制中的操作运转事项以及经济、技术标准可以由行政法规规定。在立法法中，将这些标准和经验进一步明确化、具体化是必要和可行的。

第三，在地方，对全国人大及其常委会的专属立法权作出划分，有利于各地在维护国家法制统一的前提下，从本地的具体情况和实际需要出发，调动立法的主动性和积极性，加快地方法制建设的步伐，从而更好地依法管理好地方事务。多年来，各地在地方立法中已积累了不少经验，各方面对如何进一步划分中央与地方的立法权限也达成基本共识，将这些经验和共识在立法法中体现出来是必要的和有条件的。

第四，明确划分中央立法机关的专属立法权限也是绝大多数国家的实际做法。比如，在中央与地方立法权限的划分上，美国、德国、意大利、瑞士、巴基斯坦、奥地利、印度、马来西亚等国的宪法，都对中央的立法权限作了专门规定。美国宪法明确规定了由国会立法的近 20 项专属权力，德国基本法则列举了 11 项由联邦立法的专属权力。在立法机关与行政机关的立法权限划分上，有的国家的宪法都明确规定议会立法和行政立法的范围。如法国宪法划分法律事项和法令事项，规定法律事项的立法权属于议会，法令事项的立法权属于政府，并将 15 项应当制定法律的事项列举出来。国外的经验可以借鉴。

6. 确定全国人大及其常委会的专属立法权限应当遵循哪些原则？

（1）宪法原则。宪法是国家的根本大法，是制定其他法律的依据。制定立法法，划分全国人大及其常委会的专属立法权限也必须以宪法为依据。宪法对全国人大及其常委会的专属立法权限，已经作出一些原则性规定。立法法可以根据宪法的规定，对全国人大及其常委会专属立法权限作出进一步的规定，使之更加明确化和系统化。但是，这些规定必须严格依据宪法，不得同宪法相抵触。

（2）民主原则。我国是人民当家作主的社会主义国家，国家的一切权力属于人民。全国人大及其常委会是代表人民行使国家立法权的机关，确定全国人大及其常委会的专属立法权限必须有利于直接和充分地反映人民的意愿，保护人民的权利。

（3）有利于维护国家统一原则。我国是统一的多民族国家，幅员辽阔，各民族、地区之间有着长期的互相帮助、互相尊重、和睦相处、共同发展的优良传统。国家的统一反映在立法上，就是法制的统一。立法权限的划分必须有利于维护国家的统一，凡属涉及国家统一的事项，必须由全国人大及其常委会统一立法。

（4）有利于建立和维护国内统一市场原则。当前，我国正致力于建立有中国特色的社会主义市场经济体制。建立国内统一市场，是维护国家统一的需要。市场的统一要求法制的统一。对立法权限的划分必须有利于建立和维护统一的国内市场，而不能造成市场分割。凡涉及建立和维护统一的国内市场的重要事项，必须由全国人大及其常委会立法予以规范。

（5）有利于提高效率和调动各方面积极性原则。这一原则要求，在中央与地方的关系上，既要使中央有足够的权威以维护国家的统一和稳定，实现国家对经济的宏观调控，又要能够充分调动地方的积极性和创造性；在权力机关与行政机关的关系上，既要使涉及国家和社会的重要事项必须由权力机关决定，以保证所作出的决策具有足够的民主性和权威性，又要使政府在对社会进行管理时有足够的权限和手段处理问题，能够对不断发生的各种紧急情况作出及时有效的反应，以维护正常的社会秩序。

7. 全国人大及其常委会在哪些事项上享有专属立法权？

宪法的规定是划分全国人大及其常委会专属立法权限的主要依据。我国宪法虽然没有明确、系统地规定全国人大及其常委会的专属立法权限，但宪法中各个方面相关的原则和分散的规定，仍然为确定专属立法权提供了依据。把握全国人大及其常委会专属立法权限的宪法依据需要从以下几个方面进行：

（1）宪法明确规定了应当由法律规定的事项。宪法共在 45 处明确规定了应当由法律规定的事项。具体有以下几种表述方式：①表述为“由法律规定”或者“以法律规定”的共 12 处。如宪法第三十一条规定，“在特别行政区内实行的制度按照具体情况由全国人民代表大会以法律规定”；第五十九条第三款规定，“全国人民代表大会代表名额和代表产生办法由法律规定”；第九十七条第二款规定，“地方各级人民代表大会代表名额和代表产生办法由法律规定。”因此，特别行政区的基本法律、全国人大代表和地方各级人大代表选举法应当属于全国人大及其常委会的立法权限。②表述为“依照法律规定”或者“依照法律”的共 28 处。如宪法第二条第三款规定，“人民依照法律规定，通过各种途径和形式，管理国家事务，管理经济和文化事业，管理社会事务”；第五十五条第二款规定，“依照法律服兵役和参加民兵组织是中华人民共和国公民的光荣义务。”这说明，有关人民管理国家事务、经济文化事务和社会事务的法律，公民服兵役和参加民兵组织的法律应当属于全国人大及其常委会的立法权限。③表述为“在法律规定范围内”等其他形式的共 7 处。如宪法第八条第一款规定：“参加农村集体经济组织的劳动者，有权在法律规定的范围内经营自留地、自留山、家庭副业和饲养自留畜。”这说明，有关农村集体经济组织劳动者经营自留地、自留山、家庭副业和饲养自留畜的法律应当属于全国人大及其常委会的立法权限。

（2）宪法第六十七条关于全国人大常委会职权中明确规定由全国人大常委会规定的事项。即该条第十五项：“规定军人和外交人员的衔级制度和其他专门衔级制度”；第十六项：“规定和决定授予国家的勋章和荣誉称号”。因此，关于衔级、国家勋章和荣誉称号的法律，应当是全国人大常委会的专属立法权限。

（3）宪法虽未规定由全国人大及其常委会制定法律或者予以规定，但属于全国人大及其常委会职权范围内应当用法律调整的事项。宪法没有明确规定全国人大及其常委会对其行使的任何职权都可以制定法律，但显然，在职权范围内需用法律调整的事项，全国人大及其常委会都可以制定法律，这样才能保证其有效地行使各项国家权力。这类事项包括以下几方面：

①宪法明确规定由全国人大及其常委会决定或批准的事项。如宪法第六十二条规定，全国人大“审查和批准国民经济和社会发展计划和计划执行情况的报告”；“审查和批准国家的预算和预算执行情况的报告”；“批准省、自治区和直辖市的建置”；“决定战争和和平问题”；第六十七条规定，全国人大常委会“决定同外国缔结的条约和重要协定的批准和废除”；“决定全国总动员或者局部动员”；“决定全国或者个别省、自治区、直辖市进入紧急状态”等。因此，预算法、缔结条约程序法、国防动员法、戒严法以及省、自治区、直辖市建置方面的事项等应当属于全国人大及其常委会的专属立法权限。

②宪法明确规定由全国人大及其常委会实施监督的事项。如宪法第六十二条规定，全国人大“监督宪法的实施”；“改变或者撤销全国人民代表大会常务委员会不适当的决定”；第六十七条规定，全国人大常委会“监督宪法的实施”；“监督国务院、中央军事委员会、最高人民法院和最高人民检察院的工作”；“撤销国务院制定的同宪法、法律相抵触的行政法规、决定和命令”；“撤销省、自治区、直辖市国家权力机关制定的同宪法、法律和行政法规相抵触的地方性法规和决议”等。因此，对上述事项立法属于全国人大及其常委会的专属立法权限，如2006年全国人大常委会通过的各级人大常委会监督法。

③其他由全国人大及其常委会行使职权的事项。宪法第六十二条、第六十七条在分别列举全国人大及其常委会行使的各项职权的同时，还在第六十二条第十五项规定，全国人大行使“应当由最高国家权力机关行使的其他职权”；在第六十七条第二十一项规定，全国人大常委会行使“全国人民代表大会授予的其他职权”。这说明，全国人大及其

常委会除了有权就宪法第六十二条和第六十七条赋予的各项职权进行立法以外，必要时还有权为行使宪法所没有明确规定的其他职权而进行立法。

（4）根据宪法的规定，总结我国各方面的立法经验，立法法第八条列举了 11 项只能由全国人大及其常委会制定法律的事项。这些事项，除非有法律的授权或者全国人大及其常委会的特别授权，国务院和地方人大及其常委会不得制定行政法规和地方性法规进行规定。具体包括：①国家主权的事项；②各级人民代表大会、人民政府、人民法院和人民检察院的产生、组织和职权；③民族区域自治制度、特别行政区制度、基层群众自治制度；④犯罪和刑罚；⑤对公民政治权利的剥夺、限制人身自由的强制措施和处罚；⑥税种的设立、税率的确定和税收征收管理等税收基本制度；⑦对非国有财产的征收、征用；⑧民事基本制度；⑨基本经济制度以及财政、海关、金融和外贸的基本制度；⑩诉讼和仲裁制度；⑪必须由全国人民代表大会及其常务委员会制定法律的其他事项。

8. 有关国家主权的事项有哪些？

主权是指国家具有的独立自主地处理自己的对内和对外事务的最高权力。它具有两方面的特性，即在国内是最高的；对国外是独立的。国家主权的内容十分广泛，大致包括以下几方面：（1）政治主权，是指国家有权自主选择政治制度和社会制度，有权制定法律和内政外交政策，而不受任何国家、政府间组织或国家集团的侵犯和干预。（2）经济主权，是指国家在经济上处于独立地位，有权制定经济和社会发展的政策，有权开发、利用和处置自己的资源和财富，而不受任何外来干预。（3）领土主权，是指国家对其全部领土（包括领陆、领水、领空）拥有所有权、管辖权、支配权和自卫权，而不受任何外来侵犯。（4）对外主权，是指国家在国际上享有的独立权和平等权，享有独立的国际法律人格，具有平等的国际交往权和缔结条约权，独立自主地执行其对外政策。（5）属人主权，是指国家拥有对具有该国国籍的人所具有的管辖、支配和处置的权力。

从上述国家主权的内容看，全国人大及其常委会除对涉及国家政治制度、社会制度和经济制度的事项当然享有专属立法权限外，还应当对下列有关国家主权的事项享有专属立法权限：（1）国家领土。如对国家领土的构成、与邻国边界的划分等。这方面，全国人大常委会已制定了领海及毗连区法、专属经济区和大陆架法等法律。（2）国防。国防是指国家为防备和抵抗侵略，保卫国家的主权、统一、领土完整和安全所进行的军事活动，以及与军事有关的各方面的活动，具体内容包括国防制度、防空制度、兵役制度、军官服役制度、军衔制度、国防教育制度以及军事设施的保护等。这方面，全国人大常委会已制定了国防法、人民防空法、兵役法、预备役军官法、解放军现役军官服役条例、解放军军官军衔条例、军事设施保护法等法律。（3）外交。如同外国缔结的重要条约和协定、外交特权与豁免等。全国人大常委会已制定了缔结条约程序法、领事特权与豁免条例。（4）国籍。全国人大常委会已制定了国籍法。（5）中国公民出入境和外国公民入出境制度。全国人大常委会已制定了外国人入境出境管理法、中国公民出境入境管理法。（6）国旗、国徽、国歌。国旗是国家的标志和象征。一个国家的主权和民族尊严往往通过国旗表现出来。国徽是一个国家的象征，它体现一个国家的历史传统，也表现该国家的政体和信仰。国歌是代表一个国家的歌曲，反映一个国家的传统和民族精神。有关国旗、国徽和国歌的事项都应当由宪法和法律加以规定。目前，全国人大常委会已制定了国旗法、国徽法。

需要注意的是，由法律规定的有关国家主权事项，是指国防、外交等事务中涉及国家主权的事项，必须制定法律。其中有些外交事务虽然涉及主权问题，但属于政府职权范围的事项，可以由国务院以行政法规规定，不一定必须制定法律。

9. 为什么各级国家政权机关的产生、组织和职权只能由法律规定？

根据宪法的规定，国家权力机关、行政机关、审判机关和检察机关是我国国家机构的重要组成部分，是行使国家权力，实现国家职能的核心力量。它们的产生方式、组织原则、职权范围和行使职权的具体程序直接反映我国国家机构的本质，反映各国家机构的力量是否能够掌握在人民手中，成为人民行使国家权力、实现国家职能的工具。因此，有关国家机构产生、组织和职权的事项必须由全国人大及其常委会制定法律予以规范。

目前，全国人大及其常委会已根据宪法，制定了选举法、代表法、全国人民代表大会组织法、国务院组织法、人民法院组织法、人民检察院组织法、地方各级人民代表大会和人民政府组织法、全国人民代表大会议事规则、全国人大常委会议事规则等法律，对各级权力机关、行政机关、审判机关和检察机关的产生、组织和职权作出较全面的规定。

10. 民族区域自治制度、特别行政区制度、基层群众自治制度有哪些特殊性，其事项只能由法律规定？

（1）民族区域自治制度是中国共产党运用马克思主义民族理论解决我国民族问题的基本政策，是国家的一项重要政治制度。民族区域自治是在中华人民共和国境内，在国家统一领导下，各少数民族聚居的地方实行区域自治，设立自治机关，行使自治权。在我国，各民族自治地方都是中华人民共和国不可分离的部分。实行民族区域自治，体现了国家充分尊重和保障各少数民族管理本民族内部事务的权利的精神，体现了国家坚持实行各民族平等、团结和共同繁荣的原则。民族区域自治制度涉及保护少数民族的权利和国家的统一，必须由法律规定。现行有关民族区域自治的基本法是民族区域自治法。这部法律于 1984 年 5 月 31 日由第六届全国人民代表大会第二次会议通过。它依据宪法，对民族自治地方的建立和自治机关的组成、民族自治地方的自治权、民族自治地方的人民法院和人民检察院、民族自治地方的民族关系以及上级国家机关对民族自治地方的领导和帮助等内容作出较全面的规定。

（2）特别行政区制度是体现我国“一国两制”基本方针的重要政治制度。宪法第三十一条规定：“国家在必要时得设立特别行政区。在特别行政区内实行的制度按照具体情况由全国人民代表大会以法律规定。”宪法的这一规定是“一国两制”方针的体现，据此设立的香港、澳门特别行政区具有不同于我国各省、自治区、直辖市等一般行政区域的法律地位，在特别行政区内实行不同于大陆的政治、社会和经济制度，而这些特殊的制度将按照具体情况由全国人民代表大会制定法律予以规定。根据宪法的规定，七届全国人民代表大会第三次会议于 1990 年 4 月 4 日通过了香港特别行政区基本法；八届全国人民代表大会第一次会议于 1993 年 3 月 31 日通过了澳门特别行政区基本法。这两部基本法律对中央和香港、澳门特别行政区的关系，香港、澳门居民的权利和义务，香港、澳门政治体制中的行政长官、行政机关、立法机关、司法机关、区域组织、公务人员，香港、澳门经济体制中的财政、金融、贸易、工商业、土地契约、航运、民用航空，香港、澳门的教育、科学、文化、体育、宗教、劳工和社会服务，以及香港、澳门的对外事务等事项作出详尽和完备的规定。此外，为进一步贯彻“一国两制”的方针，维护国家的主权和领土完整，保持香港、澳门地区的繁荣和稳定，全国人大常委会依据宪法和香港特别行政区基本法、澳门特别行政区基本法，还分别于 1997 年和 1999 年通过了香港特别行政区驻军法和澳门特别行政区驻军法，对中国人民解放军进驻香港、澳门的有关事项作出规定。

（3）基层群众自治制度是社会主义民主政治的一个重要方面。它的基本内容是，在城市和农村基层设立居民委员会和村民委员会，由群众实行自我管理、自我服务、自我教育，实行直接民主。宪法第一百一十一条规定，“城市和农村按居民居住地区设立的居民委员会或者村民委员会是基层群众性自治组织”；“居民委员会、村民委员会同基层政权的相互关系由法律规定”；居民委员会、村民委员会“办理本居住地区的公共事务和公益事业，调解民间纠纷，协助维护社会治安，并且向人民政府反映群众的意见、要求和提出建议”。这一规定表明，居民委员会、村民委员会是城乡居民自己组织起来，进行自我管理、自我教育和自我服务的基层群众性自治组织。办好居民委员会和村民委员会是广大基层群众直接行使当家作主权利的重要途径。实行基层直接民主涉及十分普遍的和绝大多数公民的基本权利。其中，仅在农村实行村民自治，就涉及九亿农民的权利。能否办好基层群众自治，与能否更好地发展社会主义民主休戚相关。因此，将宪法规定的基层群众自治制度进一步具体化，应当属于全国人大及其常委会的专属立法权限。目前，全国人大及其常委会已制定了居民委员会组织法，制定和修订了村民委员会组织法，对城乡基层自治制度作了较详细的规定。

11. 为什么关于犯罪和刑罚只能由法律规定？

犯罪是具有社会危害性和刑事违法性并且应受刑事惩罚的行为。判断社会成员的行为是否为犯罪，涉及两个方面的重大问题，一方面，涉及对国家政治、经济、文化制度和社会秩序保持最低限度的稳定和安全的标准的认定；另一方面，涉及对每个社会成员行为最大限度自由的标准的认定。如何科学和适当地认定这两项标准，直接关系到国家和社会的安危，关系到全体社会成员的权利能否得到保障。因而规定社会成员行为是否为犯罪的权力当然属于国家的最高权力机关或者立法机关。这也是世界各国刑事立法的普遍做法。不少国家甚至在宪法中明确规定了罪刑法定原则。罪刑法定原则的内容之一就是，何种行为是犯罪只能由法律规定，法无明文规定不为罪。全国人大 1979 年制定并于 1997 年进行修订的中华人民共和国刑法，就确立了罪刑法定原则，以刑法所保护的上述各类社会关系为标准，对各个罪名作出详尽规定。

刑罚是统治阶级以国家名义惩罚犯罪的强制方法。它以公民的基本权利为直接指向，涉及对公民或者法人财产权、自由权乃至生命权的限制和剥夺，是以国家强制力为后盾的最严厉的处罚措施。各国刑事立法的基本规律是，非经法律乃至宪法的规定，任何公民的基本权利不得被限制和剥夺。我国是工人阶级领导的以工农联盟为基础的人民民主专政的社会主义国家，为维护社会秩序，保护人民利益，保护社会主义经济基础，保护生产力，对严重的危害社会行为，必须处以刑罚。但以何种刑罚去惩罚犯罪则是一项严肃的国家行为和国家权力，必须由国家法律予以规定。我国现行刑法确立的刑罚种类分为主刑和附加刑，主刑包括管制、拘役、有期徒刑、无期徒刑和死刑；附加刑包括罚金、剥夺政治权利、没收财产和驱逐出境。

12. 对公民政治权利、人身自由的剥夺、限制和处罚有哪些？

公民的政治权利和人身自由是宪法直接保护的公民的基本权利，依法享有政治权利和人身自由也是公民得以行使其他各项权利的前提和基础。因此，对公民政治权利的剥夺、人身自由的限制必须以法律的形式予以规定。这里的“对公民政治权利的剥夺、限制人身自由的强制措施和处罚”，是指对有严重违法或者犯罪行为的公民设定剥夺政治权利、限制人身自由的强制措施和处罚，而不是指普遍的剥夺公民的某种权利或者限制公民的人身自由。任何人、任何机关和任何法律都不能无故剥夺公民的权利和自由。公民只有在违法犯罪之后，剥夺或者限制权利和自由的措施和处罚才适用于他。

（1）对公民政治权利的剥夺的强制措施和处罚

政治权利是公民依照宪法和法律享有的参加国家管理、进行政治活动和表达个人意见的权利。宪法第三十四条规定，“中华人民共和国年满十八周岁的公民，不分民族、种族、性别、职业、家庭出身、宗教信仰、教育程度、财产状况、居住期限，都有选举权和被选举权”；第二条规定，人民“通过各种途径和形式，管理国家事务，管理经济和文化事业，管理社会事务”；第三十五条规定，“中华人民共和国公民有言论、出版、集会、结社、游行、示威的自由”；第四十一条规定，公民对国家机关或者国家工作人员，以及他们的违法失职行为，有提出批评、建议、申诉、控告或者检举的权利。这些规定说明，我国公民享有的政治权利包括：选举权和被选举权；担任国家机关职务的权利；担任国有公司、企业、事业单位和人民团体领导职务的权利；言论、出版、集会、结社、游行、示威的权利。

上述公民的政治权利是十分广泛而重要的。充分保证公民享有各项政治权利是实现亿万人民当家作主、行使国家权力的保证，因而对公民政治权利的剥夺必须十分严肃和慎重。宪法第三十四条在规定公民选举权和被选举权的同时规定，“但是依照法律被剥夺政治权利的人除外”。《中华人民共和国全国人民代表大会和地方各级人民代表大会选举法》第三条第二款规定：“依照法律被剥夺政治权利的人没有选举权和被选举权。”这些规定表明，对公民政治权利的剥夺只能由法律予以规定，即只能由全国人大及其常委会制定法律予以规定。目前，我国对公民政治权利的剥夺仅限于全国人大及其常委会刑事立法的范围。刑法第五十六条第一款规定：“对于危害国家安全的犯罪分子应当附加剥夺政治权利；对于故意杀人、强奸、放火、爆炸、投毒、抢劫等严重破坏社会秩序的犯罪分子，可以附加剥夺政治权利。”从这一规定可以看出，我国刑事立法对附加适用剥夺政治权利的规定是十分严格的，它只适用于那些犯罪性质严重、危害性极大的刑事犯罪分子。

（2）限制人身自由的强制措施和处罚

公民的人身自由是行使其他一切权利和自由的基础。对公民的人身自由予以保障不仅是各国法律的职责，各国宪法都首先对保护公民的人身自由作出详细规定。最早对公民人身自由给予确认的是英国1215年的《自由大宪章》，它规定任何自由民非经本国法律判决，不得被逮捕、监禁或者加以伤害。法国1789年的《人权宣言》规定，“任何人都不应处于奴役之中”。美国宪法第五条修正案规定，“不依正当法律程序，不得剥夺公民的生命、自由和财产”。其他一些国家的宪法都有类似的规定。

总结全国人大及其常委会的立法实践，我国法律对违法公民设定限制其人身自由的方式可以分为两类：一类是以强制措施方式限制公民人身自由的；另一类是以处罚方式限制公民人身自由的。

第一，限制公民人身自由的强制措施必须由法律规定。强制措施包括刑事诉讼强制措施、民事诉讼和行政诉讼的强制措施以及行政强制措施。限制公民人身自由的刑事强制措施以及民事诉讼和行政诉讼的强制措施必须由法律予以专门规定，是没有疑问的。因为这些强制措施是国家司法制度中的重要内容，对保证公民的人身自由和司法公正都具有重要意义。它们只能由全国人大及其常委会制定法律予以规定，其他任何机关和团体都无权以法规和规章形式予以规定。现行的刑事诉讼法、民事诉讼法、行政诉讼法和行政强制法对这些强制措施作出了规定。

第二，限制公民人身自由的处罚必须由法律规定。限制公民人身自由处罚的种类，包括刑事处罚、司法处罚、行政处罚。剥夺公民人身自由的刑罚和限制公民人身自由的司法拘留都由全国人大制定的基本法律予以规定，已成为一项严肃的司法制度，因而对这些措施的适用也是严格而有限的。在行政管理工作中，比较多地存在的，是以限制公民人身自由的方式进行行政处罚。由于限制人身自由处罚适用较为普遍，更由于人身自由是公民的一项最基本的权利，因而规定对这一处罚的设定权必须十分严格。行政处罚法第九条第二款规定，“限制人身自由的行政处罚，只能由法律设定”；第十条第一款规定，“行政法规可以设定除限制人身自由以外的行政处罚”；第十一条第一款规定，“地方性法规可以设定除限制人身自由、吊销企业营业执照以外的行政处罚”。行政处罚法的这些规定表明，限制公民人身自由的处罚只能由全国人大及其常委会制定法律予以规定，是法律的专属权力，任何行政法规和地方性法规都无权规定限制公民人身自由的处罚。这充分表明，我们国家是十分重视保护公民的人身自由的。

立法法规定，对公民政治权利的剥夺，限制公民人身自由的强制措施和处罚，只能由法律规定，目的是保护公民合法的政治权利和人身自由。至于依法保障公民合法权利和自由的事项，法规当然可以规定。

13. 哪些与税收有关的事项必须由法律作出规定？

税收是国家为提供社会公共服务需要，依照法律规定和法定程序向居民或非居民进行的金钱或实物课征。税收是财政收入的基本形式，既是国家治理体系的基础和物质保障，也是国家治理的重要手段。同时，税收应来之于民、用之于民，税种的设立、税款的征收、收入的使用，直接关系纳税人的切身利益，关系人民的福祉，应由代表人民行使国家权力的立法机关以法律的形式予以规范。在资本主义国家，决定税收是议会的一项专属权力。早在英国资本主义发展初期，就有“不出代议不纳税”的说法。在英国，议会享有财政权，征税必须经议会同意，是一项基本的宪法原则。美国和法国的宪法都规定，议会是决定税收的唯一机关。

立法法第八条第六项是2015年3月立法法为落实税收法定原则新修改增加的一项内容。税收法定是我国宪法所确立的一项基本原则。

宪法第五十六条规定："中华人民共和国公民有依照法律纳税的义务"。根据宪法，无法律规定，无纳税义务；无法律规定，无权征税。税收法定原则在税收征收管理法和修改前的立法法等法律中也有体现。税收征收管理法第三条第一款规定，税收的开征、停征以及减税、免税、退税、补税，依照法律的规定执行。修改前的立法法第八条第八项规定，"基本经济制度以及财政、税收、海关、金融和外贸的基本制度"只能制定法律。

按照宪法和修改前立法法的规定，税收立法权属于全国人大及其常委会。但改革开放初期，考虑到税收制度的建立、完善面临错综复杂的情况，同时缺少相关经验，全国人大及其常委会先后出台了两个授权决定，授权国务院对经济体制改革和对外开放，包括税收制度改革，根据宪法，在同有关法律和全国人民代表大会及其常务委员会的有关决定的基本原则不相抵触的前提下，制定暂行的规定或者条例。这两个授权决定是《全国人民代表大会常务委员会关于授权国务院改革工商税制发布有关税收条例草案试行的决定》（1984 年出台，已于 2009 年 6 月废止）和《全国人民代表大会关于授权国务院在经济体制改革和对外开放方面可以制定暂行的规定或者条例的决定》（1985 年）。由此，目前现行 18 个税种中，除个人所得税、企业所得税、车船税由法律规定征收外，其余 15 个税种由行政法规规定。此外，还有几十个部门规章，数千件规范性文件。从实际效果看，国务院根据授权制定税收条例，对我国基本形成多税种、多环节、多层次的税收体系发挥了重要作用；但与此同时，这一税收制度架构与税收法定原则有相当大的差距，也不符合法治精神，其缺陷和负面影响日益显现。近年来，一些全国人大代表和政协委员也提出议案、建议或提案，建议尽快落实税收法定原则，将现行有关税收条例上升为法律。党的十八届三中全会决定提出了落实税收法定原则的明确要求，贯彻落实这一要求，加快税收立法进程，将现行税收条例上升为法律的时机已经成熟。

在提交2014年12月全国人大常委会审议的立法法修正案草案二审稿中，将税收制度单列一项，规定“税种、纳税人、征税对象、计税依据、税率和税收征收管理等税收基本制度”只能由法律规定。但在常委会审议中，对此提出了不同的意见。关于税收制度在立法法第八条中的位置，第一种意见认为，将税收基本制度与基本经济制度、财政制度等在一项中规定是适当的，不宜将其单独出来与上述事项并列规定；第二种意见认为，税收固然是财政收入的重要来源，但更重要的属性是对公民财产的无偿、强制征收，从保护公民权利的角度，应当将税收放在第八条第五项关于公民政治权利和人身权利事项之后。关于税收制度的表述，第一种意见认为，将“税收基本制度”细化后缺乏弹性，建议慎重；第二种意见建议进一步完善，修改为“税种的设立和取消，纳税人、征税对象、计税依据、税率和税收优惠等税收基本要素，以及税收征收管理等税收基本制度”；第三种意见认为，将税种与其他几项税收要素并列不够科学，税种实际上包括纳税人、征税对象、计税依据和税率。还有的意见认为，税率调整是宏观调控的重要手段之一，需要根据情况适时调整；关税等涉及的货品种类很多，其税目、税率都由法律规定无法做到。在根据常委会审议意见进行修改后提交十二届全国人大三次会议审议的立法法修正案草案中，将税收基本制度的内容移至该条第六项，规定“税种的开征、停征和税收征收管理的基本制度”。

在十二届全国人大三次会议审议过程中，一些代表提出，将税收基本要素，特别是税率予以明确列举。经过慎重研究，修改决定将“税收基本制度”的表述修改为“税种的设立、税率的确定和税收征收管理等税收基本制度”。根据这一规定，凡是单行税法都要对税率作出规定，比如企业所得税法，在设立这一税种的同时，规定税率为25%；明确税率由法律规定，并不排除税收单行法律，同时明确由国务院对具体税率作出调整，比如车船税法，在规定税目税额的同时，相应也规定了幅度，并授权国务院或者地方可以在幅度内确定具体税额或者调整。立法法的上述修改，是落实"税收法定"原则的一大进步，对今后单行税收立法具有重要意义。

为切实落实税收法定原则，全国人大常委会法工委牵头起草了贯彻落实税收法定原则的实施意见，2015 年 3 月该实施意见已经党中央审议通过。实施意见明确，开征新税的，应当通过全国人大及其常委会制定相应的税收法律，同时对现行 15 个税收条例修改上升为法律或者废止的时间作出了安排。根据实施意见，在 2020 年前将完成相关立法工作：一是不再出台新的税收条例；拟新开征的税种，将根据相关工作的进展情况，同步起草相关法律草案，并适时提请全国人大常委会审议。二是与税制改革相关的税种，将配合税制改革进程，适时将相关税收条例上升为法律，并相应废止有关税收条例。在具体工作中，有一些税种的改革涉及面广、情况复杂，需要进行试点，可以在总结试点经验的基础上先对相关税收条例进行修改，再将条例上升为法律。三是其他不涉及税制改革的税种，可根据相关工作进展情况和实际需要，按照积极、稳妥、有序、先易后难的原则，将相关税收条例逐步上升为法律。四是待全部税收条例上升为法律或废止后，提请全国人民代表大会废止《全国人民代表大会关于授权国务院在经济体制改革和对外开放方面可以制定暂行的规定或者条例的决定》。五是全国人大常委会将根据上述安排，在每年的立法工作计划中安排相应的税收立法项目。按照实施意见的要求，落实税收法定原则的改革任务，将力争在 2020 年前完成，将税收暂行条例上升为法律或者废止，并相应废止《全国人民代表大会关于授权国务院在经济体制改革和对外开放方面可以制定暂行的规定或者条例的决定》，这是一项艰巨的任务。在此期间，全国人大的授权决定仍然有效；国务院可以根据客观情况变化和税制改革需要，依据授权决定和相关税收条例的规定，对相关税收政策进行必要的调整和完善。

14. 为什么对非国有财产的征收、征用必须制定法律？

征收和征用是两个不同的法律概念。征收是指为了公共利益需要，国家将私人所有的财产强制地征归国有；征用是指为了公共利益需要而强制性地使用公民的私有财产。征收和征用既有共同之处，又有不同之处。共同之处在于，都是为了公共利益需要，都要经过法定程序，都要给予补偿。不同之处在于，征收主要是所有权的改变，征用只是使用权的改变。征收是国家从被征收人手中直接取得所有权，其结果是所有权发生了转移；征用则主要是紧急情况下对私有财产的强制性使用，一旦紧急情况结束，被征用的财产应返还原权利人。

2000 年立法法规定，对非国有财产的征收只能制定法律。当时作出这样的规定，主要是考虑对非国有财产的征收，涉及对公民、法人和其他组织财产所有权的转移。财产权是公民的一项基本权利，非依法律的规定不得被侵犯。这一权利早已被世界各国的宪法所肯定。我国宪法在保护国有财产的同时，也十分注重保护其他公共财产和公民个人的合法财产。宪法第十条第二款规定，“农村和城市郊区的土地，除由法律规定属于国家所有的以外，属于集体所有；宅基地和自留地、自留山，也属于集体所有。”第十三条第一款、第二款规定，“公民的合法的私有财产不受侵犯。”“国家依照法律规定保护公民的私有财产权和继承权。”这些规定表明，集体经济组织以及公民个人或者其他组织合法拥有非国有财产是一项宪法权利，受宪法保护。非国有财产与国有财产仍然是有严格区别的，任何组织或者个人，即使以国家的名义，也不得随意对非国有财产予以征收，使之国有化。国家为了公共利益的需要，对非国有财产实行征收，必须由法律规定。

2004 年宪法修正案为了正确处理私有财产保护和公共利益需要、公民权利和国家权力之间的关系，确立了依法征收、征用制度。宪法第十条第三款规定：“国家为了公共利益的需要，可以依照法律规定对土地实行征收或者征用并给予补偿。”宪法第十三条第三款规定：“国家为了公共利益的需要，可以依照法律规定对公民的私有财产实行征收或者征用并给予补偿。”2015 年 3 月立法法修改，根据 2004 年宪法修正案的规定，在原立法法“对非国有财产的征收”之后，增加了“征用”。

对非国有财产实行征收、征用，通常情况是适应国家出现的紧急情况和特殊需要而采取的措施。比如，国家处于战争、戒严状态，发生严重的自然灾害或者需要修建大型工程项目等情况出现时，为保护公共利益，才可以对非国有财产实行征收、征用。在正常情况下，不能对非国有财产进行征收、征用。为了使征收、征用限制在非常必要的情况下，立法法根据宪法将对非国有财产的征收、征用的事项列为全国人大及其常委会的专属立法权。

目前，还没有一部统一的对非国有财产征收的法律，但有关法律已有所规定。比如，外资企业法第五条规定：“国家对外资企业不实行国有化和征收；在特殊情况下，根据社会公共利益的需要，对外资企业可以依照法律程序实行征收，并给予相应的补偿。”军事设施保护法第十三条规定：“军事禁区、军事管理区范围的划定或者扩大，需要征收、征用土地、林地、草原、水面、滩涂的，依照有关法律、法规的规定办理。”

对于非国有财产的征用，虽然也没有一部统一的法律，但许多法律对征用作了明确的规定。如，物权法第四十四条规定：“因抢险、救灾等紧急需要，依照法律规定的权限和程序可以征用单位、个人的不动产或者动产。被征用的不动产或者动产使用后，应当返还被征用人。单位、个人的不动产或者动产被征用或者征用后毁损、灭失的，应当给予补偿。”土地管理法第二条第四款规定：“国家为了公共利益的需要，可以依法对土地实行征收或者征用并给予补偿。”此外，突发事件应对法、国防法、国防动员法、传染病防治法、反间谍法、农村土地承包法、草原法、渔业法、归侨侨眷权益保护法、电力法、戒严法等多部法律都明确规定了对非国有财产的征用及补偿。

15. 民事基本制度包括哪些事项?

“民事基本制度”即指民事活动中最主要的民事行为准则。民事活动是经济和社会生活中最广泛、最活跃的方面，因而有关规范各类民事活动的规则也是丰富多样的。但为保证国家经济和社会生活的和谐、有序，维护和促进国内市场的统一，对事关全体社会成员利益和国内市场统一的重要民事制度，必须由最高国家权力机关统一立法。民事基本制度包括以下几个方面：

（1）有关民事主体资格的制度。如有关自然人、法人以及合伙的制度。这方面，全国人大及其常委会已制定了民法通则等法律，对各类民事主体资格予以规范。

（2）有关物权方面的制度。如有关财产所有权、共有权、相邻权、担保权、抵押权、留置权、国有企业经营权、土地使用权、房地产权等方面的制度。目前，除民法通则对上述物权内容进行规范外，全国人大或者其常委会还制定了物权法、担保法、土地管理法、城市房地产管理法等法律，对各类物权制度予以规范。

（3）有关知识产权方面的制度。如有关著作权、专利权、商标权等方面的制度。目前，全国人大常委会已制定了著作权法、专利法、商标法等法律，对各类知识产权内容进行规范。

（4）有关债权方面的制度。全国人大已制定了合同法，对各类合同制度作出规定；全国人大常委会制定了侵权责任法，对侵权责任作出规定。

（5）有关婚姻家庭、收养、继承等方面的制度。这方面，全国人大及其常委会已制定了婚姻法、收养法、继承法等法律，对相关内容予以规范。

16. 基本经济制度包括哪些事项？

（1）基本经济制度

经济制度是指一定历史阶段占统治地位的生产关系的总和。基本经济制度是经济制度中占统治地位、对经济基础的性质起决定作用的那部分。其内涵包括两个方面：一是生产资料所有制的形式；二是由生产资料所有制形式所决定的分配形式。

宪法第六条规定了社会主义初级阶段我国的基本经济制度，即“坚持公有制为主体、多种所有制经济共同发展的基本经济制度”；“坚持按劳分配为主体、多种分配方式并存的分配制度”。宪法第七条规定，国有经济“是国民经济中的主导力量”；宪法第十一条第一款规定，“在法律规定范围内的个体经济、私营经济等非公有制经济，是社会主义市场经济的重要组成部分。”这说明，在社会主义基本经济制度中，国有经济占主导地位，但个体经济、私营经济作为“多种所有制经济”的内容，已成为国家基本经济制度的重要组成部分。

基本经济制度是一项十分重要的国家制度，它直接影响和决定着国家的政治制度等上层建筑，影响和决定着国家和社会的性质。目前，除宪法的有关规定外，全国人大及其常委会已就基本经济制度进行了大量立法。比如，制定了全民所有制工业企业法、外商投资企业法、中外合资企业法、中外合作企业法、个人独资企业法、合伙企业法、公司法等法律，对各种所有制形式及其分配制度作出规定。

（2）宏观调控的基本制度

为有效地组织、领导和管理经济活动，保证国民经济的持续和健康发展，不断改善人民生活，国家必须使用各种杠杆对经济的运行进行宏观调控。宪法第十五条第二款、第三款规定，“国家加强经济立法，完善宏观调控”；“国家依法禁止任何组织或者个人扰乱社会经济秩序。”这一规定表明，有关宏观调控方面的制度，必须由国家统一立法。具体来说，主要包括以下几个方面：

第一，有关财政的基本制度。财政是国家凭借政治权力，直接、强制和无偿地参与社会产品和国民收入的分配和再分配的手段。它直接涉及中央与地方，国家与企业事业单位、国家与公民个人之间的分配关系。积极、健康的国家财政是巩固社会主义经济制度，促进国民经济发展，维持上层建筑有效运作，服务于改革开放和现代化建设的重要保障。因此，有关财政制度的事项必须由国家法律予以统一规定。这方面，全国人大及其常委会已制定了预算法和加强中央预算审查监督的决定等法律，对国家的预算分配、预算管理和预算监督职权作出规定。

第二，有关海关的基本制度。海关是代表国家对进出关境活动实施监督管理的机关，其任务是依法监管进出境的运输工具、货物、行李物品、邮资物品和其他物品，征收关税和其他税费，查缉走私和办理其他海关业务。在国境线上依法统一行使海关职权，加强海关监督管理，是维护国家主权和利益，促进对外经济贸易和科技文化交往，保障社会主义现代化建设的重要条件。因此，有关海关制度的事项必须由全国人大及其常委会统一立法，任何地方权力机关和行政机关都不得就此制定地方性法规和政府规章。目前，全国人大常委会已制定了海关法，对国家海关制度作出规定。

第三，有关金融的基本制度。金融是各种金融机构之间以及它们与公民、个人或者其他组织之间，从事的货币发行、信贷、结算、信托、保险、票据贴现、汇兑往来、证券交易等活动。我国的金融体系是由中央银行、专业银行和其他金融机构组成的。对金融活动的统一和有效管理，是巩固公有制为基础的社会主义经济制度，落实国家的经济政策，协调经济发展，保持社会稳定，改善人民生活和促进对外金融交往的重要保证。因此，有关金融基本制度的事项应当由国家统一立法。改革开放以来，全国人大及其常委会十分重视金融立法，已制定了中国人民银行法、商业银行法、票据法、保险法、证券法等法律。

第四，有关外贸的基本制度。外贸即对外贸易，是在国家的统一管理下依法组织货物进出口、技术进口和国际服务贸易的活动。积极发展对外贸易，促进货物进出口与技术进口，开展国际贸易服务，是保证社会主义市场经济健康发展，促进和发展同其他国家和地区贸易关系的重要条件。但是，发展对外贸易，必须由国家制定和实行统一的对外贸易制度，以遵循平等互利的原则，依法维护公平、自由的对外贸易秩序，保障对外贸易经营者的经营自主权。因此，有关外贸的基本制度应当由全国人大及其常委会统一立法。1994 年，全国人大常委会已制定了对外贸易法，对有关外贸的基本制度作出规定。

此外，有关税收的基本制度也属于宏观调控的基本制度，修改后的立法法已将税收制度单列一项，作为第八条第六项专门规定。

17. 诉讼和仲裁制度包括哪些内容?

（1）诉讼制度。诉讼是指司法机关在当事人和其他诉讼参与人参加下，依照法定程序，为解决当事人的权利和义务而进行的活动。诉讼制度则是国家关于诉讼程序和诉讼方式的统一规定。

按照解决当事人权利和义务性质的不同，诉讼可以分为刑事的诉讼、民事的诉讼和行政的诉讼三种类型。在我国，公民的政治权利、人身自由权利和财产权利等基本的权利和自由都是由宪法直接规定的。而诉讼要解决的就是公民的基本权利和义务。解决的程序和方式当然应由法律规定。

（2）仲裁制度。仲裁是指专门的仲裁机构对平等主体的公民、法人和其他组织之间发生的经济纠纷以及其他有关利益纠纷进行公正裁决的行为。仲裁制度是指对有关仲裁机构、仲裁协议、仲裁程序等仲裁事项的统一规定。仲裁机构的性质虽与公安司法机关有所区别，但仲裁行为与司法行为一样，应当体现国家与社会的公道和正义，因此，国家有关仲裁制度的事项也必须是统一的，应当由最高立法机关制定统一的规范。目前，全国人大常委会已制定了仲裁法，对国家的仲裁制度作出规定。

18. 必须制定法律的其他事项包括哪些？

立法法第八条第十一项规定的必须由全国人大及其常委会制定法律的其他事项是一个兜底性条款。在制定立法法的过程中，不少地方和部门提出，“其他事项”的规定在理论和实践中都不好把握，不利于准确理解地方立法权限的范围，应当对全国人大及其常委会的立法权限以列举方式全部作出具体明确的规定。经过反复研究，多数意见认为，对全国人大及其常委会的专属立法权限以列举方式作出明确规定是必要的，也是可行的。但是，由于我国是单一制国家，保证中央对国家的统一领导，维护国家法制的统一，是国家的一项基本任务，也是制定立法法的宗旨；由于我国的市场经济正处于建立和发展阶段，体制改革需要一个长期的过程，法制还很不完备，有些事项马上由全国人大及其常委会制定法律条件还不成熟；又由于我国历史上长期实行中央集权，对如何清楚地进行权限划分，并且使这种权限划分既有利于维护国家的统一，又能充分调动地方的积极性，还没有足够的经验，因此，对全国人大及其常委会的专属立法权限完全作出清楚和排他性的列举还有困难。比较符合实际的做法是，根据宪法，将已被实践证明必须由全国人大及其常委会制定法律的重大事项，明确列举出来。同时，为保证中央对国家的统一领导和国家法制的统一，保证全国人大及其常委会能够始终有效地行使最高国家权力，对其立法权限保留一项“兜底性”的规定，又是十分必要的。

允许对“其他事项”进行立法也是宪法赋予全国人大及其常委会的重要职权。宪法第六十二条用十五项内容列举了全国人大行使职权的范围。其中，前十四项都是以具体明确列举的方式规定了全国人大的职权，但考虑到全国人大作为最高国家权力机关的地位和作用，难以对其权限作出全部列举，因此，第十五项规定，全国人大有权行使“应当由最高国家权力机关行使的其他职权”。根据这一规定，全国人大认为应当由自己行使的，全国人大有权行使，其中凡需要制定法律的，全国人大都有权进行立法。

只能由全国人大及其常委会制定法律的“其他事项”的内容包括两个方面：

一方面，在宪法明确规定的45处应当由法律规定的事项中，除了已经被立法法第八条前九项明确列举为专属立法权的事项以外的事项，都应当属于专属立法权的“其他事项”范围。比如，宪法第十八条第一款规定，“中华人民共和国允许外国的企业和其他经济组织或者个人依照中华人民共和国法律的规定在中国投资，同中国的企业或者其他经济组织进行各种形式的经济合作”；第十九条第四款规定，“国家鼓励集体经济组织、国家企业事业组织和其他社会力量依照法律规定举办各种教育事业”；第四十四条规定，“国家依照法律规定实行企业事业组织的职工和国家机关工作人员的退休制度”等。立法法第八条虽然没有将外国企业和其他经济组织或者个人在中国的投资、合作的事项，集体经济组织、国家企业事业组织和其他社会力量举办教育事业的事项，以及企业事业单位职工和国家机关工作人员退休制度的事项等内容，明确列举为专属立法事项，但依据宪法的规定，这些事项只能由全国人大及其常委会制定法律予以规定。因而应当将这些事项纳入专属立法权中“其他事项”的范围。

另一方面，宪法虽然没有规定某一事项应当制定法律，但有关法律规定该事项应当由法律规定的，这一事项就应当属于专属立法权中“其他事项”范围。比如，《中华人民共和国枪支管理法》第三条第一款规定：“国家严格管制枪支。禁止任何单位或者个人违反法律规定持有、制造（包括变造、装配）、买卖、运输、出租、出借枪支。”这说明，有关单位或者个人持有、制造、买卖、运输、出租和出借枪支的事项，只能由法律予以规定。再比如，《中华人民共和国国家赔偿法》第五条规定："属于下列情形之一的，国家不承担赔偿责任：（一）行政机关工作人员与行使职权无关的个人行为；（二）因公民、法人和其他组织自己的行为致使损害发生的；（三）法律规定的其他情形。"这一规定说明，国家机关及其工作人员违法行使职权，侵犯公民、法人和其他组织的合法权益造成损害的，国家应当予以赔偿，而国家不承担赔偿责任的情形，只能由法律予以规定。

19. 全国人大及其常委会可以就专属立法权以外的事项制定法律吗？

全国人民代表大会及其常务委员会专属立法权的事项，是指只能由法律规定的事项，不是全国人民代表大会及其常务委员会只能对这些事项制定法律。只能由法律规定的事项与法律只能对某些事项制定法律，是不同的概念。法律规定的事项要比只能由法律规定的事项广泛。现在已制定的法律中有许多是专属立法权范围以外的事项，如教育、环境保护等方面的法律。区别在哪里呢？专属立法权所列的事项，法规不能规定，在尚未制定法律前，法规只有根据授权才能规定；而不属于专属立法权的事项，在没有制定法律之前，原则上法规可以先规定，不需要授权。由法律规定的事项是列举不尽的，凡是需要制定规范的事项，都可以制定法律。在立法法征求意见的过程中，有的主张增加一些事项，理由是现有法律中有不少是超出专属立法权的事项的。所以产生这种误解，就是没有分清专属立法权和法律能够制定的事项的区别。

划出专属立法事项，只是说明，这些专属事项只能由全国人大及其常委会制定法律，其他国家机关非经授权不得对上述专属事项予以规范。但这并不意味着，全国人大及其常委会只能在专属立法权范围内开展立法，对专属立法权之外的其他事项，比如有关教育、科学、文化、卫生、体育、环境保护等社会生活各个方面的事项，全国人大及其常委会仍然可以制定法律。实际上，全国人大及其常委会在这些方面也已经制定出相当多的法律。在专属立法权之外，法规先作了规定的，不妨碍制定法律；法律制定后，应当以法律为准，与法律相抵触的无效。

20. 全国人大及其常委会可以对专属立法权的事项授权国务院进行立法吗？

授权立法，是指全国人大及其常委会根据立法法第八条的规定，对专属立法权范围内的事项作出决定，授权国务院制定行政法规的活动。

（1）授权立法的范围

在立法法制定过程中，有一种意见认为，立法法规定的授权立法，应当既包括专门作出授权决定的授权，又包括法条授权。经反复研究，最后没有采纳这一意见。主要考虑是：第一，法律规定要求有关机关作出规定的，性质不尽一样。有些本来属于应由法律规定的，因制定该法律时，由法律作统一规定的条件还不太成熟，所以授权有关机关作规定。也有一些本来就不是应由法律作规定的，而是为保证法律的贯彻执行，要求有关机关制定相应的规定，这种情况并不是一种授权，而是一种义务性规定。所以，如何区分法律中哪些规定属于授权，哪些不属于授权，比较困难。第二，根据法条授权制定有关规定，将其归于执行法律，不作为授权立法看待，有利于加强对专门决定的授权的规范。

（2）授权主体

授权主体，就是有权作出授权决定，赋予其他国家机关行使某种立法权的国家机关。根据立法法，只有全国人大及其常委会才能成为授权主体。这是因为，根据宪法规定，全国人大及其常委会行使国家立法权。国家立法权具有最高性、主权性、独立性的特点，因此，它可以派生其他立法权。虽然国务院可以制定行政法规，省、自治区、直辖市人大及其常委会可以制定和批准地方性法规，民族自治地方人民代表大会可以制定自治条例和单行条例，国务院各部门和有关地方政府可以制定规章，但行政法规、地方性法规、自治条例和单行条例、规章的制定权不是国家立法权，其本身是国家授予的，不具有派生其他立法权的功能，不能授权其他机关行使立法权。因此，国务院和省、自治区、直辖市人大及其常委会、民族自治地方的人民代表大会、国务院各部门和有关地方政府，不能成为授权主体。

（3）被授权主体

被授权主体，是指被授予立法权的机关。立法法第九条规定，全国人大及其常委会有权作出决定，授权国务院可以根据实际需要，就专属立法权范围内的部分事项，先制定行政法规。根据这一规定，对于全国人大及其常委会专属立法权范围内的部分事项，被授权主体只能是国务院，不包括地方人大及其常委会。主要考虑是：第一，除全国人大及其常委会的专属立法权外的事项，如果没有制定法律、行政法规时，可以先制定地方性法规。这个问题立法法中已有规定。第二，只能制定法律的事项，都是政治、经济等基本制度，如果制定法律的条件不成熟，可以授权国务院制定行政法规，有利于中央对改革的领导，也有利于法制的统一。第三，如果是因为个别地方特殊情况的需要，可以对该地方进行授权，但不宜作为一项基本制度确定下来。

1984 年和 1985 年，全国人大及其常委会曾两次作出决定，在立法问题上，对国务院进行授权，这两次授权对我国改革开放以来的立法工作产生了重大影响。

1984 年 9 月 18 日，六届全国人大常委会第七次会议决定，“授权国务院在实施国营企业利改税和改革工商税制过程中，拟定有关税收条例，以草案形式发布试行，再根据试行的经验加以修订，提请全国人大常委会审议。”在国外，有关税收事项的立法权是专属于议会的。在我国，如何确定公民的纳税义务，也必须由全国人大及其常委会予以规定。上述授权基于的情况是，相关税制改革方面的事项由于法律规定的条件不成熟，但在实践中又需要对一些改革措施予以规范，并为制定法律积累经验，因此，人大常委会将这一专属立法权的事项授予国务院行使。但这项授权是十分慎重和严格的。全国人大常委会在授权决定中要求，国务院根据授权制定的税收条例，只能以草案形式发布，并需要根据试行的经验加以修订，提请全国人大常委会审议。1985 年 4 月 10 日，六届全国人大三次会议作出决定，授权国务院对于有关经济体制改革和对外开放方面的有关问题，必要时可以根据宪法，在同有关法律和全国人大及其常委会的有关决定的基本原则不相抵触的前提下，制定暂行的规定或者条例，颁布实施，并报全国人大常委会备案。这是一项范围相当广泛的授权。根据授权决定，在经济体制改革和对外开放方面，国务院根据宪法，既可以对应当由全国人大及其常委会制定法律，又尚未制定法律的事项先制定行政法规，也可以在根据有关法律和决定制定暂行的规定或者条例时，对有关法律和决定作出修改和补充性的规定。但国务院无论是对有关事项先制定行政法规，还是制定规定或者条例时对有关法律和决定作出修改和补充，都不得同有关法律和全国人大及其常委会的有关决定的基本原则相抵触。由于这一授权范围相当广泛，为保证国务院正确使用这一授权，全国人大在这一授权决定中还规定，国务院对于根据该授权决定制定的行政法规，须报全国人大常委会备案；经过实践检验，条件成熟时由全国人大或者全国人大常委会制定法律。

2009 年 6 月 27 日，十一届全国人大常委会第九次会议通过了关于废止部分法律的决定，废止了 1984 年的授权决定。这主要考虑到，1984 年授权决定主要是解决经济体制改革初期国营企业利改税和改革工商税制的问题，决定通过当日国务院发布了产品税、增值税、盐税、营业税、资源税、国营企业所得税等六个税收条例草案试行。在全国人大作出 1985 年授权决定后，已将 1984 年授权决定覆盖。依据 1984 年授权，国务院已制定了一系列税收暂行条例，未再以草案形式发布此类税收条例草案试行。1993 年，国务院发布的有关增值税等几个税收暂行条例已明确将上述六个税收条例草案废止。

21. 全国人大及其常委会可以就哪些事项授权国务院制定行政法规?

国务院可以获得授权的范围，是全国人大及其常委会专属立法权范围内尚未制定法律而又可以授权的事项。具体包括以下几层含义：

（1）授权的范围是全国人大及其常委会专属立法权范围内的事项。对于属于全国人大及其常委会专属立法权范围的事项，国务院无权制定行政法规。如果要制定行政法规，就应当取得授权。

（2）该事项必须是全国人大及其常委会尚未制定法律予以调整的。如果已经制定法律，就不须授权。

（3）该事项必须是由全国人大及其常委会制定法律的条件还不成熟。制定法律条件成熟的事项，就应当直接制定法律，也不须授权。

（4）该事项应当是急需制定法规予以调整的，如果不及时通过授权立法予以调整，将影响到国家政治、经济和社会生活的一个方面乃至全部，影响国务院行政管理工作的顺利进行。

（5）该事项必须是可以授权的。专属立法权范围内有些事项在任何情况下都只能由全国人大及其常委会制定法律，而不得授权国务院制定行政法规。

在立法法第八条所列举的专属立法权中，绝大多数已有法律的规定。比如，在国家主权方面，已有缔结条约程序法、国防法、兵役法等；在国家机构的产生、组织和职权方面，已有国务院组织法和地方组织法等；在特别行政区制度、民族区域自治制度和基层群众自治制度方面，已有香港特别行政区和澳门特别行政区的基本法、民族区域自治法和村委会组织法、居委会组织法等；等等。

除去已有法律规定的事项外，下列事项也不能授权国务院制定行政法规：一是有关犯罪和刑罚的事项；二是对公民政治权利的剥夺和限制公民人身自由的强制措施和处罚的事项；三是有关司法制度的事项等。为什么这些事项不能授权呢？

第一，在我国，人民是国家的主人，国家的一切权力属于人民，人民行使权力的机关是全国人大和地方各级人大。全国人民代表大会是最高国家权力机关，全国人大常委会是它的常设机关，全国人大及其常委会集中了全体人民的意志和利益，是全体人民的代表机关。因此，有关全体公民基本权利和人身自由的事项，应当由最高国家权力机关决定。而犯罪与刑罚，涉及公民的基本权利和自由，其立法权只能属于全国人大及其常委会，不应让渡和转授。

第二，对公民政治权利的剥夺、限制公民人身自由的强制措施和处罚，也是涉及公民基本权利和自由的事项，其立法权也只能专属于全国人大及其常委会。虽然刑法已将剥夺政治权利作为刑罚的一种予以规定，但是，由于言论、出版、集会、结社、游行示威等政治权利和自由，是公民十分重要的权利，对公民违法行为剥夺政治权利的处罚只能由全国人大及其常委会设定，任何机关都不得擅自设定剥夺政治权利的处罚。在实践中，适应形势发展的需要，有可能除了刑法规定的现有犯罪种类以外，还需要对新的罪名设定剥夺政治权利的处罚；在特殊情形下，有可能还需对某一危害社会但又不足以构成犯罪的行为规定剥夺政治权利的处罚，但是，这种处罚的设定权只能专属于全国人大及其常委会，而不得授予其他任何机关。

第三，对有关司法制度事项的立法，全国人大及其常委会不得进行授权。司法制度包括两个方面的内容，一是有关司法机关的产生、组织和职权方面的制度。包括人民法院、人民检察院的产生、组织和职权制度，以及公安机关、国家安全机关在司法程序中的侦查制度。二是有关诉讼的制度。包括刑事诉讼程序、民事诉讼程序、行政诉讼程序中诉讼原则、诉讼法律关系、侦查制度、起诉制度、证据制度、辩护制度、审判制度、法律监督制度和执行制度等内容。由于人民法院、人民检察院都由人大产生，对人大负责，受人大监督，在行使职权方面，人民政府与人民法院和人民检察院之间没有领导和被领导、管理和被管理的关系；也由于国家的侦查、审判和检察工作直接体现了社会的正义和公道，与全体公民的基本权利和自由密切相关，因此，有关人民法院、人民检察院的产生、组织和职权制度，有关公安机关、国家安全机关与诉讼程序相关的职权制度，以及诉讼程序中各项制度的事项，只能由全国人大及其常委会制定法律予以规范，而不得进行授权。

22. 授权决定应当包括哪些内容？

2000 年立法法针对授权立法的实际情况和问题作出规范，规定授权决定应当明确授权目的、范围。2015 年立法法修改，针对现行授权立法规定比较原则，以往有些授权范围过于笼统、缺乏时限要求等问题，增加规定，授权决定不仅应当明确授权的目的、范围，还要明确授权的事项、期限以及被授权机关实施授权决定应当遵循的原则等。根据修改后的立法法的规定，今后作出授权决定，上述授权基本要素都要在授权决定中予以明确。这样规定，将更有利于全国人大及其常委会在授权决定中对立法授权的基本要素进行统一规范，有利于促进被授权机关严格按照授权决定的要求进行立法，有利于加强授权机关对被授权机关立法活动的监督。

（1）授权目的

授权目的是指授权机关对其他机关作出立法授权的宗旨。授权机关根据授权目的作出授权决定，被授权机关根据授权目的进行立法。

授权目的是授权立法的前提，授权目的明确，有利于被授权机关遵循授权目的制定具体规则。从全国人大常委会的授权来看，通常在授权决定中明确授权的目的，比如，1985 年六届全国人大常委会关于授权国务院在经济体制改革和对外开放方面可以制定暂行规定或者条例的决定中，就明确了这一授权的目的是“为了保障经济体制改革和对外开放的顺利进行”。

（2）授权事项和范围

授权事项和范围是指授权机关允许被授权机关进行立法的事项及其范围。授权事项和范围是由授权目的决定的。比如，1984 年全国人大常委会适应国家工商税制改革的需要，决定在实施国营企业利改税和改革工商税制两个方面授权国务院制定有关条例草案。但 1985 年授权决定的事项和范围比较笼统，不够明确。授权决定中规定，授权国务院对于有关经济体制改革和对外开放方面的问题，制定暂行的规定或者条例，颁布实施。哪些事项属于“有关经济体制改革和对外开放方面的问题”，并不明确。实践中，国务院根据该授权决定颁布实施了一系列的税收暂行条例。目前，现行的 18 个税种中，除个人所得税、企业所得税、车船税由法律规定征收外，增值税、消费税、营业税、资源税、城镇土地使用税、土地增值税、房产税、城市维护建设税、车辆购置税、印花税、契税、耕地占用税、烟叶税、船舶吨税、关税（海关法只规定征收关税，但具体税收要素由条例规定）等 15 个税种由国务院制定的有关暂行条例规定征收。

（3）授权期限

修改前的立法法没有对授权立法的期限作出明确规定。立法法修改调研和审议过程中，不少地方、部门和专家建议在立法法中明确规定授权应当有明确的期限，比如三年或者五年。期限届满，授权即行终止，如果需要继续授权，可以重新作出决定。由于授权立法通常是试验性、先行性的事项，经过实践检验条件成熟时，应当及时制定法律，因此，授权立法应当有期限要求。修改立法法的决定明确将授权期限规定为授权确定的内容之一，同时，修改决定增加规定，授权的期限不得超过五年，但是授权决定另有规定的除外。根据这一规定，授权决定规定的期限一般不得超过五年，也就是说，授权期限应当在五年内予以规定。需要说明的是，根据法不溯及既往原则，关于授权期限的规定，不适用于立法法修改前已经作出的授权决定。

（4）被授权机关实施授权决定应当遵循的原则

被授权机关实施授权决定应当遵循的原则，是指被授权机关行使被授予的权力时必须依据的准则。授权决定通常都对被授权机关应当遵循的原则有明确规定。例如，1985 年全国人大关于授权国务院在经济体制改革和对外开放方面可以制定暂行的规定或者条例的决定中明确规定，授权国务院“必要时可以根据宪法，在同有关法律和全国人民代表大会及其常务委员会的有关决定的基本原则不相抵触的前提下”，制定暂行的规定或者条例。

23. 被授权机关应当履行哪些义务?

被授权机关有报告的义务。被授权机关应当在授权期限届满的六个月以前，向授权机关报告授权决定实施的情况，并提出是否需要制定有关法律的意见。规定在授权期限届满的六个月以前报告，是为了给继续授权或者制定有关法律留出工作时间，避免授权期限届满出现法律适用真空的情形。

被授权机关还可以提出关于继续授权的意见，由全国人大及其常委会决定。如果被授权机关认为授权立法事项制定法律的条件尚不成熟，需要继续实施授权立法的，应当在向授权机关报告授权决定实施情况的同时，提出继续授权的意见，由被授权机关，即全国人大及其常委会决定是否继续授权。

24. 授权立法事项何时终止？

立法法第十一条规定："授权立法事项，经过实践检验，制定法律的条件成熟时，由全国人民代表大会及其常务委员会及时制定法律。法律制定后，相应立法事项的授权终止。"

（1）条件成熟即应制定法律

判断制定法律的条件是否成熟主要应当依据以下两个标准：第一，由授权立法调整的某一社会关系是否定型。在改革开放中，会出现许多急需制定规范予以调整的新的社会关系。全国人大及其常委会决定授权其他机关制定法规对某一社会关系进行调整时，还难以判断该社会关系是否能稳定下来，需要多长时间才能稳定下来。而当经过授权立法的规范和实践活动，这一社会关系趋于定型后，即应当制定法律予以规范。第二，经过授权立法是否已经积累了一定经验。对某一社会关系，由全国人大及其常委会制定法律还不具备足够的经验和方法，可以授权其他机关制定法规予以规范。当法规积累了足够的经验和方法时，即应当制定法律予以规范。1984 年和 1985 年全国人大及其常委会两次对国务院作出授权决定，国务院根据两个授权决定，制定了一系列税收条例以及有关经济体制改革和对外开放方面的行政法规。其中，经过实践检验，有的条件成熟后，已经由全国人大及其常委会制定为法律。

条件成熟即应当制定法律，是对被授权机关与授权机关两方面提出的要求。一方面，被授权机关在制定法律的条件成熟时，应当主动就被授权的事项提请全国人大及其常委会制定法律。比如，根据 1985 年全国人大授权国务院对有关经济体制改革和对外开放方面问题制定暂行规定或者条例的决定，国务院在这两个方面享有广泛的制定行政法规的权力。但是，当这两方面的某一事项制定法律的条件成熟时，国务院就应当及时提请制定法律。多年来，许多法律案就是这样提出来的。另一方面，制定法律条件成熟时，全国人大及其常委会自身也应当及时和主动制定法律。作为国家立法机关，及时和主动制定法律，不仅是全国人大及其常委会的重要权力，也是它的重要职责。

（2）授权的终止

授权立法的事项一经制定法律，就意味着该项授权的终止。法律制定后，根据授权制定的行政法规自然就失去效力。因为法律的效力高于行政法规；对同一事项的调整，以法律的规定为准，行政法规不得同法律相抵触。今后，随着授权领域里法律的不断制定，原来授权的范围将逐步缩减直至终结。根据 1985 年授权制定的税收暂行条例适应了改革开放的需要，与几部税法一道构建了适应社会主义市场经济需要的税收制度，为保障改革开放和社会主义市场经济体制的建立发挥了重要作用。随着社会主义市场经济的发展和中国特色社会主义法律体系的形成和完善，我国已经基本形成了多税种、多环节、多层次的税收体系，税收制度基本建立并日趋完善。贯彻落实税收法定原则，将现行税收条例上升为法律，实现所有税种的设立、征收、管理等均由法律规范的时机已经成熟。2015 年 3 月，党中央审议通过的《贯彻落实税收法定原则的实施意见》中提出，2020 年前将相关税收条例上升为法律，并相应废止有关税收条例；待全部税收条例上升为法律或废止后，全国人大将按照法定程序废止 1985 年的授权决定。

25. 被授权主体行使被授予的权力的基本规则是什么？

立法法第十二条规定：“被授权机关应当严格按照授权决定行使被授予的权力。被授权机关不得将被授予的权力转授给其他机关。”

（1）严格按照授权决定行使被授予的权力

全国人大及其常委会对国务院的两次授权，作用和效果是好的。但为严格规范授权立法，保证被授予的权力合法合理行使，有必要对被授权机关行使被授予权力作出规范。为此，立法法第十二条第一款明确规定，被授权机关应当严格按照授权决定行使被授予的权力。结合第十条第一款的规定，也就是说，被授权机关应当严格按照授权决定中的授权目的、事项、范围、期限以及被授权机关实施授权决定应当遵循的原则等行使被授予的权力。

（2）不得进行转授权

全国人大及其常委会对国务院进行授权，授权的效力仅指向国务院而非其他机关。被授权机关对于被授予的权力，只能按照授权的决定去认真行使，而无权将授权事项再转授予其他机关。如果被授权机关不需要该项权力或者无力行使该项权力，可以向授权机关提出，由授权机关制定法律或者决定收回该项权力。根据这一规定，国务院不得将被授予的权力转授给国务院所属部门、地方政府等。

26. 什么情况下可以在部分地方暂时调整或者暂时停止法律部分适用?

我国的法治建设与改革开放相伴而生、相伴而行，处理好立法与改革的关系、法律的稳定性与变动性的关系，是改革开放以来我国法治建设的重要课题。法律的特点是“定”，保持法律的稳定性、维护法律的权威、避免朝令夕改，是法治的要求。改革是发展的动力和实现稳定的保障，但改革的特点是“变”，需要突破原有规则。改革开放初期，法律法规比较少，往往是改革实践走在前面，通过立法巩固改革成果。在中国特色法律体系已经形成、国家和社会生活各方面总体实现有法可依的新的起点上，必须做到改革决策与立法决策紧密结合、协调同步，在法治轨道上推进各项改革。近年来，为进一步深化改革、扩大开放，加快政府职能转变，全国人大常委会通过了一系列决定，确保改革在法治轨道上运行、在法治框架内推进，包括：①《全国人大常委会关于授权国务院在北京市大兴区等三十三个试点县（市、区）行政区域暂时调整实施有关法律规定的决定》（2015 年 2 月）；②《全国人大常委会关于授权国务院在中国（广东）、中国（天津）、中国（福建）自由贸易试验区以及中国（上海）自由贸易试验区扩展区域暂时调整有关法律规定的行政审批的决定》（2014 年 12 月）；③《全国人大常委会关于授权最高人民法院、最高人民检察院在部分地区开展刑事案件速裁程序试点工作的决定》（2014 年 6 月）；④《全国人大常委会关于授权国务院在中国（上海）自由贸易试验区暂时调整有关法律规定的行政审批的决定》（2013 年 8 月）；⑤《全国人大常委会关于授权国务院在广东省暂时调整部分法律规定的行政审批的决定》（2012 年 12 月）。

党的十八届四中全会决定提出，"实现立法和改革决策相衔接，做到重大改革于法有据、立法主动适应改革和经济社会发展需要。实践证明行之有效的，要及时上升为法律。实践条件还不成熟、需要先行先试的，要按照法定程序作出授权。对不适应改革要求的法律法规，要及时修改和废止。"根据十八届四中全会的要求，总结近年来的实践，2015 年立法法修改增加规定："全国人民代表大会及其常务委员会可以根据改革发展的需要，决定就行政管理等领域的特定事项授权在一定期限内在部分地方暂时调整或者暂时停止适用法律的部分规定。"

（1）关于授权的事项

暂时调整或者暂时停止法律部分规定的事项，应限于行政管理等领域的特定事项。行政管理是指国家行政机关对社会公共事务的管理，行政管理事项范围比较广泛，包括经济建设、文化教育、市政建设、社会秩序、公共卫生、环境保护等各个方面。授权决定的事项限于行政管理等领域，同时必须是改革发展中的特定事项，不能就不特定事项一揽子授权。近年来全国人大常委会作出的五个授权决定，其中四个属于行政管理领域的特定事项：《关于授权国务院在广东省暂时调整部分法律规定的行政审批的决定》、《关于授权国务院在中国（上海）自由贸易试验区暂时调整有关法律规定的行政审批的决定》、《关于授权国务院在中国（广东）、中国（天津）、中国（福建）自由贸易试验区以及中国（上海）自由贸易试验区扩展区域暂时调整有关法律规定的行政审批的决定》都涉及调整部分法律规定的行政审批事项；《关于授权国务院在北京市大兴区等三十三个试点县（市、区）行政区域暂时调整实施有关法律规定的决定》涉及暂时调整实施《中华人民共和国土地管理法》、《中华人民共和国城市房地产管理法》关于农村土地征收、集体经营性建设用地入市、宅基地管理制度的有关规定。

（2）关于授权的期限

暂时调整或者暂时停止适用法律的部分规定，是根据改革发展的需要进行的先行先试，因此必须强调其暂时性，必须对授权作出期限的规定，也就是所谓的“日落条款”的规定，并且试点时间也不宜定得太长，要把握修改决定将其限于“暂时”的要求。从近年来全国人大常委会通过的五个授权决定看，都有授权期限的规定。《关于授权国务院在广东省暂时调整部分法律规定的行政审批的决定》、《关于授权国务院在中国（上海）自由贸易试验区暂时调整有关法律规定的行政审批的决定》、《关于授权国务院在中国（广东）、中国（天津）、中国（福建）自由贸易试验区以及中国（上海）自由贸易试验区扩展区域暂时调整有关法律规定的行政审批的决定》规定的期限都是三年；《关于授权最高人民法院、最高人民检察院在部分地区开展刑事案件速裁程序试点工作的决定》规定的试点期限是二年；《关于授权国务院在北京市大兴区等三十三个试点县（市、区）行政区域暂时调整实施有关法律规定的决定》规定在 2017 年 12 月 31 日前试行。

（3）报告制度

暂时调整或者暂时停止适用法律的部分规定通常是试点性的改革措施，是为进一步全面改革积累实践经验，因此，试点期限届满，应当及时对试点工作进行总结评估，并进行相应处理。对此，立法法第十三条未作明确规定，但在全国人大常委会的授权决定中，都明确规定，被授权机关及时总结试点工作经验，并就暂时调整实施有关法律规定的情况向全国人民代表大会常务委员会作出报告。对实践证明可行的，修改完善有关法律；对实践证明不宜调整的，恢复施行有关法律规定。

需要注意的是，这一新制度涉及法制统一这一重大法制原则，根据十八届四中全会的精神，实践中应区分不同的改革事项和不同的情况，科学合理地采用不同的立法适应改革的方式。并不是所有的改革事项都必须采取这一方式，有的改革事项经过充分论证，具备修改或者废止法律条件的，应当做好顶层设计，及时修改或者废止法律。只有实践条件还不成熟、需要先行先试的，才能采取暂时调整或者暂时停止适用法律部分规定的方式。

27. 制定地方性法规应当遵循什么原则？

宪法第一百条规定："省、直辖市的人民代表大会和它们的常务委员会，在不同宪法、法律、行政法规相抵触的前提下，可以制定地方性法规，报全国人民代表大会常务委员会备案。"地方组织法第七条和第四十三条对宪法的规定作出了补充，规定：省、自治区、直辖市以及设区的市的人大及其常委会，根据本行政区域的具体情况和实际需要，在不同宪法、法律、行政法规相抵触的前提下，可以制定和颁布地方性法规。对于制定地方性法规应当遵循的原则，立法法在第七十二条中对宪法和地方组织法的规定进行了重申。

（1）根据本行政区域的具体情况和实际需要的原则

地方性法规的特性之一是具有地方性，也就是说，第一，制定地方性法规的主体只能是地方国家权力机关；第二，地方性法规的内容应适应地方的实际情况，解决本行政区域的实际问题；第三，地方性法规的效力只限于本行政区域，超出本行政区域即没有约束力。

在制定地方性法规的过程中，无论是制定执行性的地方性法规，还是在中央尚未立法而先行立法的情况下，都要注意根据本地方的具体情况和实际需要，有针对性地立法。那种在地方立法中贪大求全的倾向，是不可取的。另外，地方性法规所规范的事项，应只限于本行政区域，不能超越这个范围。如有的地方性法规的内容涉及水污染治理的事项，如果水域只限于本行政区域，本地方制定这样的法规无疑是可以的；但如果水域是跨不同的行政区域的，那么一个行政区域的地方性法规对全流域的污染问题作出规定，就是不适当的，即使制定出来，也无法得到执行。

（2）不同宪法、法律、行政法规相抵触的原则

宪法是国家的根本大法，法律、行政法规是地方性法规的上位法，制定地方性法规不能同宪法、法律和行政法规相抵触，否则即是无效的。多年来，由于宪法和法律对于地方性法规的权限未作具体界定，因此，对于何谓“不抵触”，在理论界和实践中有不同的理解。有的意见认为，既然宪法和法律对地方性法规只规定不相抵触原则和报备案制度，对地方立法权限并无明确的限制性规定，因此，地方性法规只要遵循了不抵触原则，只要是地方实际需要的，都可以制定，即使涉及中央统一管理的事项，地方性法规也不是不可以规定。有的意见则认为，地方性立法从属于中央立法，地方性法规不仅不能同宪法、法律和行政法规的规定不一致，对于中央尚未立法的事项，地方性法规不应先行立法。无论从理论和实践上看，上述两种对“不抵触”原则或过宽或过窄的理解都是有失偏颇的。

我国宪法规定，中央和地方国家机构的职权划分，遵循在中央统一领导下充分发挥地方主动性、积极性的原则。“不抵触”原则正是在地方性法规与中央立法的关系上体现了上述中央与地方关系总的原则。根据不抵触原则，首先，地方性法规的制定要有利于国家法制统一，只能由法律规定的事项，地方性法规不能涉及；法律、行政法规已经作出规定的，地方性法规不能与之相违背。其次，在地方性法规的制定中，应充分发挥地方立法的主动性和积极性，通过制定地方性法规，结合

本地方的具体情况和实际需要，因地制宜，保证宪法、法律和行政法规的实施，同时有针对性地解决地方性事务。对于专属立法权之外的事项，考虑到国家处于改革时期，中央立法不能一步到位的，地方可以先行立法，在总结实践经验后，再上升为中央立法。比如，行政强制法第十一条第一款规定，法律对行政强制措施的对象、条件、种类作了规定的，地方性法规不得作出扩大规定；第十条第三款规定，尚未制定法律、行政法规，且属于地方性事务的，地方性法规可以设定查封场所、设施或者财物，扣押财物的行政强制措施。

28. 地方性法规的制定主体包括哪些？

新中国成立后，我国地方立法经历了三个阶段：

第一阶段是从 1949 年新中国成立到 1954 年宪法颁布。1949 年 12 月 26 日，中央人民政府政务院制定的《大行政区人民政府委员会组织通则》规定：大行政区人民政府或军政委员会有权根据共同纲领和国家的法律、法令，以及中央人民政府规定的施政方针和政务院颁布的决议、命令，拟定与地方政务有关的暂行法令、条例，报政务院批准或备案。1950 年 1 月 6 日中央人民政府政务院制定的《省、市、县人民政府组织通则》规定：省、市、县人民政府有权拟定与省政、市政、县政有关的暂行法令、条例或单行法规，报上级人民政府批准或备案。这一时期，地方制定暂行法令、条例或者单行法规的活动，还不能称之为现在所说的地方立法，但具有地方立法的萌芽。

第二阶段是从 1954 年宪法的颁布至 1979 年地方组织法的颁布。1954 年宪法确立了由中央统一行使国家立法权的制度，取消了一般地方享有的法令、条例拟定权，仅规定民族自治地方有权制定自治条例、单行条例，全国人民代表大会是行使国家立法权的唯一机关，全国人大常委会负责解释法律、制定法令。1975 年宪法和 1978 年宪法在立法权方面也作了类似的规定。

第三阶段是从1979年地方组织法施行以后。1979年地方组织法规定省级人大及其常委会行使地方性法规制定权，第一次以法律的形式赋予地方立法权。1982年五届全国人大五次会议通过的宪法，确认了1979年地方组织法规定的地方立法制度。宪法第一百条规定："省、直辖市的人民代表大会和它们的常务委员会，在不同宪法、法律、行政法规相抵触的前提下，可以制定地方性法规，报全国人民代表大会常务委员会备案。"这次会议还对地方组织法进行了修改，规定了省会市和经国务院批准的较大的市的人大常委会有权拟订地方性法规草案提请省级人大常委会审议制定。1986年，再次修改地方组织法，进一步规定省会市和较大的市的人大及其常委会有权制定地方性法规报省级人大常委会批准后施行。2000年制定立法法时又增加规定，经济特区所在地的市的人大及其常委会也可以制定地方性法规。为落实党的十八届四中全会关于"依法赋予设区的市地方立法权"精神，2015年修改立法法时，明确规定所有设区的市的人大及其常委会可以根据本市的具体情况和实际需要，在不同宪法、法律、行政法规和本省、自治区的地方性法规相抵触的前提下，对城乡建设与管理、环境保护、历史文化保护等方面的事项制定地方性法规。

根据立法法第七十二条的规定，地方性法规的立法主体包括：

（1）省、自治区和直辖市人大及其常委会。目前，我国除台湾省外共有22个省、5个自治区和4个直辖市。

（2）设区的市。在立法法修改前，除省、自治区和直辖市以外，只有"较大的市"有制定地方性法规的权限。修改前的立法法所称的"较大的市"包括三类：省会市、经济特区所在地的市以及经国务院批准的较大的市。2000年的立法法将上述几种享有地方立法权的城市统一称为较大的市，主要是考虑到在其他章节尤其是在第五章适用与备案中涉及上述主体时，表述起来比较方便。在立法法修改前，我国共有49个较大的市享有地方性法规制定权，包括27个省会市、18个经国务院批准享有地方性法规制定权的较大的市以及 4 个经济特区所在地的市。还有 235 个其他设区的市没有地方立法权（注：立法法修改后，2015 年 4 月初，国务院又批复同意西藏自治区撤销林芝地区设立林芝市）。18 个经国务院批准享有地方性法规制定权的较大的市包括：1984 年国务院批准的唐山市、大同市、包头市、大连市、鞍山市、抚顺市、吉林市、齐齐哈尔市、无锡市、淮南市、青岛市、洛阳市（同时批准的重庆市目前已升为直辖市）；1988 年批准的宁波市；1992 年批准的淄博市、邯郸市和本溪市；1993 年批准的徐州市、苏州市。4 个经济特区所在地的市包括：深圳市、厦门市、珠海市和汕头市。

改革开放以来，地方经济社会发生了巨大的变化，许多设区的市规模相当大，按照国务院 2014 年 11 月公布的城市规模新标准，特大城市（常住人口 500 万—1000 万人口）的设区的市有 87 个，占 30%；有的甚至超过 1000 万人口（超大城市），如目前还没有立法权的山东的临沂、河南的南阳；大型城市（300 万—500 万人）设区的市有 82 个，占 29%，大型、特大型城市加起来近 60%。管理这样一个人口众多的区域，特别是随着城镇化建设的发展，与其相关的土地、人口、环境、城乡建设与管理、社会治理等问题日益复杂，当然要靠法治来管理，除了国家的法律法规、省一级的法规，还有一些具有本行政区域特点和特别需要的事项，国家和省级不可能专门立法，所以有必要按照依法治国的要求赋予其地方立法权。近年来，一些全国人大代表多次提出议案、建议，要求增加具有地方立法权的较大的市的数量。一些设区的市向国务院提出申请，要求批准为较大的市，享有地方性法规制定权。党的十八届三中全会提出，逐步增加有地方立法权的较大的市的数量，十八届四中全会进一步明确提出依法赋予设区的市地方立法权。这就要求遵循在中央的统一领导下，充分发挥地方主动性和积极性的原则，通过修改立法法赋予设区的市地方立法权。

在修改过程中，对于设区的市的名称曾有过不同意见，有的意见认为，立法法上具有地方立法权的“较大的市”已经是一个被广泛接受的概念，建议还是维持“较大的市”概念不动，在原来立法法规定的“本法所称较大的市是指省、自治区的人民政府所在地的市，经济特区所在地的市和经国务院批准的较大的市”后面，再增加“其他设区的市”。这样，立法法中的“较大的市”的概念包括了所有设区的市，与宪法第三十条的“较大的市分为区、县”的范围相统一。但是在全国人大审议过程中，有些代表提出，修改前的立法法中的“较大的市”具有特定含义，宪法以及选举法等几十部法律中也都使用了“设区的市”的概念，赋予所有设区的市地方立法权后，直接使用“设区的市”的表述更加明了，也易于理解。法律委员会经研究，建议将修正案草案中关于“较大的市”的相关表述修改为“设区的市”。

（3）自治州。在立法法修改以前，自治州作为民族自治地方，其人民代表大会有权依照当地民族的政治、经济和文化的特点，制定自治条例和单行条例。民族区域自治法第四条第二款明确规定：“自治州的自治机关行使下设区、县的市的地方国家机关的职权，同时行使自治权。”此次修改立法法，赋予了所有设区的市地方立法权。因此，自治州的人大及其常委会也相应地具有了设区的市的人大及其常委会制定地方性法规的职权。

（4）不设区的地级市。地级市从字面理解是与“地区”级别相同的市，是一种行政级别的概念，不是法律概念。大部分地级市都是设区的市，但是也有广东省东莞市和中山市、甘肃省嘉峪关市、海南省三沙市等四个地级市是不设区的市。在修改立法法赋予所有设区的市地方立法权后，也需要考虑是否对几个不设区的地级市赋予地方立法权的问题。在修改过程中，考虑到这些地级市的实际需要，按照赋予设区的市地方立法权的精神，决定在依法赋予设区的市地方立法权的同时，也同时赋予广东省东莞市、中山市，甘肃省嘉峪关市和海南省三沙市以设区的市地方立法权。在全国人大关于修改《中华人民共和国立法法》的决定中，专门规定："广东省东莞市和中山市、甘肃省嘉峪关市、海南省三沙市，比照适用本决定有关赋予设区的市地方立法权的规定。"

29. 地方性法规有权规定哪些内容？

立法法第七十三条规定了地方性法规权限，可以从以下三个方面理解。

（1）划分地方性法规权限范围的方式

在立法法修改的过程中，对于如何进一步完善中央与地方的立法权限划分，明确地方立法的权限范围，曾研究过是否对中央和地方权限范围一一作出列举。经过广泛研究和听取意见，发现这种方式既不符合我国的体制，又不可行。这是因为，我国是单一制国家，地方的权力是中央赋予的，不存在只能由地方立法而中央不能立法的情况，同时，实际上也很难对中央和地方的立法权限都作出列举。因此经过反复研究，立法机关维持该条关于地方性法规权限的规定，在规定全国人大及其常委会的专属立法权后，对地方性法规的权限范围作出了原则规定。

（2）地方性法规权限范围

根据该条的规定，地方性法规可以作出规定的事项，包括四类：

①为执行法律、行政法规的规定，需要根据本行政区域的实际情况作具体规定的事项。这一规定是指，在有上位法的情况下，为保证法律和行政法规的实施，地方性法规可以制定执行性的规定。法律和行政法规是要在全国范围内实行的，为了符合全国各地情况，有些规定只能比较概括和原则，比较具体的规定，则需要由地方性法规根据本行政区的实际情况加以制定，这样才利于更好地根据实际情况执行法律和行政法规。在一些法律和行政法规中对此作出了明确的规定，如选举法第五十九条规定："省、自治区、直辖市的人民代表大会及其

常务委员会根据本法可以制定选举实施细则，报全国人民代表大会常务委员会备案。”村民委员会组织法第四十条规定：“省、自治区、直辖市的人民代表大会常务委员会根据本法，结合本行政区域的实际情况，制定实施办法。”对于上述规定，地方人大及其常委会应当制定地方性法规，这是地方人大及其常委会的职责。地方制定执行性的、具体化的规定，不能和法律、行政法规相抵触。

这里需要注意，地方性法规应当以法律、行政法规规定为依据作出具体化的或补充的规定，但不能同法律或行政法规相抵触。

②地方性事务中需要制定地方性法规的事项。地方性事务是与全国性的事务相对应的，地方性事务是指具有地方特色事务，一般来说，不需要或在可预见的时期内不需要由全国制定法律、行政法规来作出统一规定。例如，对本行政区域内某一风景名胜、某种地方特色非物质文化遗产的保护，就属于地方性的事务，一般来说不需要国家作出规定。又如，禁放烟花爆竹，在某些城市中被认为是必要的，因此他们制定了禁放烟花爆竹的地方性法规，而在其他城市燃放烟花爆竹则被认为不应当受到限制，因此，这类事项显然不必要由国家统一立法。

③在全国人大及其常委会专属立法权之外，中央尚未立法的事项。最高国家权力机关的专属立法权，是地方性法规的“禁区”，无论国家是否制定法律，地方都不能作出规定，否则地方性法规就是越权，是无效的。对于最高国家权力机关专属立法权以外、国家尚未制定法律或者行政法规的事项，则允许地方性法规先行作出规定。在实际立法实践中，即使是允许地方先行作出规定的，如果涉及中央统一管理的事项，地方也不宜作出规定。因此，在国家立法出台前，地方可以先制定地方性法规，以解决地方的实际问题。但中央一旦立法，由于法律和行政法规的位阶高于地方性法规，地方性法规同法律或行政法规相抵触的规定即为无效，制定机关应当及时进行修改或者废止。

④对设区的市立法权限的规定。需要注意的是，对于设区的市而

言，不论是为了执行法律、行政法规的规定，需要根据本行政区域的实际情况作具体规定，还是就地方性事务或者在全国人大及其常委会专属立法权之外，中央尚未立法的事项进行立法，都需要受到立法法第七十二条第二款规定“城乡建设与管理、环境保护、历史文化保护等方面的事项”的限制。

（3）一般不重复上位法规定

关于此问题的论述见第五章第 38 问。

30. 设区的市、自治州的地方性法规与省级地方性法规的权限有什么不同？

设区的市地方立法权限，是立法法修改过程中的焦点问题之一，提交常委会和代表大会审议的草案，曾做过两次修改。2014 年 8 月立法法修正案草案一审稿规定，“较大的市制定地方性法规限于城市建设、市容卫生、环境保护等城市管理方面的事项。”2014 年 12 月二审稿规定：较大的市可以“对城市建设、城市管理、环境保护等方面的事项，制定地方性法规，但法律对较大的市制定地方性法规的事项另有规定的除外”。2015 年 3 月提交全国人民代表大会审议的立法法修正案草案规定：较大的市“对城市建设、城市管理、环境保护等方面的事项，制定地方性法规，但法律对较大的市制定地方性法规的事项另有规定的除外”。对这一问题，修改过程中有几种不同意见：第一种意见认为，从以往看，49 个较大的市制定的地方性法规遵循地方组织法和立法法规定的“不抵触”原则，总体情况是好的，加之目前省级人大常委会批准机制，在扩大地方立法主体的范围后，可以保证法制统一，不致出现地方立法的混乱，不应对其立法权限进行限制。第二种意见认为，将设区的市的立法权限限定在城市建设、城市管理、环境保护等方面，范围太窄，应当根据设区的市的实际需求，将立法权限的范围扩大到公共服务、社会管理、民生保障以及教育、卫生、社会保障等。还有的提出，设区的市行政区域范围不仅包括城市，还有广大农村，立法权限也要与之相匹配。第三种意见认为，全面推进依法治国，维护法制统一非常重要，对设区的市的立法权限作出限定是十分重要的，不能无限扩大地方立法范围，应防止立法大跃进。第四种意见建议对已经享有地方立法权的 49 个较大的市的立法权限不作限制，实行“老城老办法、新城新办法”。

考虑到赋予所有设区的市地方立法权，既要适应地方的实际需要，又要相应明确其地方立法权限和范围，避免重复立法，维护法制统一。立法法修改决定在依法赋予所有设区的市地方立法权的同时，明确设区的市可以对“城乡建设与管理、环境保护、历史文化保护等方面的事项”制定地方性法规，法律对设区的市制定地方性法规的事项另有规定的，从其规定。根据全国人大常委会法律委员会《关于立法法修正案（草案）审议结果的报告》，“城乡建设与管理、环境保护、历史文化保护等方面的事项”，范围是比较宽的。比如，从城乡建设与管理看，就包括城乡规划、基础设施建设、市政管理等；从环境保护看，按照环境保护法的规定，范围包括大气、水、海洋、土地、矿藏、森林、草原、湿地、野生生物、自然遗迹、人文遗迹等；从目前 49 个较大的市已制定的地方性法规涉及的领域看，修正案草案规定的范围基本上都可以涵盖。同时，考虑到原有 49 个较大的市的情况，修改决定规定，“原有 49 个较大的市已经制定的地方性法规，涉及上述事项范围以外的，继续有效”。总体上看，上述规定能够适应地方实际需要。

此外，修改后的立法法还规定了“法律对设区的市制定地方性法规的事项另有规定的，从其规定”。例如，立法法第七十七条第一款规定：“地方性法规案、自治条例和单行条例案的提出、审议和表决程序，根据中华人民共和国地方各级人民代表大会和地方各级人民政府组织法，参照本法第二章第二节、第三节、第五节的规定，由本级人民代表大会规定。”

31. 地方性法规在行政许可、行政处罚、行政强制的设定方面需要注意哪些问题?

在地方立法中，一些部门从自身利益出发，在起草的法规草案中，不同程度上存在不适当地强化部门行政处罚、行政许可、行政强制权现象。因此，地方立法维护法制统一的重要方面，就是严格执行《中华人民共和国行政处罚法》《中华人民共和国行政许可法》《中华人民共和国行政强制法》。

实践中，进行实施性立法，对于设定行政处罚，可以从四个方面予以把握：一是上位法对违法行为已经设定行政处罚的，坚持在上位法规定的行为、种类、幅度范围内结合实际加以具体化，不突破上位法设定处罚。二是上位法对所涉及的行为没有设定处罚的，不设定处罚。三是上位法没有涉及某种行为，实践中确需进行规范的，作出禁止性规定，一般不设定处罚。四是上位法没有涉及某种行为，但对与该行为直接相关或者类似的行为设定了处罚，而该行为比上位法规定的行为产生的社会危害相当或者更大，比照上位法对相关行为的处罚设定处罚。近年来，为了适应实际需要，在制定、修改法律时，对行政处罚法中不得超越法律条文的规定作了一些必要调整。如环境保护法修改时授权地方性法规可以根据实际需要，增加法律规定的按日连续处罚的违法行为的种类。也就是说，在环境保护地方立法中，地方性法规就按日计罚的处罚种类除了环境保护法规定的违法排放污染物外，还可以增加其他依法处以罚款的违法行为。

关于行政许可的设定，可以从以下六个方面从严把握：一是有直接上位法的，对上位法没有设定行政许可的事项，坚持不设定行政许可。二是对应当由国家统一确定的公民、法人或者其他组织的资质、资格的行政许可，不设定许可。三是对符合行政许可法第十二条可以设定行政许可的事项，按照行政许可设定的原则，从严把握设定行政许可。

四是对法规已经设定的行政许可，根据经济社会发展，对于符合行政许可法第十三条规定的事项，及时修改或废止该行政许可。五是设定行政许可，同时规定行政许可的实施机关、条件、程序，但是行政许可法第十八条规定设定“期限”基本没有做到。六是对行政许可的实施机关作出明确规定，从严把握地方立法授权或委托实施行政许可。

关于行政强制的设定，必须把握两点：一是行政强制措施和行政强制执行由法律设定，已经制定法律、行政法规的，没有法律、行政法规依据，地方立法不得设定行政强制；二是尚未制定法律、行政法规的，地方性法规可以设定查封场所、设施或者财物，扣押财物的行政强制措施，但不能设定行政强制执行。

之所以要特别强调依法设定行政处罚、行政许可、行政强制，是因为这是政府经常运用的三种具体行政行为，也是可诉行政行为。权力是把“双刃剑”。如果违法设定和行使，不仅可能破坏法制统一、影响公民权利，而且可能面临被撤销的风险。

32. 哪些地方性法规应当由地方人民代表大会通过？

根据宪法和地方组织法规定，制定地方性法规的主体包括省、自治区、直辖市、设区的市、自治州的人民代表大会及其常委会。但实践中，除少数涉及代表大会职权的地方性法规（如人民代表大会工作条例或议事规则）外，地方人大常委会很少向人民代表大会提请地方性法规案。在有的地方，人民代表大会甚至从未制定过地方性法规，使宪法和法律规定的地方人大制定地方性法规的权力被虚置，这是不符合宪法和法律原意的。出现这一问题的原因，一是由于宪法和地方组织法没有对地方人大及其常委会制定地方性法规的权限范围作出划分。根据宪法规定，全国人民代表大会制定和修改刑事、民事、国家机构的和其他的基本法律，全国人大常委会制定和修改应当由全国人民代表大会制定的法律以外的其他法律。虽然目前对于究竟何为“基本法律”，还存在不同意见，但宪法的规定为全国人大及其常委会在立法权限上作出了基本的界定和分工。而地方性法规则没有也难作基本与非基本之分。二是由于地方人大召开人大会议时，会期比较短，为节省时间，一般也就不将地方性法规案列入议程。另外，地方人大常委会对地方人大制定地方性法规的权力认识不足也是造成这一问题的原因之一。针对这一情况，立法法第七十六条规定：“规定本行政区域特别重大事项的地方性法规，应当由人民代表大会通过”，从而为地方人大及其常委会在制定地方性法规方面的权限作出了一个基本的分工。对于什么属于“特别重大事项”，立法法没有作出明确规定。一般来说，凡涉及本地区全局的重要事项或涉及较多数群众切身利益或较多群众关心的事项，都可以认为属于特别重大事项。例如，在 2014 年 1 月北京市十四届人大二次会议就修订了《北京市大气污染防治条例》。

应当注意的是，立法法的这一规定，只是规定了特别重大的事项应由地方人大通过，但地方人大制定地方性法规的权限，并不限于此，对于属于地方人大职权范围内的其他事项，地方人大也可以制定地方性法规。

33. 自治条例、单行条例的变通范围是什么？

我国宪法规定，各少数民族聚居的地方实行民族区域自治，设立自治机关，行使自治权。制定自治条例和单行条例是自治机关行使自治权的重要方式。自治条例是民族自治地方的人民代表大会依照当地民族的政治、经济和文化的特点制定的全面调整本自治地方事务的综合性规范性文件。单行条例是民族自治地方的人民代表大会依照当地民族的政治、经济、文化的特点制定的调整本自治地方某方面事务的规范性文件。自治条例集中体现民族自治地方的自治权，具有民族自治地方总章程的性质。单行条例是民族自治地方行使某一方面自治权的具体规定，单行条例应当遵循自治条例的规定。

（1）自治条例和单行条例的沿革

我国1954年宪法就对自治条例作出了规定。1985年，吉林省延边朝鲜族自治州率先制定了《延边朝鲜族自治州自治条例》，截至2008年年底，各民族自治地方现行有效自治条例为137件。目前，全国5个自治区尚未颁布自己的自治条例。单行条例的制定始于1954年宪法颁布后的20世纪五六十年代，当时单行条例的内容多为自治地方人民代表大会和人民委员会组织条例，但随着时间和情况的变化，许多都不再适用了。1984年民族区域自治法颁布后，截止到2008年年底，各民族自治地方制定现行有效单行条例达510件，单行条例涉及的内容也十分广泛，包括：婚姻、继承、资源开发、计划生育、未成年人保护、社会治安、环境保护以及土地、森林、草原管理等。立法法根据宪法和民族区域自治法，总结实践经验，在权限范围上，对自治条例和单行条例不能变通的范围作出了进一步明确的规定。

（2）自治条例和单行条例制定中应遵循的原则

立法法第七十五条第一款规定："民族自治地方的人民代表大会有权依照当地民族的政治、经济和文化的特点，制定自治条例和单行条例。"这一规定，是重申宪法和民族区域自治法的规定。自治条例和单行条例与地方性法规的制定原则不同。地方性法规的制定应遵循两个原则，即在法律规定的权限范围内，根据本行政区域的具体情况和实际需要，遵循不同宪法、法律和行政法规相抵触的原则。自治条例和单行条例的制定原则只有一条，即依照当地民族的政治、经济和文化的特点。根据这一原则，自治条例和单行条例在权限范围内可以对法律和行政法规予以变通。

地方性法规的制定权，主要是为了保证地方更有效地管理本行政区域内的各种事务，体现的是宪法的"遵循在中央的统一领导下，充分发挥地方的主动性、积极性的原则"。自治条例和单行条例制定权，主要是为了保证民族区域自治机关行使自治权，体现的是宪法规定的“各民族一律平等”原则。

（3）自治条例和单行条例的变通范围

一般来说，自治条例和单行条例在以下两个方面，对法律、行政法规作出变通规定。一是国家法律明确授权可以变通的事项。如婚姻法等法律中明确规定民族自治地方可以根据该法的基本原则制定变通或补充规定。二是国家立法虽未明确授权，但是不完全适合本民族自治地方实际情况的规定。我国幅员辽阔，地区间经济、文化发展不平衡，特别是自治地方与沿海发达地区相比，差距很大，国家立法是面向全国的，难以完全照顾到民族自治地方的特殊情况，因此，有些规定可能存在不完全适合自治地方的情况。在这种情况下，自治条例和单行条例依法可以对有关规定予以变通。

在立法法制定过程中，对于上述可以变通的事项，各方面的意见是比较一致的；但同时提出，立法法应对不能变通的事项作出规定，以使自治条例和单行条例的变通范围更加明确。根据立法法第七十五条第二款规定，自治条例和单行条例不能作变通规定的范围包括以下几个方面：

①自治条例和单行条例不得对法律和行政法规的基本原则作出变通规定。根据地方组织法的规定，地方各级人大负有在本行政区域内，保证宪法、法律、行政法规和上级人大及其常委会决议的遵守和执行的职责。一部法律和行政法规的基本原则，是它们最核心的内容，是法律和行政法规基本精神的体现。如果自治条例和单行条例对基本原则作出变通，那么就是对整部法律或行政法规的否定，当然更谈不上保证宪法、法律、行政法规在本行政区域内的遵守和执行，这是与其担负的职责相违背的。比如，变通婚姻法，不能变通婚姻法关于婚姻自由、一夫一妻、男女平等、保护妇女、儿童和老年人的合法权益等基本原则。变通民法通则，对其中的自愿、平等、等价有偿和诚实信用原则不能变通。

②自治条例和单行条例不得对宪法和民族区域自治法作出变通规定。我国宪法是国家的根本大法，规定了国家的根本制度、国家生活的基本准则和公民的基本权利义务等根本性问题，具有最高的法律效力和权威，是国家统一和各民族团结的基础，全国各族人民、一切国家机关和武装力量、各政党和各社会团体、各企业事业组织，都必须以宪法为根本的活动准则，宪法的各项原则和规定必须得到全面的遵守和执行。因此，宪法的规定是不能变通的，否则，就无法维护国家的统一和各民族的团结。

民族区域自治法是实施宪法规定的民族区域自治制度的基本法律，全面系统地规定了民族自治地方的建立，民族自治地方自治机关的组成和自治权，上级国家机关的领导和帮助，民族自治地方内的民族关系等，是各民族自治地方立法的法律依据。如果允许变通民族区域自治法的规定，民族自治地方就否定了自己立法的法律依据，因此，民族区域自治法也是不能变通的。

③自治条例和单行条例不得对其他有关法律、行政法规专门就民族自治地方所作的规定作出变通规定。法律、行政法规中专门就民族自治地方所作的规定，是全国人大及其常委会、国务院立法过程中，已经充分考虑到维护国家整体利益和照顾自治地方民族特点和实际情况的需要而制定的，对此，自治条例和单行条例就不能再以特殊为由进行变通。例如，《中华人民共和国全国人民代表大会和地方各级人民代表大会选举法》第十一条规定了地方各级人民代表大会的代表名额的确定办法。该条第一款第一项规定，省、自治区、直辖市的代表名额基数为三百五十名，省、自治区每十五万人可以增加一名代表，直辖市每二万五千人可以增加一名代表；但是，代表总名额不得超过一千名。该条第三款规定，自治区、聚居的少数民族多的省，经全国人民代表大会常务委员会决定，代表名额可以另加百分之五。聚居的少数民族多或者人口居住分散的县、自治县、乡、民族乡，经省、自治区、

直辖市的人民代表大会常务委员会决定，代表名额可以另加百分之五。这里，第一款第一项的规定为一般规定，而第三款的规定是专门就民族自治地方所作的规定，对此，不应再作变通规定。

34. 经济特区法规的权限是什么？

经济特区法规是经济特区所在地的省、市的人大及其常委会根据全国人大的授权决定制定的在经济特区范围内实施的法规。经济特区法规是我国地方立法的一种特殊形式。我国的经济特区和经济特区立法是改革开放的产物。1980 年 8 月 2 日，国务院向全国人大常委会提出了在广东省的深圳、珠海、汕头和福建省的厦门设立经济特区，并同时将《广东省经济特区条例》（草案）提请审议。同年 8 月 26 日，五届全国人大常委会第十五次会议批准了国务院提出的《广东省经济特区条例》。此后，全国人大及其常委会作出了一系列关于经济特区立法的授权决定。1981 年 11 月 26 日，五届全国人大常委会第二十一次会议决定授权广东省、福建省人大及其常委会，根据有关的法律、法令和政策规定的原则，按照各该省经济特区的具体情况和实际需要，制定经济特区的各项单行经济法规，并报全国人大常委会和国务院备案。1988 年 4 月 13 日，七届全国人大一次会议决定划定海南岛为海南经济特区，同时，授权海南省人大及其常委会，根据海南经济特区的具体情况和实际需要，遵循国家有关法律、全国人大及其常委会有关决定和国务院有关行政法规的原则制定法规，在海南经济特区实施，并报全国人大常委会和国务院备案。经济特区立法开始以来，广东省、福建省以及海南省人大及其常委会根据国家法律、法规和政策以及国务院的行政法规的原则，结合经济特区的实际情况，制定了大量的经济特区法规，对于经济特区的经济建设和改革开放，发挥了重要作用。为了更好地发挥经济特区的作用，1992 年 7 月 1 日，七届全国人大常委会第二十六次会议、1994 年 3 月 22 日八届全国人大二次会议和

1996 年 3 月 17 日八届全国人大四次会议，分别决定授权深圳市、厦门市和汕头市、珠海市的人大及其常委会和各该市的人民政府分别制定法规和规章，分别在各该经济特区实施。

需要注意的是，经济特区所在地的市人大及其常委会，既可以制定地方性法规又可以制定经济特区法规，但是当经济特区的范围与所在地的市的范围不完全重合时，经济特区法规只能在经济特区适用，而不能扩展到全市范围内适用。例如，深圳的宝安区曾经不属于深圳经济特区的范围，因此，经济特区法规就不能在宝安区适用。经国务院批复，深圳（2010 年 7 月 1 日）、厦门（2010 年 7 月 1 日）、珠海（2010 年 10 月 1 日）、汕头（2011 年 5 月 1 日）已分别将经济特区扩大至全市，这就使得经济特区法规与地方性法规的适用地域范围相一致。

授权决定赋予经济特区制定经济特区法规的权力，促进了经济特区市场经济和社会主义民主法制建设的发展。根据深圳市人大常委会提供的资料，自 1992 年 7 月 1 日全国人大常委会授权以来，截止到 2014 年年底，深圳市共制定经济特区法规 120 项，其中约 70%是有关市场经济和城市管理方面的立法。在这些法规中，有三分之一是借鉴香港及国外法律，具有先行性和试验性的；另有三分之一是根据特区实际需要，根据国家法律、行政法规的基本原则，对国家法律、行政法规进行变通、补充和细化的；还有三分之一属于为加强行政法制、环境保护、城市管理和精神文明建设需要而制定的。在促进市场经济建设的领域，制定了包括规范市场主体、房地产市场、劳动力市场、建筑市场、运输市场、医疗市场、中介服务市场、商品市场等八个方面的规定。同时还制定了大量的促进高新技术发展、口岸管理、环境保护、城市管理等为内容的法规、规章。

伴随着改革开放的发展以及经济特区立法的实践探索，目前在经济特区法规制定中存在的一个主要的问题是，经济特区法规进行变通的权限在哪里。经济特区法规的权限范围是由全国人大的授权决定规定的，但由于全国人大的授权决定规定得比较原则，因此，宪法的规定以及法律和行政法规的基本原则不能变通外，经济特区法规在其他情况下变通的权限并不明确。在这一问题上，目前更具争议的是，由于经济特区法规具有试验性，因此，国家在相应方面制定了法律和行政法规后，经济特区法规能否对其再进行变通？对此，存在两种意见。一种意见认为，现在情况与过去有很大变化，改革已在全国全面推进，有些已经制定了法律、行政法规，如证券法、公司法等，这些法律在经济特区也要实行，不能再变通，不然形成不了统一的市场。另一种意见认为，随着改革开放的深入发展，经济特区的特殊政策是减少了，但中央对于经济特区的基本政策没有变，特区“试验田”的地位没有变，特区在发展市场经济、加强城市管理等许多方面，对于完善企业制度、促进高新技术产业发展、完善社会保险、加速行政体制改革、促进环境保护等问题，还会有创新和变通，特区立法的先行、试验功能以及补充功能是特区发展的保证，因此，中央立法后，仍应允许特区立法在遵循中央立法基本原则的前提下进行变通。

对于经济特区法规变通规定的限制，立法法没有作出明确规定。这样规定是考虑到既能适应现在有些需要变通的情况，也为今后的发展变化，留下了空间和余地。目前我国的改革开放仍处于不断深入和发展的时期，虽然国家给经济特区在税收等方面的特殊政策减少了，但经济特区的优势以及在改革开放中的特殊作用依然存在。今后，仍应允许经济特区法规在经济体制改革和对外开放方面作出变通规定。同时，经济特区的人大及其常委会在行使经济特区立法权时，应当从国家的整体利益出发，维护国内市场的统一和社会主义法制的统一。对于涉及国家主权以及其他只能由中央立法的事项，经济特区法规不能涉及。如果中央立法时已经考虑到经济特区的情况之后作出全国统一规定的，经济特区应当遵循中央立法的规定，制定或者修改经济特区法规时，不应再作出与中央立法不一致的规定。

35. 什么情况下地方可以先行制定地方性法规?

最高国家权力机关的专属立法权，是地方性法规的“禁区”，无论国家是否制定法律，地方都不能作出规定，否则地方性法规就是越权，是无效的。对于最高国家权力机关专属立法权以外、国家尚未制定法律或者行政法规的事项，则允许地方性法规先行作出规定。在实际立法实践中，即使是允许地方先行作出规定的，如果涉及中央统一管理的事项，地方也不宜作出规定。因此，在国家立法出台前，地方可以先制定地方性法规，以解决地方的实际问题。但中央一旦立法，由于法律和行政法规的位阶高于地方性法规，地方性法规同法律或行政法规相抵触的规定即为无效，制定机关应当及时进行修改或者废止。

36. 设区的市、自治州的地方性法规如何报批?

（1）关于设区的市的立法权的沿革

我国的 1982 年宪法没有规定设区的市的人大及其常委会可以制定地方性法规。1982 年 12 月五届全国人大五次会议修改地方组织法时，增加规定：“省、自治区的人民政府所在地的市和经国务院批准的较大的市的人民代表大会常务委员会，可以拟定本市需要的地方性法规草案，提请省、自治区的人民代表大会常务委员会审议制定，并报全国人民代表大会常务委员会和国务院备案。”根据这一规定，省会市和经国务院批准的较大的市只有地方性法规草案的拟定权，没有制定权。1986 年 12 月六届全国人大常委会第十八次会议修改地方组织法时，将这一规定修改为：省会市和经国务院批准的较大的市的人大及其常委会可以制定地方性法规，报省、自治区人大常委会批准后施行。当时，任全国人大常委会秘书长兼法制工作委员会主任的王汉斌同志在修改说明中指出，“建议省、自治区简化审批程序，只要同宪法、法律、行政法规和本省、自治区的地方性法规没有抵触，原则上应尽快批准”，实际赋予了省会市和经国务院批准的较大的市部分立法权。从 1986 年以来，一些省、自治区人大常委会是按照这一建议办的，但也有些省、自治区人大常委会批准程序过于复杂，实际上同制定程序没有什么区别，使批准的时间拖得过长，影响了一些报请批准的地方性法规的及时出台。

在制定立法法的过程中，多数较大的市的人大常委会的同志和有的省人大常委会的同志建议，将省、自治区批准较大的市的地方性法规的程序改为备案程序，赋予较大的市的人大及其常委会完整的立法权。理由是：第一，现在省、自治区人大常委会制定地方性法规的任务比较重，对省会市和较大市报请批准的地方性法规往往难以及时批准；第二，经过十几年的发展，省会市和较大的市人大常委会已经培养了一支素质比较好的立法干部队伍，能够适应立法工作需要。因此，可以规定：省会市和较大的市制定的地方性法规报省、自治区人大常委会备案。如果省、自治区人大常委会发现省会市和较大的市制定的地方性法规同宪法、法律、行政法规和本省、自治区的地方性法规相抵触，可以依法予以撤销。一些省、自治区人大常委会的同志则认为，现行做法应予维持。理由是：第一，宪法只规定省、自治区、直辖市人大及其常委会可以制定地方性法规，没有规定省会市和较大的市可以制定地方性法规。如果赋予省会市和较大的市完整的立法权，应首先修改宪法。第二，赋予省会市和较大的市完整的立法权，这些地方往往强调城市的特殊性，容易产生同省、自治区之间的矛盾。而备案采取“不告不理”的原则，靠备案审查制度进行监督，容易流于形式。还有一种意见认为，目前的批准程序可以保留，但应当简化，可以规定，省会市和较大的市制定的地方性法规如同宪法、法律、行政法规和本省、自治区的地方性法规没有抵触，省、自治区的人大常委会应当在一定的期间内予以批准。

2015 年修改立法法的过程中，也还有许多已经有立法权的较大的市的人大常委会的同志建议，将省、自治区批准较大的市的地方性法规的程序改为备案程序，但是考虑到全面赋予设区的市地方立法权后，立法主体大量增加，为了维护法制统一，还是有必要由省级人大常委会对设区的市的地方性法规进行批准。

（2）关于省、自治区人大常委会对设区的市制定的地方性法规的审批程序

立法法在第七十二条中对省、自治区人大常委会批准设区的市的地方性法规提出了要求：

第一，省、自治区的人民代表大会常务委员会对报请批准的地方性法规，应当对其合法性进行审查，经审查认为同宪法、法律、行政法规和本省、自治区的地方性法规不抵触的，应当在四个月内予以批准。对于地方性法规的规定是否适当、立法技术是否完美、文字表述是否优美，不作审查。如果在审查中发现报批的地方性法规同宪法、法律、行政法规或本省、自治区的地方性法规相抵触，省、自治区人大常委会可以不予批准，也可以发回修改。

第二，省、自治区人大常委会对报请批准的设区的市的地方性法规进行审查时，发现其同本省、自治区人民政府的规章相抵触的，应当作出处理决定。曾有一种意见认为，设区的市制定的地方性法规不能同省、自治区人民政府制定的规章相抵触。理由是，省、自治区、直辖市制定的地方性法规不能同国务院制定的行政法规相抵触，设区的市作为省、自治区的下级地方政权，其制定的地方性法规也不得同省、自治区的规章相抵触。立法机关经过研究，考虑到设区的市制定的地方性法规是经省、自治区人大常委会批准的，因此，其法律效力应当同省、自治区的地方性法规相同，因此，不宜要求设区的市的地方性法规不得同省、自治区规章相抵触。同时，为了保证法制的统一，立法法规定，省、自治区人大常委会在批准过程中，如果发现报批的地方性法规同省、自治区规章相抵触，可以根据情况作出处理。处理

决定可以有三种情况：（1）如认为省、自治区的规章不适当，可以批准设区的市的地方性法规。根据立法法的规定，省、自治区人大常委会有权撤销省、自治区人民政府制定的不适当的规章，因此当然有权批准与省、自治区规章不同的设区的市地方性法规。设区的市的地方性法规经批准后，其效力即高于省、自治区政府规章，在设区的市范围内应当按照地方性法规执行。如果省、自治区人大常委会认为省、自治区规章因不适当，不宜在其他地区执行，在批准设区的市的地方性法规的同时，可以撤销省、自治区的规章或责成省、自治区政府作出修改。（2）如认为设区的市的地方性法规不适当，可以责成设区的市人大常委会对报批的地方性法规进行修改，如果设区的市不同意修改，可以不予批准。（3）如果认为设区的市的地方性法规与省、自治区的规章的规定均不适当，则可以分别按照以上两种办法处理。

第三，对设区的市报请批准的地方性法规，省级人大常委会应当在法定的四个月期限内作出是否批准的决定。四个月的期限是固定不变的法定期间，不存在中止、中断、延长等情形。

（3）设区的市法规审查批准工作机制

第一，省级人大常委会法制工作机构提前介入。在设区的市法规起草论证阶段，省级人大常委会法制工作机构就介入，使得有相对比较充足的时间对设区的市地方性法规草案进行研究论证，提出修改意见和质量。实践证明，这一做法有利于提高设区的市的立法质量。具体做法是：①每年年初省级人大常委会了解掌握设区的市人大常委会的年度立法计划制定情况，并跟踪其完成进度。②通过参加设区的市人大召开的研究法规草案的各种会议，提前把握难点、焦点和主要问题，为审查打好基础。

第二，广泛征求意见。一些省级人大常委会在收到市级人大的报请材料后，及时将材料送省人大有关委员会、法制委员会组成人员、部分省人大代表、有关单位等征求意见。经办的法工委逐条研究法规条文和意见，拿出初步意见后，经进一步研究，形成审查研究意见，书面反馈设区的市人大常委会法制工作机构。

第三，沟通协调。①设区的市人大常委会法制工作机构在研究修改法规草案时，对其重点、难点问题主动征求省级人大常委会法制工作机构的意见。②省级人大常委会法制工作机构除了书面反馈意见外，还可以就主要意见采取电话沟通、面对面座谈等方式，与设区的市进行协商，争取达成共识，努力将合法性问题解决在提请省级人大常委会表决批准之前。

第四，调研论证。对于设区的市法规中行政处罚、行政许可、行政强制、行政收费等涉及人民群众切身利益的问题，省级人大常委会也可以采取调研、座谈、论证等方式，对法规制度的合理性、适当性开展调研论证工作。

37. 自治条例、单行条例如何报批？

根据立法法第七十五条规定，自治区的自治条例和单行条例，报全国人民代表大会常务委员会批准后生效。自治州、自治县的自治条例和单行条例，报省、自治区或直辖市的人民代表大会常务委员会批准后生效。这一规定，也是对宪法和民族区域自治法有关规定的重申。自治条例和单行条例的报批程序，在1954年宪法中就有规定。根据1954年宪法的规定，自治区、自治州、自治县的自治条例和单行条例，一律报全国人大常委会批准。1982年宪法对此作出了修改，规定只有自治区的自治条例和单行条例报全国人大常委会批准，将批准自治州和自治县的自治条例和单行条例的权力下放到省、自治区人大常委会。规定自治条例和单行条例的报批程序，主要是出于国家法制统一的考虑。由于自治条例和单行条例的制定可以对法律和行政法规进行变通，那么自治条例和单行条例有关的变通规定是否适当，则由上级人大常委会来进行审查。经审查，如果上级人大常委会认为有关的变通规定是适当的，便作出批准的决定，该自治条例或单行条例即生效；否则，上级人大常委会可以作出不批准的决定，自治条例或单行条例的制定机关就此应当作出修改。

38. 上位法规定的内容，下位法可不可以重复规定？

立法法第七十二条中关于地方性法规制定的原则，明确规定了“根据本行政区域的具体情况和实际需要”的原则。为了充分体现地方性法规的地方性，地方性法规的内容应适应地方的实际情况，解决本行政区域的实际问题，有针对性的立法。哪些方面需要规定就规定哪些方面，不要构筑体系，对法律、行政法规的规定不要作不必要的重复。但是在2000年立法法通过后，十几年来，在地方立法中确实出现了不少重复立法的情况。特别是在为了执行上位法而制定的具体实施性的地方性法规中，存在片面贪大求全的情况，为了在体例上与上位法一致，就照搬照抄上位法的规定。在修改立法法过程中，许多方面担心在赋予所有设区的市和自治州立法权以后，会进一步加剧重复立法的情况，严重浪费立法资源。因此，修改后的立法法在第七十三条中又增加了一款，进一步强调了制定地方性法规，对上位法已经明确规定的内容，一般不作重复性规定。

39. 地方政府规章的制定主体包括哪些？

省、自治区、直辖市和设区的市、自治州的人民政府有规章制定权。根据2015年修改立法法的决定，广东省东莞市和中山市、甘肃省嘉峪关市、海南省三沙市的人民政府，也有规章制定权。

宪法对地方政府制定规章没有作出规定。1982年12月五届全国人大五次会议修改的地方组织法增加规定：“省、自治区、直辖市以及省、自治区的人民政府所在地的市和经国务院批准的较大的市的人民政府，还可以根据法律和国务院的行政法规，制定规章”。1995年修改地方组织法时，将上述规定单列一条，规定："省、自治区、直辖市的人民政府可以根据法律、行政法规和本省、自治区、直辖市的地方性法规，制定规章，报国务院和本级人民代表大会常务委员会备案。省、自治区的人民政府所在地的市和经国务院批准的较大的市的人民政府，可以根据法律、行政法规和本省、自治区的地方性法规，制定规章，报国务院和省、自治区的人民代表大会常务委员会、人民政府以及本级人民代表大会常务委员会备案。"2000年制定立法法时，将地方政府规章的制定主体作了适当扩大，将经济特区所在地的深圳、厦门、珠海、汕头纳入到了较大的市的范围，享有规章制定权。2015年修改立法法，又将地方政府规章的制定主体扩大到所有设区的市、自治州，以及东莞市、中山市、嘉峪关市、三沙市这四个不设区的地级市。

省、自治区、直辖市是我国第一级行政区单位。它的区域范围较大，人口较多，面对的情况也比较复杂。因此，要在国家法律、法规和政策的统一规定指导下，充分调动它们的积极性和主动性，因地制宜地开展工作。同时，省、自治区、直辖市的人民政府是省、自治区、直辖市的人民代表大会的执行机关，是地方行政机关。它要执行本级人大的决议，以及最高国家行政机关的决定和命令；对全省（区、市）行使行政管理权；并保证法律、行政法规在本行政区域的实施。因而，立法法赋予它们享有地方政府规章的制定权，以便更好地行使省级政府的职权。

随着我国社会主义市场经济的不断发展，设区的市、自治州作为一个地区的政治中心和经济中心，其经济规模不断扩大，社会事务日趋复杂，作用越来越重要。因此立法法规定所有的设区的市、自治州的人民政府也有地方政府规章的制定权，使它们能够根据当地的实际情况和特点来贯彻实施法律、行政法规和地方性法规。

省、自治区、直辖市人民政府的所属部门以及县、自治县、县级市的人民政府没有规章制定权。根据宪法和有关法律规定，省、自治区、直辖市人民政府的所属部门以及县、自治县、县级市的人民政府无权制定规章是很明确的。但是，在现实生活中，这些无权制定规章的机构却制定了大量的规定。它们制定的规定有些在内容上与地方规章没有多大区别，有些规定由省、自治区、直辖市人民政府批准或批转，因此，许多在实际部门工作的同志把这些规定与地方政府规章相混淆。按照宪法和有关法律规定，规章的制定必须严格按照权限进行，没有规章制定权的省、自治区、直辖市人民政府所属部门以及县、自治县、县级市的人民政府不能制定规章。

40. 制定地方政府规章的依据是什么？

根据立法法第八十二条的规定，制定地方政府规章的依据需要注意两个方面的问题：

一是制定地方政府规章要根据法律、行政法规和本省、自治区、直辖市的地方性法规。也即制定地方政府规章采用“依据说”，没有上位法依据，不得制定地方政府规章。这一点与制定地方性法规采用的“不抵触说”有明显区别。宪法第一百条规定，“省、直辖市的人民代表大会和它们的常务委员会，在不同宪法、法律、行政法规相抵触的前提下，可以制定地方性法规”。只要不与上位法相抵触，无须上位法依据，也可以制定地方性法规。

二是没有法律、行政法规、地方性法规的依据，地方政府规章不得设定减损公民、法人和其他组织权利或者增加其义务的规范。这是第八十二条第六款的规定，是2015年修改立法法时增加的内容。根据这一规定，没有上位法的明确授权，地方政府规章没有权利义务的设定权。这一点也与制定地方性法规采用的“不抵触说”有明显区别，只要不与上位法相抵触，无须上位法依据，地方性法规也可以设定权利义务。需要注意的是，根据法不溯及既往原则，已经制定的地方政府规章，没有上位法的依据设定权利义务，在没有违反上位法的禁止性规定前提下，这些设定权利义务的规定仍然是有效的，但需要根据立法法的精神及时进行清理。

以上两个方面，是制定地方性法规与制定地方政府规章的关键区别。

41. 地方政府规章有权规定哪些内容？

地方政府规章规定的事项应当是为执行法律、行政法规、地方性法规的规定需要制定规章的事项和属于本行政区域的具体行政管理的事项。

（1）为执行法律、行政法规、地方性法规的规定需要制定规章的事项

这里有两种情况：一种是法律、行政法规和地方性法规明确规定由地方政府制定规章的事项。据此，地方政府可以根据授权，结合本地区的实际情况，就如何执行法律、行政法规、地方性法规的规定制定有关规章。另一种是虽然法律、行政法规和地方性法规没有规定地方政府可以制定规章，但为执行法律、行政法规、地方性法规，需要制定一些配套措施和具体规定，在这种情况下，如果本地区的改革和建设确有需要，地方政府也可以根据法律、行政法规和地方性法规的规定以及本地区的实际情况制定有关规章。

（2）属于本行政区域的具体行政管理事项

关于县级以上地方各级人民政府的职权，宪法规定，县级以上地方人民政府依照法律规定的权限，管理本行政区域内的经济、教育科学、文化、卫生、体育事业、城乡建设事业和财政、民政、公安、民族事务、司法行政、监察、计划生育等行政工作。地方组织法根据宪法作了进一步具体规定。在宪法和地方组织法规定的职权范围内，属于具体行政管理的事项，省、自治区、直辖市和设区的市、自治州的人民政府可以制定规章。不属于具体行政管理的事项，而是属于应当制定地方性法规的事项，则地方政府不能制定规章，而应当向本级人

大及其常委会提出地方性法规案，由本级人大及其常委会依法制定地方性法规。具体行政管理的事项大体可以包括以下几个方面：一是有关行政程序方面的事项，包括办事流程、工作规范等；二是有关行政机关自身建设的事项，包括公务员行为操守、工作纪律、廉政建设等；三是不涉及创设公民权利义务的有关社会公共秩序、公共事务或事业的具体管理制度，如公共场所（如公园、电影院等）的管理规定，市场（如早市、夜市、超市等）的管理秩序，学校秩序管理规定等。此外，根据立法法八十二条第一款的规定，制定地方政府规章的根据是法律、行政法规和本省、自治区、直辖市的地方性法规，因此，地方政府规章对属于本行政区域的具体行政管理事项作出规定，也需要有上位法的依据。

需要注意的是设区的市、自治州制定地方政府规章的权限问题。立法法第八十二条第三款规定："设区的市、自治州的人民政府根据本条第一款、第二款制定地方政府规章，限于城乡建设与管理、环境保护、历史文化保护等方面的事项。已经制定的地方政府规章，涉及上述事项范围以外的，继续有效。"第四款规定："除省、自治区的人民政府所在地的市，经济特区所在地的市和国务院已经批准的较大的市以外，其他设区的市、自治州的人民政府开始制定规章的时间，与本省、自治区人民代表大会常务委员会确定的本市、自治州开始制定地方性法规的时间同步。"这两款是 2015 年修改立法法时增加的关于设区的市、自治州制定地方政府规章的立法事项范围，原 49 个较大的市已经制定的立法事项范围外的地方政府规章的效力，以及新赋予立法权的设区的市、自治州开始制定规章的时间的规定。关于城乡建设与管理、环境保护、历史文化保护等方面的事项的含义，如何理解原 49 个较大的市已经制定的立法事项范围外的地方政府规章继续有效，以及如何确定新赋予立法权的设区的市、自治州制定规章的时间等问题，可以参考有关新赋予立法权的设区的市、自治州制定地方性法规的规定。

42. 地方政府规章在什么情况下可以设定临时性行政措施？

立法法第八十二条第六款规定，制定地方政府规章，没有法律、行政法规、地方性法规依据，不得设定减损公民、法人和其他组织权利或者增加其义务的规范。同时，考虑到地方实际工作的需要，该条第五款规定："应当制定地方性法规但条件尚不成熟的，因行政管理迫切需要，可以先制定地方政府规章。规章实施满两年需要继续实施规章所规定的行政措施的，应当提请本级人民代表大会或者其常务委员会制定地方性法规。"规章"实施满两年"后，规章所规定的，本应制定地方性法规进行规定的行政措施自然失效，但规章本身继续有效。立法法修正前制定的地方政府规章所规定的，本应制定地方性法规进行规定的行政措施，受"实施满两年"的限制。

第六章　地方政府规章的制定程序

1. 地方政府规章如何报送立项？

省、自治区、直辖市和设区的市的人民政府所属工作部门或者下级人民政府认为需要制定地方政府规章的，应当向该省、自治区、直辖市或者设区的市的人民政府报请立项。报送制定规章的立项申请，应当对制定规章的必要性、所要解决的主要问题、拟确立的主要制度等作出说明。

2. 如何制订地方政府规章的年度工作计划？

省、自治区、直辖市和设区的市的人民政府法制机构，应当对制定规章的立项申请进行汇总研究，拟订本部门、本级人民政府年度规章制定工作计划，报本部门、本级人民政府批准后执行。年度规章制定工作计划应当明确规章的名称、起草单位、完成时间等。

省、自治区、直辖市和设区的市的人民政府，应当加强对执行年度规章制定工作计划的领导。对列入年度规章制定工作计划的项目，承担起草工作的单位应当抓紧工作，按照要求上报本部门或者本级人民政府决定。年度规章制订工作计划在执行中，可以根据实际情况予以调整，对拟增加的规章项目应当进行补充论证。

3. 如何起草地方政府规章？

（1）起草的机构。省、自治区、直辖市和设区的市的人民政府可以确定规章由其一个部门或者几个部门具体负责起草工作，也可以确定由其法制机构起草或者组织起草。起草规章可以邀请有关专家、组织参加，也可以委托有关专家、组织起草。

（2）公众参与。起草规章，应当深入调查研究，总结实践经验，广泛听取有关机关、组织和公民的意见。听取意见可以采取书面征求意见、座谈会、论证会、听证会等多种形式。起草的规章直接涉及公民、法人或者其他组织切身利益，有关机关、组织或者公民对其有重大意见分歧的，应当向社会公布，征求社会各界的意见；起草单位也可以举行听证会。

（3）征求其他部门意见与协商。起草地方政府规章，涉及本级人民政府其他部门的职责或者与其他部门关系紧密的，起草单位应当充分征求其他部门的意见。起草单位与其他部门有不同意见的，应当充分协商；经过充分协商不能取得一致意见的，起草单位应当在上报规章草案送审稿时说明情况和理由。

（4）规章送审稿报送审查的要求。起草单位应当将规章送审稿及其说明、对规章送审稿主要问题的不同意见和其他有关材料按规定报送审查。报送审查的规章送审稿，应当由起草单位主要负责人签署；几个起草单位共同起草的规章送审稿，应当由该几个起草单位主要负责人共同签署。规章送审稿的说明应当对制定规章的必要性、规定的主要措施、有关方面的意见等情况作出说明。有关材料主要包括汇总的意见、听证会笔录、调研报告、国内外有关立法资料等。

4. 地方政府法制部门如何审查规章送审稿？

（1）审查的内容。规章送审稿由法制机构负责统一审查。法制机构主要从以下方面对送审稿进行审查：是否遵循立法法确定的立法原则，符合宪法、法律、行政法规和其他上位法的规定；是否切实保障公民、法人和其他组织的合法权益，在规定其应当履行的义务的同时，规定其相应的权利和保障权利实现的途径；是否体现行政机关的职权与责任相统一的原则，在赋予有关行政机关必要的职权的同时，规定其行使职权的条件、程序和应承担的责任；是否体现改革精神，科学规范行政行为，促进政府职能向经济调节、社会管理和公共服务转变；是否符合精简、统一、效能的原则，相同或者相近的职能应当规定由一个行政机关承担，简化行政管理手续；是否与有关规章协调、衔接；是否正确处理有关机关、组织和公民对规章送审稿主要问题的意见；是否符合立法技术要求；需要审查的其他内容。

（2）审查的处理。规章送审稿有下列情形之一的，法制机构可以缓办或者退回起草单位：制定规章的基本条件尚不成熟的；有关机构或者部门对规章送审稿规定的主要制度存在较大争议，起草单位未与有关机构或者部门协商的；上报送审稿不符合报送审查的要求的。

（3）听取各方面意见。法制机构通过以下途径听取各方面意见：将规章送审稿或者规章送审稿涉及的主要问题发送有关机关、组织和专家征求意见；就规章送审稿涉及的主要问题，深入基层进行实地调查研究，听取基层有关机关、组织和公民的意见；规章送审稿涉及重大问题的，召开由有关单位、专家参加的座谈会、论证会，听取意见，研究论证；规章送审稿直接涉及公民、法人或者其他组织切身利益，有关机关、组织或者公民对其有重大意见分歧，起草单位在起草过程中未向社会公布，也未举行听证会的，经本部门或者本级人民政府批准，可以向社会公布，也可以举行听证会。

（4）对机构或者部门不同意见的协调。有关机构或者部门对规章送审稿涉及的主要措施、管理体制、权限分工等问题有不同意见的，法制机构应当进行协调，达成一致意见；不能达成一致意见的，应当将主要问题、有关机构或者部门的意见和法制机构的意见上报本部门或者本级人民政府决定。

（5）形成规章草案和对草案的说明。法制机构应当认真研究各方面的意见，与起草单位协商后，对规章送审稿进行修改，形成规章草案和对草案的说明。说明应当包括制定规章拟解决的主要问题、确立的主要措施以及与有关部门的协调情况等。规章草案和说明由法制机构主要负责人签署，提出提请本部门或者本级人民政府有关会议审议的建议。

5. 地方政府如何决定规章？

地方政府规章是地方行政管理事务中的重要事项，应当经政府常务会议或者全体会议决定，以保证地方政府重大决策的科学性和可行性。审议规章草案时，由法制机构作说明，也可以由起草单位作说明。然后由政府领导人提出问题，与会有关人员发表意见。最后由主持会议的政府领导人决定是否通过。通过规章不要求经过表决，因为国家行政机关是实行首长负责制，而不是实行委员会制，无须表决。

法制机构应当根据有关会议审议意见对规章草案进行修改，形成草案修改稿，报请本部门首长或者省长、自治区主席、市长、自治州州长签署命令予以公布。

6. 地方政府规章如何公布？

在规章通过之后，公布就成为制定规章的最后程序，也是规章对公众产生法律效力的标志。未经合法程序公布的规章不应当具有法律效力，对公众没有约束力。规章应当由机关首长签署命令公布。公布规章的命令应当载明该规章的制定机关、序号、规章名称、通过日期、施行日期、部门首长或者省长、自治区主席、市长、自治州州长署名以及公布日期。部门联合规章由联合制定的部门首长共同署名公布，使用主办机关的命令序号。根据《规章制定程序条例》的规定，规章应当自公布之日起 30 日后施行；但是，涉及国家安全、外汇汇率、货币政策的确定以及公布后不立即施行将有碍规章施行的，可以自公布之日起施行。

7. 地方政府规章如何刊载？

规章制定后应当全部及时地在有关媒体上公布。为了统一公布形式，立法法规定，部门规章签署公布后，及时在国务院公报或者部门公报和中国政府法制信息网以及在全国范围内发行的报纸上刊载。地方政府规章签署公布后，及时在本级人民政府公报和中国政府法制信息网以及在本行政区域范围内发行的报纸上刊载。其中，部门规章和地方政府规章签署公布后，及时在中国政府法制信息网刊载是 2015 年修改立法法增加的内容，目的是为了归口网络发布平台，便于公众查询了解，增加规章发布的透明度。

立法法规定，在国务院公报或部门公报上刊登的部门规章文本为标准文本。根据这一规定，其他各种形式的规章文本，包括部门自己印发的单行本或汇编本，如果同在国务院公报或部门公报上刊登的规章文本不一致，应当以国务院公报或部门公报上刊登的文本为准。如果国务院公报上刊登的文本同部门公报上刊登的文本不一致，应当以国务院公报上刊登的文本为准。因为国务院公报权威性更大、发行范围更宽，其严肃性和权威性应当受到维护和保证。同样地，在地方政府公报上刊登的地方政府规章文本为标准文本。

8. 地方政府规章如何解释？

规章有下列情况之一的，由制定机关解释：（1）规章的规定需要进一步明确具体含义的；（2）规章制定后出现新的情况，需要明确适用规章依据的。

规章解释由规章制定机关的法制机构参照规章送审稿审查程序提出意见，报请制定机关批准后公布。规章的解释同规章具有同等效力。

第七章　适用与备案审查

1. 为什么宪法具有最高法律效力？

法的效力就是法的强制力和拘束力。法作为一种社会行为规范，是以国家强制力作为后盾来保证其实施的，公民必须遵守执行，否则，就会受到国家强制力的制裁。但同样是法律规范，因其制定机关、制定程序和依据不同，其效力等级也不一样。在我国，全国人民代表大会及其常务委员会可以制定宪法、法律，国务院可以制定行政法规，省级人民代表大会及其常务委员会、省会市人民代表大会及其常务委员会、设区的市的人民代表大会及其常务委员会可以制定地方性法规，经济特区的人民代表大会及其常务委员会可以制定特区法规和地方性法规，自治区、自治州、自治县的人民代表大会及其常务委员会可以制定自治条例和单行条例，国务院组成部门、直属机构、省级政府、省会市和本法所称设区的市的政府以及经济特区所在地的市政府可以制定规章。因此，法律、行政法规、地方性法规、自治条例和单行条例、规章都是我国法律体系的组成部分。虽然根据行政诉讼法的规定，规章在法院审理案件时，只具有“参照”作用，但对公民来说，规章也是要遵守执行的，也具有法的效力。

宪法是全国人民代表大会制定的，是法律的一种，是国家法律体系的核心。宪法与其他法律在制定程序、内容等方面又有区别，宪法是按照一种特别程序制定的，它规定的是国家的根本制度，是国家生活中最根本、最重要的问题。宪法是国家的根本大法，是国家的总章程，是制定法律的依据。因此，它的地位高于法律，具有最高权威和最高法律效力。所有法律必须符合宪法的规定，否则，与宪法相抵触的法律都没有法律效力。宪法序言和宪法第五条第三款规定："一切法律、行政法规和地方性法规都不得同宪法相抵触"。本来在全国人大常委会审议的草案中规定各种规范性文件的法律效力等级时，最初的立法法草案中并没有这一规定。但有的同志认为，既然立法法要确立我国法律体系中各种规范性文件的效力等级，缺少宪法的效力的规定是不完整的，重申宪法这一规定，对正确把握法律效力的层级关系和准确适用法律有积极意义。其他规范性文件效力等级的比较，首先必须看它是否符合宪法的规定，如果违反宪法的规定，效力等级无论高低都没用。因此，立法法重申了宪法的规定。

2. 法律、行政法规、地方性法规、规章的效力等级是怎样的？

法律、行政法规、地方性法规、规章等规范性文件都是有效的，但它们之间有效力等级之分。目前，我国已制定了二百四十多部法律和有关法律问题的决定，七百三十多件行政法规，九千三百多件地方性法规和数以万计的规章，它们都是我国法律体系的组成部分，是调整不同性质社会关系、实施社会管理和依法治国的依据。由于这些规范性文件是不同的机关制定的，难免会出现不一致或冲突的情况，在适用时难以选择。为了解决规范性文件之间的冲突，需要明确不同主体制定的规范性文件之间的效力等级。这样，在出现冲突时，可以依照法的规范的不同效力等级，选择优先适用的法的规范。因此，规定法的效力等级，是为了解决不同等级的法的规范之间的冲突，便于法的适用，以保证法制的统一。

首先，法律的效力高于行政法规、地方性法规和规章。在由宪法、法律、行政法规、地方性法规、自治条例和单行条例、规章等组成的法律体系中，宪法是根本大法，具有最高法律效力。在宪法之下，全国人大及其常委会制定的法律的效力等级最高。根据宪法的规定，全国人民代表大会及其常委会是国家最高权力机关，行使国家立法权。因此，严格地说，只有全国人民代表大会及其常委会有立法权，其他机关的立法权都是派生的。全国人民代表大会及其常委会制定的法律是制定行政法规、地方性法规、规章的依据。因此，法律的效力高于行政法规、地方性法规和规章，与法律相抵触的行政法规、地方性法规和规章是无效的。

其次，行政法规的效力高于地方性法规、规章。我们容易理解行政法规的效力高于规章，这是因为国务院是最高国家行政机关，它统一领导国务院各部门和地方政府的工作，国务院制定的行政法规，国务院各部门和地方政府必须贯彻落实，行政法规是规章的制定依据，因此，规章的效力等级当然比行政法规要低。但为什么行政法规的效力要高于地方性法规呢？理由有以下几点：

第一，我国是单一制国家，地方的权力不是基于人民的自治权，而是来自于中央的授权，地方没有中央不能干预的保留权力。如1954年宪法没有规定地方人大可以制定地方性法规，地方人大就没有立法权。考虑到我国地域广阔、人口众多，各地政治经济文化发展不平衡，要发展经济，必须充分发挥地方的积极性和主动性。因此，1979年地方组织法赋予地方人大制定地方性法规的权力，给予地方一定的自主权。

第二，行政法规是依据宪法和法律制定的，在全国范围内实施，而地方性法规只是在一定行政区域内有效。为了实现中央对地方的统一领导，建立统一的市场经济，保证国家法制的统一，也需要确立行政法规的权威。

第三，国务院是最高国家权力机关的执行机关，向全国人大及其常委会负责并报告工作，通过制定颁布行政法规，贯彻实施法律，执行国家权力机关的决议、决定。行政法规是国务院履行执行职责的重要形式。

总之，规定行政法规的效力高于地方性法规是我国政治制度、国家结构和历史传统等因素决定的。现实中，行政法规的数量超过法律，在社会管理中起着重要作用。

需要注意的是，确立法的效力等级是为了在解决法律冲突时，如何选择优先适用的法律规范，并不是说法的效力等级低，对行政相对人不管用。对行政相对人来说，无论是法律、行政法规、地方性法规还是规章，都必须遵守。

3. 地方性法规与地方政府规章的效力等级是怎样的?

我国立法体制是统一而又分层次的立法体制，形成的法律体系必然具有多层级结构，这也与我国实行的各级人民大会的根本政治制度相符合。为了维护国家法制统一，保证法律法规、地方性法规有效实施，实现地方性法规执行效力，立法法第八十九条明确地方性法规的效力等级，以防止地方性法规与本级和下级政府规章之间发生冲突的产生。

首先，地方性法规的效力高于本级和下级地方政府规章。地方性法规是地方人大及其常委会制定的规范性文件，地方政府规章是地方政府制定的规范性文件。按照我国宪法确立的政治体制，地方人大及其常委会是地方权力机关，地方政府是权力机关的执行机关，它由本级人大选举产生，对本级人大负责。地方人大制定的地方性法规，地方政府要负责贯彻实施。在地方性法规与地方政府规章的关系上，地方性法规是地方政府制定规章的依据之一，地方性法规的效力要高于地方政府规章。立法法规定地方性法规的效力高于本级和下级地方政府规章，也反映了权力机关与执行机关之间的关系。但如果地方政府规章是根据法律、行政法规制定的，在与本级或上级人大制定的地方性法规发生冲突时，不能一味否定地方政府规章的效力，要看地方性法规是否与法律、行政法规一致，如果不一致，地方性法规就不能适用。

其次，上级政府规章的效力高于下级政府规章。省、自治区人民政府规章是省、自治区人民政府按照规章制定程序制定的规范性文件，它在全省、自治区范围内有效。设区的市、自治州的人民政府规章是设区的市、自治州的人民政府按照规章制定程序制定的规范性文件，它在设区的市、自治州所辖区域内有效。从规章的效力范围上说，省、自治区政府规章要比其所辖的设区的市、自治州的政府规章要广。从上下级政府的关系上来说，上级政府领导下级政府，省、自治区人民政府领导其所辖区内的设区的市、自治州的人民政府。因此，规定省、自治区人民政府制定的规章的效力高于本行政区域内的设区的市、自治州的人民政府制定的规章，符合我国的行政管理体制。

需要注意的是：一是立法法第七十二条第五款的规定赋予自治州具有设区的市相同的地方立法权。这是根据民族区域自治法规定的自治州行使设区的市的职权规定，相应赋予自治州人大及其常委会设区的市地方立法权。给了自治州这一地方立法权后，自治州就享有两个立法权：地方性法规制定权，自治条例和单行条例制定权。二是设区的市包括经济特区所在地的市。2000 年以前，全国人大授予的经济特区所在地的市的人民政府的规章制定权是一般地方政府规章的权限，与授权特区人大及其常委会制定特区法规性质不一样。因此，经济特区所在地的市的人民政府享有的制定规章的权限是一般的设区的市的人民政府制定规章的权限，不是特别权限，其效力比其所在的省级政府规章要低。

4. 什么是自治条例和单行条例的优先适用效力？

自治条例和单行条例是民族自治地方的人民代表大会依照当地民族的政治、经济和文化的特点制定的，是一种特殊的地方立法。我国是一个统一的、多民族的国家，为了保护少数民族的平等权益，宪法和民族区域自治法赋予民族自治地方自治权，其中包括制定自治条例和单行条例的权力。自治条例和单行条例不同于一般的地方性法规，虽然它也是地方国家权力机关制定的，但它可以变通法律、行政法规。全国人大及其常委会通过的刑法、民法通则、婚姻法、继承法、收养法、民事诉讼法、妇女权益保护法等8部法律规定民族自治地方可以变通或者补充法律的规定，截止到1998年年底，民族自治地方制定单行条例209个，对法律作出变通和补充规定的64个，内容包括婚姻、继承、资源开发、计划生育、未成年人保护、社会治安、环境保护以及土地、森林、草原管理等。立法法第七十五条进一步明确规定自治条例和单行条例可以根据当地民族的特点，对法律、行政法规的规定作出变通规定。由此可见，在民族自治地方，自治条例和单行条例有优先适用的效力。

5. 什么是经济特区法规的优先适用效力？

经济特区法规是经济特区所在地的人民代表大会及其常委会根据全国人大的授权制定的。为了适应改革开放，发展经济的需要，全国人大先后授权广东、福建、海南和深圳、厦门、珠海、汕头等省、市的地方人大及其常委会制定经济特区法规。经济特区法规遵循宪法的规定，在不同法律和行政法规的基本原则相抵触的前提下，根据具体情况和实际需要制定。特区法规享有的权限比一般地方性法规的权限要大，它可以变通法律、行政法规和地方性法规，将国家给予经济特区的特殊政策具体化，在改革开放方面作出探索试验性规定，起立法“试验田”的作用。这是授权制定经济特区法规的目的所在。因此，对其所作的变通规定，在经济特区范围内，它有优先适用的效力。

需要注意的是，深圳、厦门、珠海、汕头四个特区市除享有经济特区法规制定权以外，立法法还规定它可以制定一般性地方性法规。

经济特区制定的地方性法规，不能变通法律、行政法规和省人大及其常委会制定的地方性法规，其效力低于法律、行政法规和省人大及其常委会制定的地方性法规。

6. 部门规章和地方政府规章的效力范围是怎样的？

规章是国务院部门或地方政府制定的规范性文件。规章有两类，一类是部门规章，即国务院各部、委员会、中国人民银行、审计署和具有行政管理职能的直属机构制定的，另一类是地方政府规章，即省、自治区、直辖市和设区的市、自治州的人民政府，根据法律、行政法规和本省、自治区、直辖市的地方性法规制定的。规章对贯彻执行法律、法规，规范行政管理和社会行为，都起到了积极作用。但由于享有规章制定权的机关比较多，规章的数量也相当庞大，规章之间可能发生冲突，给规章的执行带来困难，在一定程度上影响了规章的效力和严肃性。因此，必须明确不同规章之间的关系，建立解决规章冲突的机制。

首先，部门规章之间具有同等效力。

国务院部门和直属机构都是国务院的组成部分，它们之间的地位是平等的，根据国务院的“三定”方案，它们都有自己的管理权限范围。因此，它们根据自己的管理权限制定的规章的效力也是一样的。

其次，部门规章与地方政府规章之间具有同等效力。

虽然国务院部门对地方政府相应的部门有指导或领导关系，但在行政领导关系上，国务院部门是国务院的组成部门，地方政府是地方行政机关，都由国务院领导，它们之间没有领导与被领导关系。因此，它们制定的规章也没有高低、上下之分，效力是一样的。对于地方政府规章之间的效力，平级地方之间的地方政府规章由于相互间没有隶属关系，自然适用各自范围内施行的原则；对于上下级政府间地方政府规章的效力适用原则，适用立法法第八十九条第二款的规定。

立法法第九十一条的规定只是确认了规章之间的效力等级，但没有规定规章发生冲突该如何解决。如果部门规章之间、部门规章与地方政府规章之间发生冲突，按照立法法第九十五条的规定，由国务院裁决。

7. 什么是特别规定优于一般规定？

也就是“特别法优于一般法”。特别规定是根据某种特殊情况和需要规定的调整某种特殊问题的法律规范。一般规定是为调整某类社会关系而制定的法律规范。特别法是一种相对性的概念，它与一般法的区分是相对而不是绝对的。这种相对性主要体现在适用范围（即对象、事项、地域或者时间的效力范围）的不同。相比之下，适用范围较窄者为特别法，适用范围较宽者为普通法。如合同法调整所有的民事合同关系，合同法的规定就是一般规定。除合同法对合同有规定外，海商法、铁路法、航空法等法律分别对海上运输合同、铁路运输合同、航空运输合同作了规定。相对于合同法的规定来说，这些规定都是特别规定。确立特别规定优于一般规定的规则，是因为特别规定是在考虑具体社会关系的特殊需要的前提下制定的，更符合它所调整的社会关系的特点，所以具有优先适用的效力。如海商法、铁路法、航空法等根据海上运输、铁路运输和航空运输的特点，对海上运输合同、铁路运输合同、航空运输合同作了比较详细的规定，如果与合同法不一致，在选择适用的法律时，应当优先适用海商法、铁路法、航空法。

8. 什么是新规定优于旧规定？

也就是“新法优于旧法”。一切法律都是根据当时的社会关系的情况制定的，随着社会关系的发展变化，法律规范也存在过时的问题，需要不断地修改和更新。法的修改和更新有多种形式，有的是制定了新的同一个法律，有的是在相关的法律中重新作了规定，有的明确宣布哪些法律规范被废止，有的没有明确。因此，在新法与旧法之间，新的规定与旧的规定之间，就会产生冲突，这时就要确立如何选择适用的规则。因此，立法法明确了新的规定优于旧的规定的适用规则。

理解新的规定优于旧的规定这一规则，需要注意两个问题。一是与立法法第九十三条有关法的溯及力的规定区别开。立法法第九十二条规定的新的规定优于旧的规定，是两个规范性文件的规定有效的情况下，该适用哪个规定。立法法确定的是从新的原则。法的溯及力是解决新法对它生效以前发生的事件和行为是否适用的问题，一般是从旧的原则。二是注意在法律条文中明确规定“法律另有规定的除外”的情形。如行政诉讼法第四十六条第一款规定：“公民、法人或者其他组织直接向人民法院提起诉讼的，应当自知道或者应当知道作出行政行为之日起六个月内提出。法律另有规定的除外。”这就说明，提起行政诉讼的一般期限为六个月，但现行法律中还有一些特别的规定，如专利法第四十六条规定的三个月，土地管理法第十六条规定的三十日，水污染防治法第八十四条规定的十五日等。显然，专利法等各单项法律关于提起行政诉讼的期限的规定相对于行政诉讼法第四十六条，是“特别法”，同时也是“旧法”，但由于行政诉讼法作出了“法律另有规定的除外”的规定，因此不再适用“新法优于旧法”的原则，而是适用“特别法优于一般法”的原则。

9. 什么是法不溯及既往？

法的溯及力是关于法是否有溯及既往的效力的问题。即法对它生效前所发生的事件和行为是否适用的问题，如果适用，就是有溯及力，如果不适用，就是没有溯及力。法的溯及力是法的效力的一个重要方面。法作为社会的行为规范，它通过对违反者的惩戒来促使人们遵守执行，人们之所以对自己的违法行为承担不利后果，接受惩戒，就是因为事先已经知道或者应当知道哪些行为是法律允许的，哪些行为是法律不允许的，法律对人们的行为起指导和警示作用。不能要求人们遵守还没有制定出来的法律，法只对其生效后的人们的行为起规范作用。如果允许法具有溯及力，人们就无法知道自己的哪些行为将要受到惩罚，就没有安全感，也没有行为的自由。因此，“法不溯及既往”是一项基本的法治原则。这也是世界上大多数国家通行的原则。如美国 1787 年宪法规定：追溯既往的法律不得通过。法国民法典规定：法律仅仅适用于将来，没有溯及力。在我国，“法无溯及力”同样适用于民法、刑法、行政法等方面。我国刑法第十二条规定了“从旧兼从轻”的原则：“中华人民共和国成立以后本法施行以前的行为，如果当时的法律不认为是犯罪的，适用当时的法律；如果当时的法律认为是犯罪的，依照本法总则第四章第八节的规定应当追诉的，按照当时的法律追究刑事责任，但是如果本法不认为是犯罪或者处刑较轻的，适用本法。”如刑法修正案（八）取消了走私普通货物、物品罪的死刑，如果现在对在刑法修正案（八）施行前（2011 年 5 月 1 日前）的涉嫌该罪的被告人进行审判，即使他符合原条款判决死刑的条件，也不能对其适用死刑。

10. 法不溯及既往有什么例外？

无论是法律、行政法规、地方性法规、自治条例和单行条例还是规章，不论其效力等级是高还是低，都没有溯及既往的效力。这是一个原则，但是，任何原则都是相对的，都可能有例外。对于法不溯及既往原则来说，主要是从轻例外，即当新的法律规定减轻行为人的责任或增加公民的权利时，作为法律不溯及既往原则的一种例外，新法可以溯及既往。从轻例外通常适用于公法领域，如在刑法的溯及力问题上，各国普遍采取从轻原则。立法法第九十三条规定，为了更好保护公民、法人和其他组织的权利和利益，法律规范可以有溯及力。这里的“公民、法人和其他组织”是指法律、法规、规章等规范性文件所直接指向的公民、法人和其他组织，是法律、法规、规章等特定的调整对象，不是泛指，不是为了保护多数人的利益而使法律、法规、规章等具有溯及力。

11. 法律、行政法规新的一般规定和旧的特别规定有冲突时如何解决？

同一机关制定的规范性文件具有同等效力，从理论上说，它们会协调一致，不会出现冲突。但是，由于不同的规范性文件调整社会关系的范围和角度不一样，制定规范性文件的时间有先有后，以及立法技术的缺陷等原因，同一机关制定的规范性文件不一致的现象还是存在的。因此，立法法第九十五条第一项规定，同一机关制定的新的一般规定与旧的特别规定不一致时，由制定机关裁决。制定机关可以根据立法的目的、原意作出裁决。

立法法第九十四条第一款规定，法律之间对同一事项的新的一般规定与旧的特别规定不一致，不能确定如何适用时，由全国人大常委会裁决。裁决的程序立法法没有规定，一般是由执法机关逐级上报到全国人大常委会。如可以通过本系统，上报到国务院、中央军事委员会、最高人民法院、最高人民检察院和各省、自治区、直辖市人大常委会，由它们向全国人大常委会提出。全国人大常委会的裁决在性质上与法律解释相类似。因此，裁决程序原则上可以参照法律解释的程序。

行政法规之间对同一事项的新的一般规定与旧的特别规定不一致，不能确定如何适用时，由国务院裁决。国务院可以根据立法的原意，作出裁决。

需要指出的是，由于设区的市、自治州地方性法规须报省、自治区人大常委会批准，省、自治区人大及其常委会制定的地方性法规，与其所辖的设区的市、自治州人大及其常委会制定的地方性法规的效力等级是一样的，它们之间发生冲突，应当由省、自治区人大常委会裁决。

12. 地方性法规与部门规章之间对同一事项规定不一致时，如何解决？

地方性法规是由地方国家权力机关制定的，在其所辖行政区域内有效，部门规章是由国务院部门制定的，在全国范围内有效，从适用的地域范围上，部门规章大于地方性法规。但地方性法规和部门规章不在一个效力层次，地方性法规可以作为人民法院的审判依据，规章在法院审判时只作为参照。因此，不好明确地方性法规和部门规章谁高谁低，发生冲突时，谁该优先适用。这就需要有个解决冲突的机制。立法法第九十五条第一款第二项规定由国务院先提出意见，是因为国务院有权对规章是否合法或合理作出判断，如果是部门规章的问题，国务院可以行使改变或撤销权，但国务院无权改变或撤销地方性法规，因此，如果国务院认为地方性法规有问题，应当适用部门规章的，应当提请全国人大常委会作出裁决。

13. 规章之间对同一事项的规定不一致时，如何解决？

部门规章是国务院部门在其权限范围内制定的，由于管理权限划分不清或交叉，部门规章的规定会有冲突。同时，部门规章和地方政府规章之间调整的社会关系有时是重合的，部门规章在全国范围内施行，地方政府规章在其所辖区域内有效，因此，部门规章和地方政府规章也会发生冲突，由于部门规章之间、部门规章和地方政府规章之间具有同等效力，不好明确规定发生冲突时谁该优先适用。而国务院部门和地方政府，都归国务院统一领导。因此，立法法第九十五条第一款第三项规定部门规章之间、部门规章与地方政府规章之间对同一事项规定不一致时，由国务院裁决。

14. 授权法规与法律的规定不一致时，如何解决？

经济特区法规根据授权，可以对法律作变通规定；根据授权制定的行政法规也享有较大的立法权限，以至于有观点认为根据授权制定的法规的效力相当于法律。因此，当它们与法律不一致时，需要判断其对法律所作的变通是否合理，是不是违反授权规定，是不是违背法律的基本原则。如果没有违背法律的基本原则，没有违反授权规定，对法律所作的变通是合理的，就应当适用根据授权制定的法规，如果不能确定，就应当由全国人大常委会作出裁决。

15. 哪些情况下法律、法规、规章应当被改变或者撤销？

立法法第九十六条规定了应予改变或撤销法律、法规、自治条例和单行条例、规章的几种情形。

一是超越权限的。立法权是国家主权的重要内容，根据我国宪法确立的立法体制，全国人大及其常委会是立法机关，统一行使国家立法权。但是为了更好地实现社会管理以及发挥地方的积极性、主动性，宪法和地方组织法又赋予国务院、地方人大及其常委会、国务院部门和地方政府等享有不同形式的立法权，由此形成了具有中国特色的统一的多层次的立法体制。因此，由不同立法机关制定的法律、行政法规、自治条例和单行条例、规章，都是具有法律效力的规范性文件，它们对调整社会关系，规范人们的行为，维护社会秩序都起着重要的作用。但它们的制定机关不同，立法权限也是不一样的，立法法第七条、第八条、第九条、第六十五条、第七十二条、第七十三条、第七十四条、第七十五条、第八十条、第八十一条、第八十二条分别对全国人大及其常委会、国务院、自治地方的人大、地方人大及其常委会、国务院部门和地方政府的立法权限作了比较明确的划分，如规定全国人民代表大会制定和修改刑事、民事、国家机构的和其他的基本法律，全国人大常委会制定和修改除由全国人民代表大会制定的法律以外的其他法律，并列举了应当制定法律的11项内容等。因此，制定机关应当在自己的权限范围行使权力。超越权限进行的立法，应属无效，应当由有关机关予以改变或者撤销。

二是下位法违反上位法规定的。法律的位阶是一个相对概念，它是在两个规范性文件之间作比较，效力等级高的，是上位法，效力等级低的，是下位法。立法法第八十八条至第九十一条规定了不同规范性文件之间的效力等级。根据立法法的规定，法律是上位法，行政法规、地方性法规和规章都是下位法；行政法规是上位法，地方性法规和规章是下位法；地方性法规是上位法，本级和下级地方政府规章是下位法；上级地方政府规章是上位法，下级地方政府规章是下位法。确立法的效力等级，给不同规范性文件排座次，是为了解决它们之间的冲突。因此，如果下位法与上位法相冲突，违反了上位法的规定，下位法就不能适用，就应当被改变或撤销。

三是规章之间对同一事项的规定不一致，经裁决应当改变或者撤销一方的规定的。部门规章之间、部门规章与地方政府规章之间都有同等效力，它们在各自权限范围内施行。如果它们对同一事项的规定不一致，由国务院裁决，确定应当适用哪个规章。对违法或不适当的规章，国务院应当予以改变或者撤销。

四是规章的规定被认为不适当应当予以改变或者撤销的。制定规章是一种抽象行政行为，它同时要遵循合法性和合理性的原则。合法性就是不与法律、行政法规等上位法冲突，合理性也就是适当性，即要符合客观规律。规章不合法的，要改变或者撤销，不适当的，也应当改变或者撤销。

五是违背法定程序的。立法是一项程序性很强的活动，它是通过一定的民主程序，将符合多数人的利益和意志的行为规范上升为法律规范，让所有的人遵守执行。因此，程序合法是规范性文件有效的一个前提条件。立法法是“管法的法”，对制定法律、行政法规、地方性法规、自治条例和单行条例、规章的程序都作了规定。此外，国务院颁布了《行政法规制定程序条例》《规章制定程序条例》，多数地方制定了地方立法条例或者地方性法规制定程序，作为制定法规、规章的程序依据。制定机关应当严格依照立法法以及其他法律规定的程序，否则，制定出来的规范性文件就是无效的。

需要注意的是，改变和撤销是有区别的，改变的只是规范性文件的部分条款，撤销的是整个规范性文件。

16. 全国人大及其常委会有权改变或撤销哪些规范性文件？

全国人民代表大会是最高国家权力机关，它享有监督宪法实施的权力。全国人大常委会是它的常设机关，根据宪法第六十二条的规定，全国人民代表大会有权改变或者撤销全国人大常委会不适当的决定。因此，如果全国人大常委会制定的法律不适当，全国人民代表大会有权予以改变或撤销。全国人大常委会除制定法律外，还批准自治区人大制定的自治条例和单行条例。根据立法法第七十五条第二款的规定，自治条例和单行条例可以根据当地民族的特点，对法律和行政法规的规定作出变通规定，但不得违背法律或者行政法规的基本原则，不得对宪法和民族区域自治法的规定以及其他有关法律、行政法规专门就民族自治地方所作的规定作出变通。当然，自治条例和单行条例更不能违背宪法。如果全国人大常委会批准的自治条例和单行条例违背了上述规定，全国人民代表大会有权予以改变或者撤销。

全国人大常委会是全国人民代表大会的常设机关，它监督宪法的实施。根据宪法第六十七条的有关规定，它有权撤销国务院制定的同宪法、法律相抵触的行政法规、决定和命令；有权撤销省、自治区、直辖市国家权力机关制定的同宪法、法律和行政法规相抵触的地方性法规和决议。此外，全国人大常委会还有权撤销自治州、自治县的自治条例和单行条例。因为自治州、自治县的自治条例和单行条例是报省、自治区、直辖市的人大常委会批准后生效的，它反映了省、自治区、直辖市一级权力机关的意志，一般由省、自治区、直辖市人大以决议形式予以批准，其效力等级比较高，如果违反宪法和立法法第七十五条第二款的规定，应由全国人大常委会予以改变或者撤销。

17. 国务院有权改变或者撤销哪些规范性文件？

国务院是最高国家行政机关，它统一领导国务院各部门的工作，统一领导全国地方各级国家行政机关的工作。根据宪法第八十九条的规定，它有权改变或者撤销各部、各委员会发布的不适当的命令、指示和规章，改变或者撤销地方各级国家行政机关的不适当的决定和命令。立法法进一步重申了宪法的这些规定。

18. 地方人大及其常委会有权改变或者撤销哪些规范性文件？

省、自治区、直辖市人民代表大会是地方国家权力机关，省、自治区、直辖市人大常委会是它的常设机构，人民代表大会有权监督其常委会的工作，因此对其常委会制定和批准的不适当的地方性法规，有权予以改变或者撤销。

地方人大及其常委会是地方国家权力机关，本级政府由它产生，向它负责。因此，地方人大常委会可以撤销本级人民政府制定的不适当的规章。这里的地方人大和地方人大常委会是指省、自治区、直辖市人大及其常委会，和设区的市、自治州人大常委会。

19. 省、自治区人民政府有权改变或者撤销哪些规范性文件？

省、自治区人民政府领导下级政府的工作，它有权改变或者撤销下级政府不适当的决定。因此，对下一级政府制定的不适当的规章，它有权予以改变或者撤销。下一级政府的规章包括设区的市、自治州人民政府制定的规章。

20. 什么是“抵触”和“不适当”？

关于什么是“抵触”，法律没有明确规定，以下几种情况应当属于“抵触”：

（1）上位法有明确的规定，与上位法的规定相反的；

（2）虽然不是与上位法的规定相反，但旨在抵消上位法的规定的，即搞“上有政策下有对策的”；

（3）上位法没有明确规定，与上位法的立法目的和立法精神相反的；

（4）违反了立法法关于立法权限的规定，越权立法的；

（5）下位法超出上位法规定的处罚的种类和幅度的。

符合上述5项中任何一项，都可以认为是与上位法相抵触。

关于什么是“不适当”，立法法第九十七条没有明确规定，一般认为，不适当就是不合理、不公平。以下几种情况可以视为不适当：

（1）要求公民、法人和其他组织执行的标准或者遵守的措施明显脱离实际的；

（2）要求公民、法人和其他组织履行的义务与其所享有的权利明显不平衡的；

（3）赋予国家机关的权力与要求与其承担的义务明显不平衡的；

（4）对某种行为的处罚与该行为所应承担的责任明显不平衡的。

21. “改变”和“撤销”的区别是什么？

在立法法第九十七条的七项规定中，有4处“改变”，10处“撤销”。如本书前述，改变和撤销是有区别的，改变的只是规范性文件的部分条款，撤销的是整个规范性文件。但是，有权改变和撤销的主体分别有哪些，可以被改变和撤销的规范性文件分别有哪些，一些从事立法工作的同志也不好掌握。在此，需要掌握一个区分的关键原则：两机关是否有领导关系。有领导关系的机关之间，上级可以改变，也可以撤销下级机关制定的规范性文件；无领导关系的机关，上级只能撤销下级机关制定的规范性文件，而不能改变。如全国人大对其常委会，省级人大对其常委会，国务院对其所属部门，国务院、省级人民政府对其下级人民政府，就可以适用“改变”和“撤销”；全国人大常委会对国务院、下级人大及其常委会，地方人大常委会对本级人民政府，授权机关对被授权机关，就只能适用“撤销”。

需要注意的是，设区的市、自治州人大常委会制定的地方性法规，不能由同级人大改变或者撤销，只能由省级人大改变或者撤销。这是因为，设区的市、自治州人大常委会制定的地方性法规，须报省级人大常委会批准。对于上级人大常委会批准的法规，下级人大当然无权改变或者撤销。此外，全国人大对于全国人大常委会批准的自治条例和单行条例，只能适用“撤销”而不能“改变”。

22. 行政法规如何报备案？

在立法法制定以前，宪法和有关的法律并没有规定国务院制定的行政法规应当报全国人大常委会备案，只是在 1985 年 4 月六届全国人大三次会议上通过的《关于授权国务院在经济体制改革和对外开放方面可以制定暂行规定或者条例的决定》中，规定国务院根据该授权决定制定的暂行规定或者条例要报全国人民代表大会常务委员会备案。但这项制度并没有得到落实，国务院依授权决定制定的规定或暂行条例并没有报全国人大常委会备案。

国务院是国家的最高行政机关，是国家最高立法机关的执行机关，其制定的行政法规主要涉及为执行法律的规定需要制定行政法规的事项和属于国务院职权中的行政管理事项，随着经济体制改革和对外开放的深入，国务院立法活动日益活跃。由于其立法数量较多，层次较高，影响面较大，具有一定的权威性。为了加强对行政法规的监督审查，维护国家法制的权威和统一，立法法明确将行政法规纳入全国人大常委会的备案范围。

23. 地方性法规如何报备案？

地方性法规是省、自治区、直辖市人大及其常委会和设区的市人大及其常委会制定的适用于本行政区域的规范性文件。制定地方性法规是为了执行法律和行政法规的规定或者管理本行政区域内的社会事务的需要，并且不得同法律、行政法规相抵触。为了便于全国人大常委会、国务院对地方性法规进行审查监督，立法法规定，地方性法规应当报全国人大常委会和国务院备案。在立法法起草过程中，曾经想扩大较大的市（省会首府市、经济特区所在地的市和经国务院批准的较大的市）的人民代表大会及其常务委员会的立法权，规定较大的市制定地方性法规，不需报省级人大常委会批准，只需要报其备案即可。但有的同志认为当时各地立法水平参差不齐，赋予较大的市人大及其常委会完全立法权的时机尚不成熟，因此仍规定较大的市制定的地方性法规由省、自治区人大常委会批准，报全国人大常委会和国务院备案。在2015年立法法修改过程中，还有意见认为，设区的市一级的立法不需省级人大常委会批准。但考虑到此次赋予设区的市和自治州地方立法权的范围广，并且增加了设区的市和自治州立法权限范围的限制性规定，同时考虑到与宪法相关规定相一致，立法法仍然规定了设区的市、自治州制定的地方性法规应当经省级人大常委会批准，报全国人大常委会和国务院备案。

需要注意的是，省级和设区的市、自治州人大及其常委会是本级地方国家权力机关及其常设机关，其行使的职权除了立法权外，还有监督权、任免权、重大事项决定权，并不是说地方人大及其常委会依职权制定的所有文件都是地方性法规。只有地方人大及其常委会行使立法权制定的，具有强制力，普遍、反复适用的规范性文件，才是地方性法规，才需要报送全国人大常委会和国务院备案。在过往的备案工作中，有的将地方人大及其常委会通过的关于某项人事任免的决定当作地方性法规报全国人大常委会或有关的备案机关备案，有的还将其通过的关于地方政府工作报告的决定或者是关于召开某个会议的决定等当作地方性法规报全国人大常委会或有关的备案机关备案，这些做法都是不规范的。经过多年的工作实践，这种现象在备案工作中已经很少再出现了，但新获立法权的设区的市和自治州仍然需要注意这一问题。

24. 自治条例、单行条例如何报备案？

自治条例和单行条例是民族自治地方立法机关制定的适用于本民族区域的规范性文件。制定自治条例和单行条例是为了执行法律和行政法规的规定或者管理自治区域的社会事务的需要，自治条例和单行条例对法律、行政法规的变通是否合法，需要有监督机制，因此，根据监督权限，法律规定自治州、自治县的自治条例和单行条例应当报全国人大常委会和国务院备案。自治区制定的自治条例和单行条例因其需要经过全国人大常委会批准，这实际是比备案还要严格的审查程序，故不需要报全国人大常委会备案。由全国人大常委会批准的自治条例和单行条例，其效力相当于法律，因此，也不需要报国务院备案。自治州、自治县制定的自治条例和单行条例必须经省、自治区人大常委会批准，不需再向省、自治区、直辖市人大常委会报备案，但需要由省、自治区、直辖市人大常委会报全国人民代表大会常务委员会和国务院备案。

2015 年立法法修改，新增加规定，自治州、自治县制定的自治条例和单行条例报送备案时，应当说明对法律、行政法规、地方性法规作出变通的情况。根据立法法第七十五条第二款的规定，自治条例和单行条例可以依照当地民族的特点，对法律和行政法规的规定作出变通规定，但不得违背法律或者行政法规的基本原则，不得对宪法和民族区域自治法的规定以及其他有关法律、行政法规专门就民族自治地方所作的规定作出变通规定。自治条例、单行条例往往条款较多，其中某些条款对法律和行政法规作出的变通规定“隐藏”在其中，备案审查机关不易发现、比对和审查。为了提高备案审查工作的效率和精确度，立法法专门对自治条例、单行条例的报送备案提出了说明变通规定的要求。

25. 规章如何报备案？

规章包括部门规章和地方政府规章。部门规章是指国务院各部、委员会、中国人民银行、审计署和具有行政管理职能的直属机构，根据法律和国务院的行政法规、决定、命令，在本部门的权限范围内，制定的规章。地方政府规章是指省、自治区、直辖市和设区的市、自治州的人民政府，根据法律、行政法规和本省、自治区、直辖市的地方性法规，制定的规章。根据我国的立法监督体制，部门规章只需报国务院备案。地方政府规章的备案则相对复杂，需要向四个机关报送备案：（1）报国务院备案。因为根据宪法和地方组织法的规定，全国地方各级人民政府都是国务院统一领导下的国家行政机关，都服从国务院。地方人民政府制定的规章，当然应当报国务院备案。（2）报本级人大常委会备案。根据宪法和地方组织法，地方各级人民政府是地方各级人民代表大会的执行机关，对本级人民代表大会负责并报告工作。地方政府规章的制定依据也包括地方性法规，因此地方政府规章应当报本级人大常委会备案。（3）报上级人大常委会备案。（4）报上一级（本省、自治区）人民政府备案。根据宪法和地方组织法，地方各级人民政府对上一级国家行政机关负责并报告工作，因此设区的市、自治州的地方政府规章，应当报本省、自治区人民政府备案。

应当注意，国务院、国务院各部门和地方人民政府发布的有关内部的具体工作制度、文件，对具体事项的布告、公告以及行政处理决定等，不属于规章范畴，不需要向有关的备案机关报送备案。

26. 授权法规如何报备案？

根据授权制定的法规可分为行政法规和经济特区法规。经济特区法规经全国人大或其常委会授权，由经济特区所在省、市的人民代表大会及其常务委员会制定。立法法第九十八条规定经济特区的法规应当按照授权决定的规定备案。根据全国人大授权经济特区立法的规定，深圳、汕头、珠海、厦门等市制定的经济特区法规应分别报全国人大常委会、国务院、广东省人大常委会和福建省人大常委会备案，海南、广东和福建等省的人大及其常务委员会根据授权制定的经济特区法规应当报全国人大常委会和国务院备案。

2015年立法法修改，新增加规定，经济特区法规报送备案时，应当说明对法律、行政法规、地方性法规作出变通的情况。根据全国人大及其常委会作出的一系列关于经济特区立法的授权决定，经济特区根据具体情况和实际需要，遵循宪法的规定以及法律和行政法规的基本原则，制定法规。这就说明经济特区法规可以对法律、行政法规和本省的地方性法规进行变通。为了提高备案审查工作的效率和精确度，立法法特地对经济特区法规的报送备案提出了说明变通规定的要求。

27. 哪些国家机关可以要求全国人大常委会对有关规范性文件进行审查？

根据立法法第九十九条第一款规定，国务院、中央军事委员会、最高人民法院、最高人民检察院和各省、自治区、直辖市的人民代表大会常务委员会认为行政法规、地方性法规、自治条例和单行条例与宪法或者法律相抵触，可以通过提出审查要求和提出审查建议的方式来启动审查程序。提出审查要求是国务院、中央军事委员会、最高人民法院、最高人民检察院和省级人大常委会的权力，除此以外的其他国家机关、社会团体、企事业组织以及公民可以提出审查建议。提出审查要求是一种正式的审查启动程序，一旦有权机关提出了审查要求，就要进入正式审查程序。而提出审查建议，能否进行正式审查程序，还要经常委会工作机构进行研究，看是否有必要。目前，每年由公民、组织提出审查建议的数量都比较多，如果对每一件审查建议都启动正式的审查程序，没有必要也不太现实。实际工作中，常委会法规备案审查工作机构对公民、组织提出的每一件审查建议都进行认真接收、登记和审查研究，对发现的问题作妥善处理，这样做符合实际工作要求，也是有效的。

常委会工作机构收到审查要求后，应当分送有关的专门委员会进行审查，专门委员会承担具体的审查任务。这样规定的主要考虑是，全国人大常委会每两个月召开一次会议，会期较短，立法任务又比较重，而专门委员会是代表大会的常设性专门机构，在大会闭会期间受常委会的领导，其日常工作主要就是研究、审议和拟订有关议案。因此，立法法规定有关机关提出审查要求的，由专门委员会进行审查，提出意见。

28. 哪些主体可以建议全国人大常委会对有关规范性文件进行审查?

对公民、组织提出的审查建议如何处理呢？根据立法法第九十九条第二款的规定，对提出的审查建议，应当由常委会的工作机构先进行审查研究，并予妥善处理。如果认为确有必要，例如审查建议提出的问题重大、关注度比较高、涉及面比较广，应当送有关的专门委员会进行审查、提出意见。从实际工作情况来看，对公民、组织提出的审查建议进行审查研究，是法规备案审查工作机构的一项重要日常工作。自法规备案审查工作机构成立以来，对公民、组织提出的每一件审查建议，都严格按照有关工作程序进行接收、登记、研究、提出意见，根据不同情况作出相应处理。截至目前，已接收各类审查建议一千余件。对审查建议进行研究后，通过及时与制定机关进行沟通协商，妥善处理了一些明显存在与法律规定不一致的规范性文件，有效维护了法律的尊严，保证了法制统一。

29. 全国人大有关机构如何进行主动审查？

实践证明，对法规开展主动审查工作，是备案审查的一种有效方式，与被动审查互为补充，并行不悖。根据立法法第九十九条第三款的规定，专门委员会可以对报送备案的规范性文件进行主动审查，常委会备案审查工作机构也可以对报送备案的规范性文件进行主动审查。本款规定的“报送备案的规范性文件”，不仅包括行政法规、地方性法规、自治条例和单行条例，还包括立法法附则规定的最高人民法院、最高人民检察院作出的司法解释。该款之所以规定专门委员会和常委会工作机构“可以”对报送备案的规范性文件进行主动审查，而非“应当”进行主动审查，主要是考虑到实际工作中，每年报送全国人大常委会备案的法规特别是地方性法规数量比较多，2015 年立法法修改赋予设区的市地方立法权后还会大量增加，而从事备案审查工作的人员力量又很有限，要求对报送备案的每一件法规都进行主动审查，是不现实的。

为了加强立法监督实效，全国人大常委会法规备案审查工作机构一直以来积极工作，不断加强对新制定的法规、司法解释的主动审查研究。从 2006 年起，法规备案审查工作机构对最高人民法院和最高人民检察院报送备案的司法解释进行逐件审查研究；从 2010 年起，对国务院报送备案的行政法规进行逐件审查研究。经审查研究，对每一件行政法规、司法解释，无论是否存在与法律不一致的问题，都提出明确的审查研究意见。对审查研究中发现的明显与法律不一致的问题，积极与制定机关沟通协商，妥善解决。同时，还围绕常委会工作重点和立法工作情况，有重点地对大量地方性法规开展主动审查。

30. 为什么要强化常委会工作机构的备案审查工作职责？

立法法第一百条第一款中常委会工作机构发现违法问题可以向制定机关提出书面研究意见和第三款中常委会工作机构可以向委员长会议提出撤销法规建议的规定，是2015年立法法修改新增加的内容，这两处修改强化了常委会工作机构的备案审查工作职责。2004年，全国人大常委会在法制工作机构下设法规备案审查工作机构，专门负责法规备案审查的具体工作。十多年来，备案审查工作机构做了大量工作，承担了法规备案审查的主要工作职责。但是，根据原有法律规定，只有全国人大专门委员会有权对有关国家机关、公民、组织提出的审查意见或者审查建议进行审查，提出审查意见。常委会工作机构只能进行审查研究，发现法规、司法解释存在违宪违法问题也无权提出书面意见，只能与制定机关进行口头沟通。而专门委员会因机构设置、人员配备等原因，较少提出审查意见。这种做法已经不适应开展备案审查工作的实际需要，不利于及时有效纠正违宪违法行为。因此，强化常委会工作机构的备案审查工作职责，对于推进备案审查工作，十分必要。审查法规、司法解释是否违宪违法是常委会的法定职权，常委会可以将审查工作交由有关专门委员会承担，也可以将具体工作交工作机构承担，并要求其提出书面意见。专门委员会或者常委会工作机构的审查、研究意见不是常委会的决定，不具有强制执行力，应当允许常委会工作机构向制定机关提出书面意见，及时纠正违宪违法行为。同时，常委会工作机构向制定机关提出书面意见后，制定机关不予纠正的，应当允许常委会工作机构向委员长会议提出撤销法规的建议，启动常委会的撤销程序。这次修改极大地强化了常委会工作机构的备案审查工作职责，将有力推动备案审查工作的进一步开展。

31. 人大如何向制定机关提出审查意见或研究意见?

全国人民代表大会专门委员会、常委会工作机构经过主动审查或者被动审查，如果没有发现行政法规、地方性法规、自治条例和单行条例与宪法、法律相抵触的，审查程序就告结束；如果发现有抵触，则审查机关可以视情况需要采取以下两种方式处理：一是由专门委员会以书面方式直接向制定机关提出审查意见，或者由常委会工作机构向制定机关提出书面研究意见；二是可以由法律委员会和有关的专门委员会、常委会工作机构联合召开会议，要求制定机关到会，就存在的有关问题作出说明，经过审查机关与制定机关沟通后，再由审查机关向制定机关提出审查意见。要求制定机关到会说明情况，主要是为了便于审查机关全面、准确地了解制定机关的立法目的与立法依据、理由，相互沟通，以便于准确判断是否存在违法问题，提高审查效率。

32. 制定机关应当如何向人大反馈关于审查的意见?

为了加强审查的力度，保证审查、研究意见落到实处，立法法第一百条第一款还规定了审查、研究意见的反馈制度，即制定机关在收到审查、研究意见后，无论修改与否，都必须在两个月内对审查机构提出的审查、研究意见及时进行反馈。规定两个月的反馈期限，主要是考虑地方人大常委会一般每两个月召开一次会议，两个月的时间期限能够保证地方人大常委会开会对审查意见进行研究，并作出决定。

33. 人大可以针对制定机关的决定，作出哪些处理?

如果全国人大法律委员会、有关的专门委员会、常务委员会工作机构依法向制定机关提出审查意见、研究意见，要求制定机关自行纠正违法问题，而制定机关按照所提意见对行政法规、地方性法规、自治条例和单行条例进行修改或者废止的，由于违法问题已经得到解决，已经没有必要再进行审查了，审查将自动终止。

根据立法法第一百条第三款的规定，法律委员会、有关专门委员会、常委会工作机构审查、研究后，如果认为行政法规确与宪法或者法律相抵触，或者认为地方性法规、自治条例和单行条例与宪法、法律或者行政法规相抵触，而制定机关不予修改的，为了切实纠正违法问题，维护国家法制统一，法律委员会、有关的专门委员会应当向委员长会议提出予以撤销的议案，常委会工作机构应当向委员长会议提出予以撤销的建议，由委员长会议决定提请常务委员会会议审议决定。虽然到目前为止全国人大常委会还没有启动过撤销程序，但随着法规备案审查工作的深入开展和有序推进，以及社会各方面宪法监督意识的不断加强，这一规定必将发挥其应有的重要作用。

34. 审查情况如何反馈和公开?

立法法第一百零一条的规定是2015年立法法修改新增加的内容，为全国人大常委会建立法规备案审查反馈机制提供了法律依据。

根据该条规定，国家机关和社会团体、企业事业组织以及公民认为行政法规、地方性法规、自治条例和单行条例同宪法或者法律相抵触的，可以向全国人大常委会书面提出审查建议，由常委会工作机构进行研究，必要时，送有关的专门委员会进行审查、提出意见。自2004年以来，法规备案审查工作机构已接收公民、组织提出的各类审查建议一千多件。对收到的审查建议，法规备案审查工作机构逐件进行研究，对其中属于全国人大常委会审查范围的审查建议，逐件提出研究意见并予妥善处理。

那么，对于审查研究情况，是否应当向提出审查建议的当事人进行反馈呢？对此，社会各方面比较关注，有关公民、组织也多次反映，希望全国人大常委会备案审查工作机构向审查建议人反馈审查研究情况和处理结果，让他们了解审查工作的进展情况，避免发生审查建议

“石沉大海”的现象。为了很好地解决这个问题，近年来，法规备案审查工作机构按照工作要求，进行了建立反馈机制的探索，尝试向部分审查建议人进行反馈，取得了一定成效。从备案审查工作的实际需要来看，建立、健全审查建议反馈机制，十分必要，既回应了社会关切，保障审查建议人的知情权，也有利于增强公民、组织提出审查建议的积极性，提高社会公众对备案审查工作的关注度与参与度，同时还会督促制定机关尽早纠正违法问题，发挥备案审查制度的实效，有效维护国家法制统一。

根据该条规定，对审查建议的反馈遵循“谁审查、谁反馈”的原则，国家机关、社会团体、企业事业组织以及公民提出的审查建议，由全国人大有关的专门委员会进行审查的，专门委员会负责向审查建议人反馈审查情况；由常委会工作机构进行审查研究的，常委会工作机构负责向审查建议人反馈研究情况。

该条规定全国人大专门委员会和常委会工作机构应当“按照规定要求”向审查建议人进行反馈，按照这一规定，反馈的时间、条件、反馈的内容、形式等都需要根据今后的工作需要予以明确和规范，建立健全反馈工作机制。需要注意的是，对提出审查建议的公民、组织既要积极反馈，体现对公众参与权的尊重，又要慎重稳妥，把握社会公众参与立法和监督活动的尺度。一般来说，对公民、组织提出的审查建议，应当根据下列情况向审查建议人进行反馈：一是经审查认为建议审查的法规不存在与法律相抵触问题的，在审查结束后进行反馈，对有关情况予以说明；二是经审查认为建议审查的法规存在与法律相抵触问题的，在对相关问题审查处理后进行反馈，告知审查情况及处理结果。反馈的形式可以区分不同情况，采取书面形式或者口头形式。

为了回应社会关切，增强备案审查工作的公开与透明，该条还规定，对法规审查、研究的情况可以向社会公开。根据这一规定，常委会工作机构可以定期或者不定期将收到审查建议的情况和对审查建议审查处理的情况，以适当方式向社会公开。例如，可以通过中国人大网等网站定期发布审查处理情况，也可以通过召开媒体发布会向社会公布典型审查案例，等等。

35. 其他备案机关如何制定审查程序？

根据立法法和监督法确立的备案审查制度，享有备案审查权的机关除全国人大常委会外，还有国务院、省级人大常委会和政府以及设区的市的人大常委会。立法法第九十九条、第一百条和第一百零一条只规定了全国人大常委会对行政法规和地方性法规的审查程序，对其他接受备案的机关的审查程序没有作出明确规定。根据立法法第一百零二条的规定，其他接受备案的机关，包括国务院、省级人大常委会和政府以及设区的市的人大常委会，对报送备案的地方性法规、自治条例和单行条例、规章的审查程序，按照维护法制统一的原则，由接受备案的机关自行规定。

1990 年 2 月 18 日，国务院发布《法规规章备案规定》，对地方性法规、国务院部门规章和地方人民政府规章报送国务院备案的程序，以及对法规、规章审查的内容和程序作了规定。立法法颁布后，国务院参照立法法对该行政法规作了修改，并于 2001 年 12 月 14 日公布了《法规规章备案条例》，进一步完善了法规、规章备案审查程序，如明确了审查内容，细化了审查程序以及审查结果的处理程序。

近年来，地方各级人大常委会积极稳妥地推进规范性文件备案审查工作。目前，绝大多数省级人大常委会都根据立法法和监督法的规定，制定了有关规范性文件备案审查的地方性法规，对规章以及其他规范性文件的审查程序、审查标准、纠错机制、责任机制等内容作出了具体规定。除省级人大常委会外，长春、济南、银川等不少较大市的人大常委会也制定了关于规范性文件备案审查的地方性法规。各地通过建章立制，形成了比较完善的备案审查工作程序。2015 年立法法修改后，其他依法享有地方立法权的设区的市也要逐步建立健全规范性文件备案审查制度和工作程序。

需要注意的是，2015 年修改立法法对全国人大常委会备案审查程序的有关规定作了几处重要修改，一是增加了专门委员会和常委会工作机构对报送备案的规范性文件进行主动审查的规定；二是赋予常委会工作机构向制定机关提出书面审查意见和向委员长会议提出撤销法规建议的规定；三是增加了向审查建议人反馈审查情况的规定。这几处修改虽然只是针对全国人大常委会开展备案审查工作而言的，但对其他备案审查机关特别是地方人大常委会进一步完善备案审查制度具有重要的参考和借鉴价值，值得深入研究。

36. 地方人民法院、人民检察院能否制定司法解释性质文件？

立法法第一百零四条第三款规定的“最高人民法院、最高人民检察院以外的审判机关和检察机关”，主要是指地方人民法院、人民检察院。在立法法中明确规定地方人民法院、人民检察院不得作出具体应用法律的解释，规范其文件制定工作，对于维护法制统一，确保司法公正，具有重要的现实意义。

近年来，地方人民法院、人民检察院制定了大量用以指导审判、检察工作的文件，对于正确适用法律、规范司法行为、公正处理案件，发挥了重要作用。但是，其中有很多属于具有司法解释性质的规范性文件。据了解，这些文件大多是高级法院制定的，也有少部分由中级法院或者基层法院制定，内容大多是对法院如何具体开展审判工作、如何具体应用法律或司法解释的规定，主要包括：对刑事、民事、行政诉讼中的案件受理范围、管辖、强制措施、执行等程序性规定；对某一类案件具体适用法律提出指导性意见；对贯彻实施某一法律或司法解释的具体意见；对下级法院就某一具体案件如何处理的请示所作的具有普遍适用性质的答复等。这类文件涉及的内容非常广泛，在当地司法实践中普遍适用，对当事人的权利义务产生实质性影响，造成国家法制不统一，已引起了社会的广泛关注。一些人大代表、政协委员、法学专家通过不同渠道提出意见。全国人大常委会法规备案审查工作机构陆续收到了一些公民、组织针对地方人民法院、人民检察院制定的规范性文件提出的审查建议。

从各方面反映的意见看，地方人民法院、人民检察院制定规范性文件主要存在以下问题：一是制定此类文件没有法律依据。二是有的文件内容与法律、法规以及司法解释的规定相抵触。三是有的文件缺乏透明度和公开性。四是对此类文件缺乏有效的监督机制。

全国人大常委会、最高人民法院、最高人民检察院对这些问题非常重视，最高人民法院、最高人民检察院曾多次发文进行规范。2012年1月18日，按照司法解释集中清理工作安排，最高人民法院、最高人民检察院联合发布《关于地方人民法院、人民检察院不得制定司法解释性质文件的通知》，重申地方人民法院、人民检察院一律不得制定在本辖区内普遍适用的、涉及具体应用法律问题的“指导意见”、“规定”等司法解释性质文件，制定的其他规范性文件不得在法律文书中援引，要求地方人民法院、人民检察院对已制定的司法解释性质文件进行自行清理。

地方人民法院、人民检察院制定司法解释性质的规范性文件，与我国现行法律制度不符。1981年6月10日发布的《全国人民代表大会常务委员会关于加强法律解释工作的决议》明确规定，“凡属于法院审判工作中具体应用法律、法令的问题，由最高人民法院进行解释”；“凡属于检察院检察工作中具体应用法律、法令的问题，由最高人民检察院进行解释”。上述规定是必须坚持的法律原则，地方各级人民法院、人民检察院应当严格遵守。根据我国的立法体制和司法体制，地方人民法院、人民检察院不得制定涉及行政管理、社会公共事务和公民权利义务等对具体应用法律的问题进行解释的规范性文件。地方人民法院、人民检察院可以就自身建设和内部工作规范作出规定，也可以在总结审判、检察工作经验的基础上，制定相应的规范性文件，规范司法行为，指导审判、检察工作。但这些文件不是司法解释，不具有法律效力，不得作为裁判依据，不得在裁判文书中援引。地方各级人民法院、人民检察院在审判、检察工作中遇到需要对具体应用法律进行解释的问题，应当报请最高人民法院、最高人民检察院依法进行解释或者对法律应用问题进行请示。

第八章　主要立法技术规范

1. 法律文本的标题有什么规范？

（1）法律的标题是指法律文本的名称

一般法律文本的名称应当由三个要件组成：一是法律的适用范围；二是调整对象；三是效力等级。如《中华人民共和国行政监察法》《中华人民共和国村民委员会组织法》和《中华人民共和国商标法》等，都由以上三个要件组成。即“中华人民共和国”表示适用范围；“行政监察、村民委员会和商标”表示调整对象；“法”表示效力等级。

（2）题注是指法律标题下括号内的内容

题注内容包括法律制定机关和通过日期。明确法律制定机关是直接说明了法律的位阶。明确通过日期是直接证明了法律经过了立法机关的审议程序。其主要目的是进一步体现法律的尊严，方便法的修改或废止及执法活动。例如，企业国有资产法的题注是：2008 年 10 月 28 日第十一届全国人民代表大会常务委员会第五次会议通过，2008 年 10 月 28 日中华人民共和国主席令第五号公布，自 2009 年 5 月 1 日起施行。“第十一届全国人民代表大会常务委员会第五次会议通过”表明该法律的制定机关，“2008 年 10 月 28 日”是该法律的通过日期。同时，对于新制定的法律，题注还会标明是几号主席令，以及本法施行日期；多次修改的法律则只标明法律制定机关和通过日期。长期以来，对于法律标题下的题注并没有统一规范，造成实践中对多次修改的法律的题注形式存在不统一的问题，对此，2015 年修改立法法时对此作了规范，增加规定，经过修改的法律，应当依次载明修改机关、修改日期，不论其是以修正还是修订方式进行修改，均按照时间先后载明，并标明是第几次修正或修订。

2. 法律文本的标号形式是怎样的？

法律文本的标号形式是为了将法律内容的组成和内在联系，分明层次有机地表现出来，使法律一目了然，从而方便立法，方便使用。法律内容是否分为以及如何分为编、章、节、条、款、项、目，取决于法律内容的复杂与简单。一部法律可以分为编、章、节；也可分为条、款、目，这完全是为了将法律内容表现清楚和更具逻辑性。一般编、章、节有名称。条、款、目则是表现编、章、节内容的独立的意思单位。

（1）编

编一般设置于重大的、篇幅长法典的法律文本中，编的名称下面可设若干章，编的序号用中文数字。如我国的刑法、刑事诉讼法、民事诉讼法等设有编或分上下编。

（2）章

具有中等篇幅内容的法律，一般按章排列构成。章之上可以有编，也可以不设编，章的下面可以设若干节，内容少的章也可以不设节。可以通过章的设置情况，了解到法律的整体结构和主要内容。章的序号按中文数字依自然数顺序排列。每一章有章名，表达独立的法律内容。我国法律大量地使用章的结构，如《全国人民代表大会议事规则》《全国人民代表大会和地方各级人民代表大会选举法》、《中华人民共和国兵役法》等。

（3）节

节是设置于章下面的，节有节名。设几个节由章的内容长短决定，节的序号用中文数字表示。节可多可少也可不设，但设节最少不能少于两节。设节的目的是为了在使用法律时能清楚、迅速地了解整个法律的框架和结构。目前我国有些法律某一章的内容比较多，但并没有设节，如《地方各级人民代表大会和地方各级人民政府组织法》《中华人民共和国行政诉讼法》等，这主要是考虑整个法律文本的统一协调。

（4）条、款

①条是设在章或节之下，表示法律内容最基本的完整单位。一条规定相同的内容，同一个内容应当规定在同一个条文中。条按照中文数字，以自然数为顺序表示。一部法律的条文应当按统一的顺序排列，一贯到底，内容排列按照逻辑从一般到具体。设条的目的是为了准确、迅速、有效把握法律最基本的主旨和内容。

②款在条之下，表示条的内容分不同层次。一个款表示一个层次的意思，同一个意思只规定在一款中。款没有顺号，依附条而存在，一条可以设多款。款的使用率仅次于条，没有款的法律是很少的。

（5）项、目

①项设在款之下，表示款的内容分为不同层次的意思。设项时应当注意款的性质和层次，同一性质和层次用项表示，也可以用多项表示款的几层意思。项的序号用中文数字加括号表述。

②目设在项之下，表示项的内容分为不同层次的意思。可以用多目表示项有几层意思，目在法律中使用的比较少，序号一般用阿拉伯数字依次表述。

示例：海商法

（条）第二百一十条（第一款）除本法第二百一十一条另有规定外，海事赔偿责任限制，依照下列规定计算赔偿限额：

（第二百一十条第一款第一项）（一）关于人身伤亡的赔偿请求

（第二百一十条第一款第一项第1目）1．总吨位300吨至500吨的船舶，赔偿限额为333000计算单位；

（第二百一十条第一款第一项第2目）2．总吨位超过500吨的船舶，500吨以下部分适用本项第1目的规定，500吨以上的部分，应当增加下列数额：

501吨至3000吨的部分，每吨增加500计算单位；

3001吨至30000吨的部分，每吨增加333计算单位；

30001吨至70000吨的部分，每吨增加350计算单位；

超过70000吨的部分，每吨增加167计算单位。

（二）……

（三）……

（四）……

（五）……

（第二款）总吨位不满300吨的船舶，从事中华人民共和国港口之间的运输的船舶，以及从事沿海作业的船舶，其赔偿限额由国务院交通主管部门制定，报国务院批准后施行。

值得注意的是，上述海商法第二百一十条第一款第一项第2目之下还分有细项，由于在现有立法中已十分罕见，因此在立法技术规范中已无法定名称。

3. 立法语言的基本要求是什么？

一是准确肯定。准确肯定就是要用清楚、具体、明白无误的语言，来规定人们的行为模式和责任后果及其所要表达的其他含义。

二是严谨规范。立法语言以准确为生命，在表现形式上要做到严谨规范。

三是简洁精练。用尽可能少的语言材料表达尽可能多的内容。

四是庄重严肃。即要求立法语言协调一致并且具有稳定性，它也是法制统一、和谐的要求。

4. 法律文本中句式使用的要求是什么?

立法句式应当完整、明确，符合语法规范，词语搭配合理。常用的句式有：

（1）“的”字结构。“的”字结构是立法中常用的一种句式，是结构助词“的”附着在名词、代词、形容词或者动宾词组之后的一种无主语句式。如药品管理法第三十一条规定：“生产新药或者已有国家标准的药品的，须经国务院药品监督管理部门批准，并发给药品批准文号。”

（2）但书条款。但书法律条文中的一种特定句式，是对前文所作规定的转折、例外、限制、补充或附加条件的文字，以“但”或者“但是”引出，多用于句尾。但书条款又有三种情形：（1）与前段表示相反的关系。如刑法第十三条规定：“一切危害国家主权、领土完整和安全……的，都是犯罪，但是情节显著轻微危害不大的，不认为是犯罪。”该条文中“但书”之后的部分所规定的与前部分相反。（2）与前段表示例外的关系。如刑法第八条规定：“外国人在中华人民共和国领域外对中华人民共和国国家或者公民犯罪，而按本法规定的最低刑为三年以上有期徒刑的，可以适用本法，但是按照犯罪地的法律不受处罚的除外。”该条文中“但书”表示的是前段规定的例外情况，即按照犯罪地的法律不受处罚的行为，是前段的例外，不适用我国刑法。（3）对前段表示限制关系。如刑法第七十三条规定：“拘役的缓刑考验期限为原判刑期以上一年以下，但是不能少于二个月……”该条文中的“但书”是对前段规定的限制。（4）对前段表示补充关系。如刑法第三十七条规定：“对于犯罪情节轻微不需要判处刑罚的，可以免予刑事处罚，但是可以根据案件的不同情况，予以训诫或者责令具结悔过……”该条“但书”是对前段规定的补充。

（3）例外规定。指以“除”“外”或者“除……外”搭配的句式，用于对条文内容作扩充、排除和例外规定的表述。如行政处罚法第二十九条第一款的规定："违法行为在两年内未被发现的，不再给予行政处罚。法律另有规定的除外。"

5. 法律文本中词语使用的要求是什么？

词语使用的基本要求是：避免使用生僻词，避免使用模糊性的修饰词和口头语，避免生造词语；引用组织机构、法律法规名称时，应当使用全称。名称过长需要使用简称的，应当在法律正文首次出现时在括号中予以注明；条文一般使用"可以""应当""或者""如果""按照""依照"等双音节词语，不用单音节词语。

（1）表示主体的词语

表述法律关系普遍性的主体一般有以下几种用法：

一是"公民、法人或者其他组织"（通常用于公法中）；

二是"自然人、法人或者其他组织"（通常用于平等主体之间的民事法律关系）；

三是"组织和个人"（往往在之前加"任何"，以示强调）。

（2）表示并列关系的词语

表示并列关系，一般用"和"连接。多个对象并列的，前面用顿号连接，最后两个对象用"和"连接；无法全部列举的对象，用"以及"加限定性描述来代替。

"和"与"或者"的意义不同，前者表示并列关系，后者表示选择关系。

（3）表示数量上下限的词语

"以上""以下""以内"包括本数在内，如"七日以上"包含七日，"十年以下"包含十年。"不满""不足""以外"，不包括本数。

（4）表示法律适用规则的词语

"适用""依照""按照""参照""比照"表示特定的适用规则，应准确使用。

（5）表示未穷尽列举对象的词语

“等”用于不能周延的列举事项之后，其所指代的对象或者所概括的情形应当与已经列举的对象性质相同或者类似，立法中应当尽量避免用“等”“等等”来笼统概括。

需要对主体、条件、范围、标准、处罚作周延性表述时，可以用“其他”加限定性描述来表示。

（6）指示代词

立法中的指示代词，不论是指人、机构、情况或者物体，通常用“其他”，不用“其它”。

6. 法律文本中数量词使用的要求是什么

法律文本中数量词使用的基本要求是：立法中的量词和数词的使用应当符合法定标准和习惯用法，标准、叙述方式前后应当统一。可以具体分为数词的使用和量词的使用两类。

（1）数词的使用

①章、节、条的序号用中文数字依次表述，款不编号，项的序号用中文数字加括号依次表述，目的序号用阿拉伯数字依次表述。

②法律标题的题注和正文中的日期，均使用阿拉伯数字，年份不得简写。

③法律条文中的数字，包括人数、年龄、时限、期间、序数、量数、比例数、百分数、倍数，均使用中文数字表示。含有日月简称表示事件、节日和其他意义的词一般用中文数字表述。表示具体时间点的，用中文数字表示。

④专业术语、定型词组中的数字，按照惯例表述，词组、惯用词缩略语和专用词语中作为词素的数词用中文数字表述。

（2）量词的使用

立法中需要使用量词时，应当使用法定计量单位，不宜使用非法定计量单位。专业技术性计数计量使用阿拉伯数字和公制表示，但为方便群众理解，可以加注通用市制。

时间单位统一为年、月、日三种，不用季度、旬、星期（周）、天表示。对于日的表示，有两种方式：一是表示自然日，二是表示工作日。

7. 法律规范的表达方式是什么？

对法的要素进行分析，一般包括规则、原则和概念三个要素。其中法律规则，也就是法律规范，是具体规定权利和义务以及具体法律后果的准则。它有较为严密的逻辑结构，包括假定（行为发生的时空、各种条件等事实状态的预设）、行为模式（权利义务）和法律后果（包括肯定和否定两部分）。其中最重要的内容为权利义务，因此科学表述权利和义务，是立法技术的重要任务。

（1）权利的表达方式

权利是法律关系主体可以从事某种行为或者享受某种利益的一种资格。其表达方式，有以下三种：

①直接用“权利”来显现表示。如物权法第三十九条规定，所有权人对自己的不动产或者动产，依法享有占有、使用、收益和处分的权利。

②用“有权”表示。如刑事诉讼法第十一条规定，被告人有权获得辩护，人民法院有义务保证被告人获得辩护。

“有权”虽然也是对权利的一种表达，用于赋予主体某项权利，但在主观上、语气上更为强调和肯定，表达的是一种不容置疑的权利，或者曾经不被承认或者不清晰的权利，往往用此来表示强调。

③用“可以”表示。“可以”在法律中的用法比较普遍，主要用于表达一种授权行为，可以选择作出的行为。对于这种行为的性质，需要根据前面的主体来判断和识别。主体如果属于自然人、法人或者其他组织，一般表达的是一种权利。如律师法第三十五条第一款

规定，受委托的律师根据案情的需要，可以申请人民检察院、人民法院收集、调取证据或者申请人民法院通知证人出庭作证。主体如果是公共行政组织或公务人员，一般表达的是一种权力。如人民警察法第七条规定，公安机关的人民警察对违反治安管理或者其他公安行政管理法律、法规的个人或者组织，依法可以实施行政强制措施、行政处罚。

（2）义务的表达方式

表达义务的方式，大体有以下几种：

①直接用“义务”来显现表达，这其中又有多种形式，比如：

“有……的义务”，如保守国家秘密法第三条第二款规定，一切国家机关、武装力量、政党、社会团体、企业事业单位和公民都有保守国家秘密的义务；

“……是……的义务”，如国防法第五十条第一款规定，依照法律服兵役和参加民兵组织是中华人民共和国公民的光荣义务；

“应当履行……义务”，如律师法第四十二条规定，律师、律师事务所应当按照国家规定履行法律援助义务，为受援人提供符合标准的法律服务，维护受援人的合法权益；

“有义务……”，如突发事件应对法第十一条第二款规定，公民、法人和其他组织有义务参与突发事件应对工作。

②用“应当”表示。这是一种最为常见的义务表示方式。如刑事诉讼法第九条第一款规定，各民族公民都有用本民族语言文字进行诉讼的权利。人民法院、人民检察院和公安机关对于不通晓当地通用的语言文字的诉讼参与人，应当为他们翻译。

③用“必须”表示。如人民警察法第四条规定，人民警察必须以宪法和法律为活动准则，忠于职守，清正廉洁，纪律严明，服从命令，严格执法。

④用“不得”与“禁止”表示。“不得”与“禁止”含义相当，都

表示一种禁止性规范，用于规定对某种行为的禁止，其规范性、强制性都非常明显，明确肯定，界限清晰，用于表示明确、确定的行为准则。“不得”用于有主语句式，限制有具体环境、具体主体的行为。如刑事诉讼法第二十九条规定，审判人员、检察人员、侦查人员不得接受当事人及其委托的人的请客送礼，不得违反规定会见当事人及其委托的人。“禁止”多用于无主语的祈使句，限制普遍性的行为。如大气污染防治法第二十六条规定，禁止侵占、损毁或者擅自移动、改变大气环境质量监测设施和大气污染物排放自动监测设备。

（3）职权与职责的表达方式

职权通常在公法中，用于表达国家机关的权限范围；职责则具有明显的双重性，既表示主体有权作出某种行为，也表示主体负有必须作出某种行为的义务。

①直接用“职权”来表示。如人民法院组织法第二章的章名为“人民法院的组织和职权”。

②用“有权”来表示，如宪法第六十三条规定，全国人大有权罢免下列人员等。

对于职责的表示，法律中较少有具体的列举，通常通过“应当”和“必须”提示表达国家机关应当作出或者必须作出某种行为。在使用“应当”和“必须”时，如果主语是机构和公职人员，表达的是职责；如果主语是自然人、法人和其他组织，表达的则是义务。

8. 法律条文的构造方式是什么？

（1）条旨、法意的确定与其内容的表述

法律条文的起草表达，可以分为三步：确定条旨、明确法意、运用语言材料加以表达。

条旨是指对法律条文关键词或者主要内容的概括。有的国家的法律条文中包含条旨，方便查阅。而在我国的法律条文中，没有条旨，但在起草过程中，为了便于理解条文内容，可以为每一条设定条旨，明确本条所要规定的事项，也便于厘清草案的结构，待正式提交法律草案时，再去掉条旨。设定条旨，是一种方便起草，研究问题的工作方法。

在确定条旨后，就要明确法意。所谓法意，也就是法律条款所要表达的思想和行为。是允许还是禁止，是鼓励还是处罚，是肯定还是否定，要有明确的意思。

法意明确后，就是一个表达技术的问题了。也就是选择恰当的词语、句型和逻辑关系来表达。

（2）条、款、项、目之间的关系与内容安排

①条。条是法律文本的基本单位，一般法律文件都是由条组成的。每个条文的内容应当具有相对独立性和完整性，一个条文一般只规定一个独立的内容，一个独立的内容最好集中在一个条文中规定。上下条文之间一般应当有一定的联系，条文长短要适当，内容要适度。过短，则显细碎；过长，则不易把握。

②款。对于一些内容较多，或者内容本身关联性很强，但又必须分层表述的，就在条中分为若干款。

③项。条、款的内容需要细化或者具体列举时，可以设项。一般来说，需要列举的内容达到三项以上时，采取设项的形式表达。项的使用，一般有以下几种情形：

一是列举适用同一处理规范的行为、情形，属于对假定部分的列举，提示语属于处理模式。如国家赔偿法第三条规定："行政机关及其工作人员在行使行政职权时有下列侵犯人身权情形之一的，受害人有取得赔偿的权利：

"（一）违法拘留或者违法采取限制公民人身自由的行政强制措施的；

"（二）非法拘禁或者以其他方法非法剥夺公民人身自由的；

“（三）以殴打、虐待等行为或者唆使、放纵他人以殴打、虐待等行为造成公民身体伤害或者死亡的；

“（四）违法使用武器、警械造成公民身体伤害或者死亡的；

“（五）造成公民身体伤害或者死亡的其他违法行为。”

二是具体列举提示语，如享有权利、义务、职权、应具备的条件、应提交的资料等。如道路交通安全法第九条第一款规定：“申请机动车登记，应当提交以下证明、凭证：

“（一）机动车所有人的身份证明；

“（二）机动车来历证明；

“（三）机动车整车出厂合格证明或者进口机动车进口凭证；

“（四）车辆购置税的完税证明或者免税凭证；

“（五）法律、行政法规规定应当在机动车登记时提交的其他证明、凭证。”

三是表示先后顺序或者工作程序。如行政处罚法第四十二条规定：“听证依照以下程序组织：

“（一）当事人要求听证的，应当在行政机关告知后三日内提出；

“（二）行政机关应当在听证的七日前，通知当事人举行听证的时间、地点；

“（三）除涉及国家秘密、商业秘密或者个人隐私外，听证公开举行；

“（四）听证由行政机关指定的非本案调查人员主持；当事人认为主持人与本案有直接利害关系的，有权申请回避；

“（五）当事人可以亲自参加听证，也可以委托一至二人代理；

“（六）举行听证时，调查人员提出当事人违法的事实、证据和行政处罚建议；当事人进行申辩和质证；

“（七）听证应当制作笔录；笔录应当交当事人审核无误后签字或者盖章。”

④目。目是在项之下的分列，适用于含义层次比较多的法律条文。目的序号用阿拉伯数字依次表述。虽然立法法规定法律文本可以分为条款项目，但在立法实践中，目的运用较少。目前只有海商法等个别法律条文中出现了目。

（3）立法对象的分类及其规范

在立法中，立法对象的分类技术无处不在。如公司法将公司分为有限责任公司和股份有限公司两大类，同时又有一人有限责任公司、国有独资公司、上市公司等。这些公司类别既有共同点，又有不同点，在立法上既要规定其共性，又要规定其特殊性。因此，对立法对象的类别划分要准确，对象（行为、主体和事实）划分的标准要统一，各个类别在法律性质上要有共性。只有引入分类计数，才能作出科学规定。

（4）法律名称

法的名称是法的内部结构中的第一层次，是每个法的必备要件。法的名称一般包括法的性质、内容、效力等级、适用范围等要素，主要有以下几种形式：

①法。这是法律名称的主要形式，法名结尾冠以“法”。具体有三种情况：一是“宪法”，即中华人民共和国宪法；二是“基本法”，即香港特别行政区基本法、澳门特别行政区基本法；三是“法”，全国人大及其常委会表决通过的法律文件，多数称为“法”。法适用于调整、规范某一类社会关系的文件，具有创制性，其内容是确立、建立某种制度。

②决定。一般称为全国人大或者其常委会关于……的决定。从决定的内容来看，一般是根据已有法律，对重大问题的一种处理，具有单一性，而不是规范某一类的社会关系；具有实施性，解决比较具体的重大问题。

③办法、规定。办法、规定与决定具有相似之处，也是在现有法律的基础之上，把某一类事项的制度规定予以细化。不同之处在于，办法、规定涉及的内容更为系统全面一些。

9. 立法目的与立法依据如何表述?

（1）法律一般需要明示立法目的，表述为：“为了……，制定本法”，用“为了”，不用“为”。立法目的的内容表述应当直接、具体、明确，一般按照由直接到间接、由具体到抽象、由微观到宏观的顺序排列。

（2）法律一般不明示某部具体的法律为立法依据。但是，宪法或者其他法律对制定该法律有明确规定的，应当明示宪法或者该法律为立法依据。表述为：“……根据宪法，制定本法。”或者“……根据《中华人民共和国 ×× 法》的规定，制定本法。”

（3）立法目的与立法依据（需要规定立法依据时）一般在第一条一并表述，先表述立法目的，再表述立法依据。

10. 引用法律名称如何表述?

（1）引用本法时，表述为：“本法……”。

（2）引用其他法律时，在特指具体法律时，所引法律的名称用全称加书名号。

示例：商业银行的组织形式、组织机构适用《中华人民共和国公司法》。

（3）引用《中华人民共和国宪法》时，不用全称，也不加书名号，直接表述为“宪法”。

11. 适用法律如何表述?

（1）具体指明适用某部法律的，表述为：“……适用《中华人民共和国 ×× 法》的规定”或者“……适用《中华人民共和国 ×× 法》……的规定”。为了避免以后法律修改可能出现的条文不对应问题，一般不出现具体条文的序号。

（2）概括适用其他法律、法规的，表述为：“……适用《中华人民

共和国 ×× 法》和其他法律（法规）的规定”，或者“……适用有关法律（法规）的规定。”

（3）优先适用其他法律、法规的，表述为：“……适用本法，《中华人民共和国 ×× 法》另有规定的，适用其规定。”或者“……适用本法，《中华人民共和国 ×× 法》和其他法律（法规）另有规定的，适用其规定。”

（4）优先适用本法的，表述为：“……与本法规定不一致的，适用本法。”

12. 引用法律条文中第 × 项如何表述？

（1）引用某项时，该项的序号不加括号，表述为：“第 × 项”，不表述为：“第（×）项”。

（2）引用某条的某项时，表述为：“第 × 条第 × 项”或者“第 × 条第 × 款第 × 项”。

（3）引用两项时，表述为：“第 × 条第 × 项、第 × 项”。

（4）引用三项以上的，对连续的项表述为：“第 × 条第 × 项至 × 项”；对不连续的项，列出具体各项的序号，表述为：“第 × 条第 × 项、第 × 项和第 × 项”。

13. 条文中出现部门如何表述？

（1）需要由省级人大或其常委会制定地方性法规的，表述为：×××，由省、自治区、直辖市人民代表大会或其常务委员会制定。

示例 1：符合法律、法规规定条件的，可以要求再安排生育子女。具体办法由省、自治区、直辖市人民代表大会或者其常务委员会规定。

少数民族也要实行计划生育，具体办法由省、自治区、直辖市人民代表大会或者常务委员会规定。（人口与计划生育法第十八条第二款、第三款）

示例 2：地方重点保护野生动物和其他非国家重点保护野生动物的管理办法，由省、自治区、直辖市人民代表大会常务委员会制定。（野生动物保护法第三十条）

（2）需要由省级人大或其常委会或者设区的市的人大或其常委会制定地方性法规的，表述为：×××，由地方性法规规定。

示例：农村生活垃圾污染环境防治的具体办法，由地方性法规规定。（固体废物污染环境防治法第四十九条）

（3）需要由省级人民政府制定规章的，表述为：×××，由省、自治区、直辖市人民政府制定（规定）。

示例 1：临时建设和临时用地规划管理的具体办法，由省、自治区、直辖市人民政府制定。（城乡规划法第四十四条第三款）

示例 2：预备役军官参加军事训练、执行军事勤务期间，其工作单位是国家机关、社会团体、企业事业单位的，由其所在单位照发工资和奖金，其享受的福利待遇不变。

前款规定以外的其他预备役军官参加军事训练、执行军事勤务期间，应当给予误工补贴，具体办法和标准由省、自治区、直辖市人民政府规定。（预备役军官法第五十三条第一款、第二款）

（4）可以由省级人大或其常委会制定地方性法规，也可以由省级人民政府制定规章的，表述为：×××，由省、自治区、直辖市制定（规定）。

示例 1：在乡、村庄规划区内使用原有宅基地进行农村村民住宅建设的规划管理办法，由省、自治区、直辖市制定。（城乡规划法第四十一条第二款）

示例 2：父母或者其他法定监护人在非户籍所在地工作或者居住的适龄儿童、少年，在其父母或者其他法定监护人工作或者居住地接受义务教育的，当地人民政府应当为其提供平等接受义务教育的条件。具体办法由省、自治区、直辖市规定。（义务教育法第十二条第二款）

14. 条文中出现部门（机构）职责如何表述？

（1）涉及一个职能部门（机构）的职责的，表述为：××部门（机构）主管（负责）全国××工作。

示例1：国家保密行政管理部门主管全国的保密工作。县级以上地方各级保密行政管理部门主管本行政区域的保密工作。（保守国家秘密法第五条）

示例2：国务院公安部门负责全国道路交通安全管理工作。县级以上地方各级人民政府公安机关交通管理部门负责本行政区域内的道路交通安全管理工作。（道路交通安全法第五条第一款）

示例3：国务院银行业监督管理机构负责对全国银行业金融机构及其业务活动监督管理的工作。（银行业监督管理法第二条第一款）

（2）涉及多个职能部门（机构），需要明确各自职责的，分别表述为：××部门（机构）主管（负责）全国××工作，××部门（机构）负责××工作，××部门（机构）负责××工作。

示例1：国务院农业行政主管部门主管全国农业和农村经济发展工作，国务院林业行政主管部门和其他有关部门在各自的职责范围内，负责有关的农业和农村经济发展工作。（农业法第九条第二款）

示例2：国务院环境保护行政主管部门……负责全国防治陆源污染物和海岸工程建设项目对海洋污染损害的环境保护工作。

国家海洋行政主管部门负责海洋环境的监督管理，组织海洋环境的调查、监测、监视、评价和科学研究，负责全国防治海洋工程建设项目和海洋倾倒废弃物对海洋污染损害的环境保护工作。

国家海事行政主管部门负责所辖港区水域内非军事船舶和港区水域外非渔业、非军事船舶污染海洋环境的监督管理，并负责污染事故的调查处理；对在中华人民共和国管辖海域航行、停泊和作业的外国籍船舶造成的污染事故登轮检查处理。船舶污染事故给渔业造成损害的，应当吸收渔业行政主管部门参与调查处理。

国家渔业行政主管部门负责渔港水域内非军事船舶和渔港水域外渔业船舶污染海洋环境的监督管理，负责保护渔业水域生态环境工作，并调查处理前款规定的污染事故以外的渔业污染事故。

军队环境保护部门负责军事船舶污染海洋环境的监督管理及污染事故的调查处理。

沿海县级以上地方人民政府行使海洋环境监督管理权的部门的职责，由省、自治区、直辖市人民政府根据本法及国务院有关规定确定。（海洋环境保护法第五条）

（3）涉及多个职能部门（机构），需要明确主管部门（机构）及其职责，但不必明确其他部门（机构）及其具体职责的，表述为：××部门（机构）主管（负责）全国××工作，其他有关部门（机构）负责××工作。

示例1：国务院能源主管部门依照本法规定主管全国管道保护工作，负责组织编制并实施全国管道发展规划，统筹协调全国管道发展规划与其他专项规划的衔接，协调跨省、自治区、直辖市管道保护的重大问题。国务院其他有关部门依照有关法律、行政法规的规定，在各自职责范围内负责管道保护的相关工作。（石油天然气管道保护法第四条）

示例2：国务院社会保险行政部门负责全国的社会保险管理工作，国务院其他有关部门在各自的职责范围内负责有关的社会保险工作。（社会保险法第七条第一款）

15. 罚款的规定如何表述？

罚款是行政处罚的一种方式，对当事人有惩戒教育作用。罚款可以是警示性的，也可以是经济性的。设定罚款应当根据违法行为的主观恶性、造成的损失、社会危害程度确定。

（1）罚款规定一般应明确罚款的数额或者幅度。

（2）对违法行为能够以违法数额、违法所得数额、造成的实际损失等作为参考系数确定罚款数额的，可以使用处以该系数的倍数或者比例罚款的表述。

示例1：机动车所有人、管理人未按照国家规定投保机动车第三者责任强制保险的，由公安机关交通管理部门扣留车辆至依照规定投保后，并处依照规定投保最低责任限额应缴纳的保险费的二倍罚款。（道路交通安全法第九十八条第一款）

示例2：对造成一般或者较大水污染事故的，按照水污染事故造成的直接损失的百分之二十计算罚款；对造成重大或者特大水污染事故的，按照水污染事故造成的直接损失的百分之三十计算罚款。（水污染防治法第八十三条第二款）

示例3：违反本法第四十五条的规定，在煤炭产品中掺杂、掺假，以次充好的，责令停止销售，没收违法所得，并处违法所得一倍以上五倍以下的罚款；构成犯罪的，由司法机关依法追究刑事责任。（煤炭法第六十一条）

（3）对违法行为难以用违法数额、违法所得数额、造成的实际损失等作为参考系数确定罚款数额的，可以使用确定数额以内或者一定幅度以内罚款的表述。

示例1：冒充国家机关工作人员或者以其他虚假身份招摇撞骗的，处五日以上十日以下拘留，可以并处五百元以下罚款；情节较轻的，处五日以下拘留或者五百元以下罚款。（治安管理处罚法第五十一条第一款）

示例2：发行人、上市公司或者其他信息披露义务人未按照规定披露信息，或者所披露的信息有虚假记载、误导性陈述或者重大遗漏的，责令改正，给予警告，并处以三十万元以上六十万元以下的罚款。对直接负责的主管人员和其他直接责任人员给予警告，并处以三万元以

上三十万元以下的罚款。(证券法第一百九十三条第一款)

(4)在规定处以一定幅度的数额罚款时，最低数额与最高数额之间一般不超过十倍。对于确需要的，最低数额与最高数额之间也可相差十倍以上。

示例1：违反本法规定，事故单位在发生食品安全事故后未进行处置、报告的，由有关主管部门按照各自职责分工责令改正，给予警告；隐匿、伪造、毁灭有关证据的，责令停产停业，没收违法所得，并处十万元以上五十万元以下罚款；造成严重后果的，吊销许可证。(食品安全法第一百二十八条)

示例2：非法安装警报器、标志灯具的，由公安机关交通管理部门强制拆除，予以收缴，并处二百元以上二千元以下罚款。(道路交通安全法第九十七条)

示例3：县级以上人民政府农业、林业主管部门处理侵犯植物新品种案件时，为了维护社会公共利益，责令侵权人停止侵权行为，没收违法所得和种子；货值金额不足五万元的，并处一万元以上二十五万元以下罚款；货值金额五万元以上的，并处货值金额五倍以上十倍以下罚款。(种子法第七十三条第五款)

(5)规定罚款数额上限不规定下限的，表述为：可以处××元以下罚款。规定确定罚款数额或者数额幅度的，“处”之前不加“可以”。

示例1：违反本法规定，采集发菜，或者在水土流失重点预防区和重点治理区铲草皮、挖树兜、滥挖虫草、甘草、麻黄等的，由县级以上地方人民政府水行政主管部门责令停止违法行为，采取补救措施，没收违法所得，并处违法所得一倍以上五倍以下的罚款；没有违法所得的，可以处五万元以下的罚款。(水土保持法第五十一条)

示例2：违反本法规定，在崩塌、滑坡危险区或者泥石流易发区从事取土、挖砂、采石等可能造成水土流失的活动的，由县级以上地方人民政府水行政主管部门责令停止违法行为，没收违法所得，对个人

处一千元以上一万元以下的罚款，对单位处二万元以上二十万元以下的罚款。（水土保持法第四十八条）

16. 条文中数字如何使用？

（1）序数词、比例、分数、百分比、倍数、时间段、年龄、人数、金额，以及表示重量、长度、面积等计量数值的数字，均用汉字数字表述。

示例：宪法的修改，由全国人民代表大会常务委员会或者五分之一以上的全国人民代表大会代表提议，并由全国人民代表大会以全体代表的三分之二以上的多数通过。

（2）公历年、月、日，统计表中的数字，需要精确到小数点后的数字，法律条文中“目”的序号等，均用阿拉伯数字表述。

示例 1：承运人对货物的灭失或者损坏的赔偿限额，按照货物件数或者其他货运单位数计算，每件或者每个其他货运单位为 666.67 计算单位，……

示例 2：本章下列用语的含义：

……

（三）“托运人”，是指：

1. 本人或者委托他人以本人名义或者委托他人为本人与承运人订立海上货物运输合同的人；

2. 本人或者委托他人以本人名义或者委托他人为本人将货物交给与海上货物运输合同有关的承运人的人。

……

17. 条文中标点符号如何使用？

（1）主语和谓语都比较长时，主语和谓语之间加逗号。

示例：全国人民代表大会常务委员会、国务院、中央军事委员会、最高人民法院、最高人民检察院、全国人民代表大会各专门委员会，可以向全国人民代表大会提出法律案，由主席团决定列入会议议程。

（2）一个句子内部有多个并列词语的，各个词语之间用顿号，用“和”或者“以及”连接最后两个并列词语。

示例：国家保护公民的合法的收入、储蓄、房屋和其他合法财产的所有权。

（3）一个句子存在两个层次以上的并列关系时，在有内在联系的两个并列层次之间用顿号，没有内在联系的两个并列层次之间用逗号。

示例：全国人民代表大会常务委员会1957年10月23日批准、国务院1957年10月26日公布的《国务院关于国家行政机关工作人员的奖惩暂行规定》，1993年8月14日国务院公布的《国家公务员暂行条例》同时废止。

（4）在多重复句中，各并列分句内已使用逗号的，并列分句之间用分号。

示例：……人员，有……行为之一的，依法给予行政处分；情节严重的，依法开除公职或者吊销其从业资格；构成犯罪的，依法追究刑事责任。

（5）在修正案、修改决定中，使用引号时，根据下列情况确定：

①引用内容是完整的条、款的，条、款末尾的标点符号标在引号里边。

示例：将刑法第一百五十一条第三款修改为：“走私珍稀植物及其制品等国家禁止进出口的其他货物、物品的，处五年以下有期徒刑或者拘役，并处或者单处罚金；情节严重的，处五年以上有期徒刑，并处罚金。”

②引用内容是条文中的局部或者是名词、短语的，在引号内引用部分的末尾不加标点符号，但是在引号外的句末，应当加注标点符号。

示例：将本法其他各条款中的“全民所有”改为“国家所有”，“国营”改为“国有”。

③ 引用内容是分款（项）的条文，每款（项）的前面用前引号，后面不用后引号，但是在最后一款（项）的后面，应当用后引号。

示例：第一百七十九条第一款改为第一百七十九条，修改为："当事人的申请符合下列情形之一的，人民法院应当再审：

"（一）有新的证据，足以推翻原判决、裁定的；

"（二）原判决、裁定认定的基本事实缺乏证据证明的；

"（三）原判决、裁定认定事实的主要证据是伪造的；

……

"（十三）据以作出原判决、裁定的法律文书被撤销或者变更的。

"对违反法定程序可能影响案件正确判决、裁定的情形，或者审判人员在审理该案件时有贪污受贿，徇私舞弊，枉法裁判行为的，人民法院应当再审。"

18. 法律修改的形式规范是什么？

（1）法律修正

法律修正有两种形式，一种是法律修正案，另一种是法律修改决定。

①采用修正案形式的，修正案单独公布。公布修正案，一般不重新公布原法律文本。

在表述方式上，按照通过时间先后标明序号，表述为：《中华人民共和国 ×× 法修正案》,《中华人民共和国 ×× 法修正案（二）》，……

每修改原法律一条内容，在修正案中就列为一条。

修正案增加或者删除法律条文，不改变原法律条文的序号。增加的条文排序在内容最相关的条文之后，表述为："第 × 条之一"，"第 × 条之二"，……

② 采用修改决定形式的，根据修改决定，重新公布修改后的法律文本。在表述修改的内容时，表述为：将第 × 条修改为："……"。

增加条文的，表述为："增加一条（一款或一项），作为第 × 条（第 × 条第 × 款或第 × 项）"。

删除某条、款、项的，单列一条表述。

示例：×、删去第 × 条第 × 款第 × 项。

删除两条以上的，被删除条文为连续排列或者虽然不是连续排列，但是被删除条文之间的其他条文没有被修改的，汇总表述为一条。

示例：×、删去第 × 条（至第 × 条）、第 × 条。

③ 对多部法律或者一部法律的多处文字作相同修改的，对修改的文字单列一条，集中表述。

示例：×、将 ×× 法、×× 法、……（本法）相关条文中的"……"修改为"……"，"……"修改为"……"。

（2）法律修订

采用法律修订形式的，公布新的法律文本，法律实施日期为修订后的实施日期。

修订的法律需要明确规定原相关法律停止施行，表述为："本法自 × 年 × 月 × 日起施行。× 年 × 月 × 日第 × 届全国人民代表大会（常务委员会）第 × 次会议通过的《中华人民共和国 ×× 法》同时废止。"

19. 法律废止的形式规范是什么？

（1）制定法律时，在法律条文中规定废止相关法律的，表述为："本法自 × 年 × 月 × 日起施行。× 年 × 月 × 日第 × 届全国人民代表大会（常务委员会）第 × 次会议通过的《中华人民共和国 ×× 法》同时废止。"

（2）单独通过一个决定废止法律的，表述为："× 年 × 月 × 日第 × 届全国人民代表大会（常务委员会）第 × 次会议通过的《中华人民共和国 ×× 法》自 × 年 × 月 × 日起废止。"废止法律的决定由主席令公布。

20.“修改决定”中有什么表述规范?

(1)关于“条(款)”的表述

①对合并条(款)的表述

从表述清晰度的要求看,一是要明确哪条和哪条合并,二是要明确新的条号,三是要明确合并后修改的内容。应表述为:将第 × 条和第 × 条合并,作为第 × 条,修改为:“……。”

示例:将第十七条和第三十一条合并,作为第十七条,修改为:“省、自治区、直辖市人民政府负责清洁生产综合协调的部门、环境保护部门,根据促进清洁生产工作的需要,在本地区主要媒体上公布未达到能源消耗控制指标、重点污染物排放控制指标的企业的名单,为公众监督企业实施清洁生产提供依据。”(2012 年 2 月修改清洁生产促进法的决定)

②对拆分条(款)的表述

这类修改,一是要明确原条文拆分成多少条,以便对照下文;二是要明确拆分后的新条号;三是包括新条号在内都应当作为修改的内容,纳入引号之内。此外,要区别数量词和序数词的使用,如“两”和“二”,量词用“两”较为妥当。要区别“改”和“分”,“改”通常有质的变化,“分”通常是物理变化,用“改”较准确。应表述为:将第 × 条改为 ×(量词)条,作为第 × 条、第 × 条,修改为:“第 × 条……。”“第 × 条……。”

③对增加二个以上条(款)的表述

增加后的条(款),应当独立完整的表述为第 × 条(款)、第 × 条(款),不宜使用第 ×、× 条(款)。增加“条”,应表述为:增加 ×(量词)条,作为第 × 条、第 × 条。

示例:删去第二十六条,之后增加五条,作为第二十八条、第二十九条、第三十条、第三十一条、第三十二条:

“第二十八条　违反本法规定，篡改统计资料、编造虚假数据，骗取荣誉称号、物质奖励或者晋升职务的，由做出有关决定的机关或者其上级机关、监察机关取消其荣誉称号、追缴物质奖励和撤销晋升的职务。

“……。”（1996 年 5 月修改统计法的决定）

增加“款”，应表述为：增加 ×（量词）款，作为第 × 款、第 × 款。

示例：增加两款，作为第三款、第五款：“污染物排放超过国家或者地方规定的排放标准的企业，应当按照环境保护相关法律的规定治理。

“县级以上地方人民政府有关部门应当对企业实施强制性清洁生产审核的情况进行监督，必要时可以组织对企业实施清洁生产的效果进行评估验收，所需费用纳入同级政府预算。承担评估验收工作的部门或者单位不得向被评估验收企业收取费用。”（2012 年 2 月修改清洁生产促进法的决定）

（2）关于“项”的表述

①在项序不变、内容变化情况下的修改表述

按照语言习惯，表述项的序号以引用两次为宜，引文前的序号是对修改事项的叙述，可不加括号；引文内的序号属于决定的具体内容，应加括号。应表述为：第 × 项修改为：“（×）……”。

示例：将第四条第三项修改为：“（三）违法征收、征用财产的”。（2010 年 4 月修改国家赔偿法的决定）

②在项序变化、内容不变情况下的修改表述

在陈述修改的项序时，宜采用汉字且不加括号，发生变化的项序通过引文予以体现。应表述为：第 × 条第 × 项改为第 × 项：“（×）……”。

③在项序、内容都变化情况下的修改表述

“第 × 项改为第 × 项”表示项序修改，“修改为”表示内容修改。

应表述为：第 × 项改为第 × 项，修改为："（×）……"。

示例：第三项改为第四项，修改为："（四）年满三十周岁。"（1998 年 11 月修改收养法的决定）

④对增加一项的表述

"增加一项"的表述，引文前的序号不加"（ ）"，引文内用序号"（×）……"，表述为：增加一项，作为第 × 项："（×）……"。

示例：第十五条第一款增加一项，作为第四项："（四）在火车站、长途汽车站、港口、码头、机场或者在重大活动期间设区的市级人民政府规定的场所，需要查明有关人员身份的"。（2011 年 10 月修改居民身份证法的决定）

⑤修改内容涉及多项的表述

如果修改、增加的内容针对的是"条"，"条"下分"项"的，宜分行表述，每行前加前引号，末行加后引号。

示例：将第二十八条改为第二十七条，第二款、第三款作为第二款、第四款，修改为："有下列情形之一的企业，应当实施强制性清洁生产审核：

"（一）污染物排放超过国家或者地方规定的排放标准，或者虽未超过国家或者地方规定的排放标准，但超过重点污染物排放总量控制指标的；

"……；

"实施强制性清洁生产审核的企业，应当将审核结果向所在地县级以上地方人民政府负责清洁生产综合协调的部门、环境保护部门报告，并在本地区主要媒体上公布，接受公众监督，但涉及商业秘密的除外。"（2012 年 2 月修改清洁生产促进法的决定）

如果修改、增加一条中涉及多款，"款"下分"项"且属于中间款的，应把款下各项作为一款的内容，宜分行表述，首行前加前引号，其他行前不加引号，末行不加后引号。

示例：将第二十四条修改为："国家财政设立可再生能源发展基金，资金来源包括国家财政年度安排的专项资金和依法征收的可再生能源电价附加收入等。

"可再生能源发展基金用于补偿本法第二十条、第二十二条规定的差额费用，并用于支持以下事项：

（一）可再生能源开发利用的科学技术研究、标准制定和示范工程；

……

（五）促进可再生能源开发利用设备的本地化生产。

"本法第二十一条规定的接网费用以及其他相关费用，电网企业不能通过销售电价回收的，可以申请可再生能源发展基金补助。

"可再生能源发展基金征收使用管理的具体办法，由国务院财政部门会同国务院能源、价格主管部门制定。"（2009 年 12 月修改可再生能源法的决定）

⑥项后标点符号的使用

不论是增加、修改中间项还是末项，其项末标点是修改内容组成部分，应在引文内加以标注。若涉及中间项的，应表述为："（ × ）……；"

示例：将第六十三条第一款改为第六十九条，第（一）项修改为："专利产品或者依照专利方法直接获得的产品，由专利权人或者经其许可的单位、个人售出后，使用、许诺销售、销售、进口该产品的；"（2008 年 12 月修改专利法的决定）

若涉及末项的，应表述为："（ × ）……。"

示例：将第六十四条改为第七十二条，增加一项，作为第五项："未依照本法规定在劳动者离开用人单位时提供职业健康监护档案复印件的。"（2011 年 12 月修改职业病防治法的决定）

⑦关于起始语

有无"将"字对条旨没有影响。但现行法律中，以"将"作为修改条、款、项起始语的表述方式占绝大多数。宜统一表述为："将……"。

示例：三十六、将第六十五条改为第七十三条，将第九项修改为："拒绝职业卫生监督管理部门监督检查的"。（2011 年 12 月修改职业病防治法的决定）

（3）关于"章、实施时间、法律重新公布"的表述

①对修改"章"的表述

对法律中"章"的修改，主要是两类情况，一是单纯的"章名"调整，二是增加"章"的内容。

章名调整，按照修改决定内容的顺序，将每个章名的修改单独作为一条修改内容，按序排列为宜。属于修改章名的，应表述为：将第 × 章的章名修改为"……"；

示例：七、将第二章章名修改为"预备役军官的条件、来源和选拔"。

……

十三、将第五章章名修改为"预备役军官的登记"。

（2010 年 8 月修改预备役军官法的决定）

单纯增加章名的，可表述为：增加第 × 章章名，章名为"第 × 章……"；

若增加一章的内容，包括章名、各条文，均应视为一体，作为一条修改内容表述。应将增加的章名和条文作为一条修改内容，章名和各条分别表述。

示例：一百一十、增加一章，作为第五编第四章：

"第四章　依法不负刑事责任的精神病人的强制医疗程序

"第二百八十四条　实施暴力行为，危害公共安全或者严重危害公民人身安全，经法定程序鉴定依法不负刑事责任的精神病人，有继续危害社会可能的，可以予以强制医疗。

"第二百八十五条　根据本章规定对精神病人强制医疗的，由人民法院决定。

“……。”（2012 年 3 月修改刑事诉讼法的决定）

②对修改决定实施时间的表述

对于修改决定的实施时间，不单列一条，不排序号，在决定的最后表述为：“本决定自 ×× 起施行”。考虑到有些修改决定的实施，需要给有关部门留出一段准备时间，建议在上述表述方式基础上，细化为两种表述方式，即（1）决定作出即可实施的，表述为“本决定自公布之日起施行”；（2）需要留出实施准备时间的，表述为“本决定自 × 年 × 月 × 日起施行”。

③对法律重新公布的表述

决定中修改的内容已经包括对章节条款顺序和文字的修改，为避免重复，应表述为：《中华人民共和国 ×× 法》根据本决定作相应修改，重新公布。

示例：《中华人民共和国个人所得税法》根据本决定作相应修改，重新公布。

图书在版编目（CIP）数据

立法实务操作问答/张春生主编．—北京：中国法制出版社，2016.3

ISBN 978－7－5093－7283－8

Ⅰ.①立… Ⅱ.①张… Ⅲ.①立法－中国－问题解答 Ⅳ.①D920.5

中国版本图书馆 CIP 数据核字（2016）第 041386 号

策划编辑 马 颖　　责任编辑 王雯汀　　封面设计 李 宁

立法实务操作问答

LIFA SHIWU CAOZUO WENDA

主编/张春生

经销/新华书店

印刷/三河市紫恒印装有限公司

开本/710 毫米×1000 毫米 16　　印张/17.25　字数/185 千

版次/2016 年 6 月第 1 版　　2016 年 6 月第 1 次印刷

中国法制出版社出版

书号 ISBN 978－7－5093－7283－8　　定价：49.00 元

北京西单横二条 2 号　　值班电话：66026508

邮政编码 100031　　传真：66031119

网址：http：//www.zgfzs.com　　**编辑部电话：66034242**

市场营销部电话：66033393　　**邮购部电话：66033288**

（如有印装质量问题，请与本社编务印务管理部联系调换。电话：010－66032926）